U1075814

图书在版编目（CIP）数据

中华人民共和国环境保护法释义/吕忠梅主编．
北京:中国计划出版社,2014.6
ISBN 978-7-80242-990-1

Ⅰ.①中… Ⅱ.①吕… Ⅲ.①环境保护法—法律解释—
中国 Ⅳ.①D922.685

中国版本图书馆CIP数据核字(2014)第106281号

中华人民共和国环境保护法释义

吕忠梅 主编

中国计划出版社出版
网址:www.jhpress.com
地址：北京市西城区木樨地北里甲11号国宏大厦C座3层
邮政编码：100038 电话：（010）63906433（发行部）
新华书店北京发行所发行
三河富华印刷包装有限公司印刷

787mm×1092mm 1/16 16.75印张 268千字
2014年6月第1版 2014年6月第1次印刷
印数1—6000册

ISBN 978-7-80242-990-1
定价：38.00元

版权所有 侵权必究
本书环衬使用中国计划出版社专用防伪纸，封面贴有中国计划出版社
专用防伪标，否则为盗版书。请读者注意鉴别、监督！
侵权举报电话：（010）63906404
如有印装质量问题，请寄本社出版部调换

出版前言

《中华人民共和国环境保护法修订案》2014年4月24日经第十二届全国人大常委会第八次会议通过。这部法律是对1989年颁行的《中华人民共和国环境保护法》进行的修订，这次修订在许多方面都有所创新和发展。

为了配合修订后的《中华人民共和国环境保护法》的学习和宣传，帮助读者更好地理解和掌握它的内容和精髓，我们邀请了部分全国人大代表、全国人大常委会法制工作委员会、高等院校等有关部门的专家学者共同撰写了此书，对《中华人民共和国环境保护法》的“前世今生”进行了最权威的解读。

由于编写时间仓促，书中难免不当之处，敬请广大读者批评指正！

中国计划出版社

2014年6月

编写人员名单

主　编：吕忠梅

副主编：张忠民　刘新林

撰稿人：（按撰写章节先后顺序）

吕忠梅　刘长兴　张忠民　刘佳奇　尤明青
刘　超　熊晓青　张　宝　王国飞　吴　勇
刘新林

目　　录

导言：《环境保护法》的前世今生

2014年4月24日，第十二届全国人大常委会第八次会议通过了《中华人民共和国环境保护法修订案》（本节以下简称《修订案》），这部法律是在1989年颁行的《中华人民共和国环境保护法》基础上进行的修订。欲真正理解《修订案》，必须对中国环境立法的过程及相关法律内容有全面了解。

一、《环境保护法》的前世：从试行法到正式法

生态环境问题，是人类社会进入近代以来面临的重大生存危机。中国作为地球家族的成员，不可能实际上也没有做到“独善其身”。自新中国成立以来，一直遭遇着生态环境问题的困扰，我国的环境立法正是在国际环境保护运动的影响下、伴随人们对环境问题的认识不断深入而逐渐起步并不断发展的。

（一）1949～1979年：环境立法起步阶段

新中国成立之初，国家百废待兴，由于缺乏经济建设经验，制定的经济复苏宏观决策一度出现政策偏差，粗放型、资源型工业规模不断扩大，人口增长控制失调，城市基础设施落后，形成并积累了一些难以逆转的生态环境破坏问题。

1957年以后，中国与苏联的关系恶化，为了走中国自己的发展道路，实行了赶超“英美”、自力更生、艰苦奋斗的发展方针和“闭关锁国”的对外政策。先是采取“大跃进”方式，全民大办钢铁，导致“小钢铁”遍地开花，生产粗放、技术落后，没有采取任何污染控制措施，浓烟滚滚、污水横流、渣滓遍地，污染情况日益严重。乱挖滥采矿产资源，严重破坏植被、破坏地貌和景观、生物资源遭受劫难，造成生态平衡的破坏，使我国的环境污染和生态破坏矛盾凸显。

“文革”时期，在“破除一切封、资、修”、“抓革命，促生产”、“备

战备荒”的理念下，中国的环境污染和破坏达到了触目惊心的程度：工业上片面追求高产值带来的是资源能源大量浪费和严重环境污染；大兴“五小”工业却不采取环境保护措施导致环境质量迅速恶化；“三线”建设把许多污染严重的工厂迁进深山峡谷，导致污染向生态脆弱地区转移却又无法集中控制；不顾城市生态环境特点，推进“变消费城市为生产城市”运动，在文化古城建设重污染型工业，加重了环境污染的危害；推行“以粮为纲”的农业发展战略，毁林、毁牧、围湖造田，严重破坏生态平衡，导致生态恶性循环；有人打着“革命”的旗号，滥猎乱采野生珍稀动植物，肆意破坏风景名胜，冲击自然保护区、自然与文化遗址，导致许多珍稀动物濒临灭绝、大量的自然遗产严重破坏。环境污染和生态破坏迅速蔓延，中国的环境问题由发生期上升到暴发期。

与此同时，中国的人口迅速增长。经历了从1957～1960年、1962～1972年两个人口增长高峰期，人均耕地不断减少，人均资源再度下降，迫使人们以更高的强度利用土地，不合理地开发资源。城乡建设和农村能源的短缺，乱砍滥伐和毁林开荒；开垦草原、超载放牧，草原面积不断缩小，草地退化，沙漠化现象日益严重；粗放型经济发展更加速了矿产资源消耗。过度乃至掠夺式开发野生动植物资源使我国生物多样性持续丧失，许多物种种群数量急剧减少。

20世纪70年代，国际环境保护运动如火如荼，在国际环境保护思潮的影响下，中国的环境保护开始起步。1972年6月，中国政府派出环境代表团出席了联合国第一次人类环境会议。1973年8月，第一次全国环境保护会议召开，审视了中国环境污染和环境破坏的情况，通过了“全面规划、合理布局、综合利用、化害为利、依靠群众、大家动手、保护环境、造福人民”的32字环境保护工作方针；拟定了《关于保护和改善环境的若干规定（试行草案）》。1973年11月，国家计委、国家建委、卫生部联合颁布《工业“三废”排放试行标准》。1978年，《宪法》中明确宣示了“国家保护环境和自然资源，防治污染和其他公害”（第11条第3款）。并在1979年9月13日由第五届全国人民代表大会常务委员会第十一次会议原则通过了《中华人民共和国环境保护法（试行）》（本节以下简称为《试行法》）。

这部法律在我国立法体系远未完备的背景下出台，十分难得。《试行法》以环境保护专门法的形式出现，是我国环境立法的起点，影响了迄今为止我国环境立法的进程：

第一，立法理念先进。《试行法》在国际环境保护运动的影响下制定，吸收了当时国际上先进的环境保护理念，体现了限制经济活动以保护环境的总体思路，体现了既防治环境污染又保护自然环境的“大环保理念”，并蕴含着保护环境权及生态中心主义的环境保护理念。比如:《试行法》的结构上包括了“保护自然环境”（第二章）和“防治污染和其他公害”（第三章）两大部分；《试行法》将立法任务确定为“为人民造成清洁适宜的生活和劳动环境，保护人民健康”（第 2 条），将水资源保护目标确定为“维持水质良好状态”（第 11 条），等。这些都反映了国际上先进的环境保护理念的影响。

第二，立法定位模糊。《试行法》在人大常委会提请审议时，原城乡建设环境保护部部长李超伯代表国务院向全国人大常委会进行了立法说明，指出该法应该成为环境保护领域的基本法，即主要是规定国家在环境保护方面的基本方针和基本政策。因为原提请审议的法律草案在审议过程中，常委们觉得不够成熟，所以采取了“原则通过”并“试行”的方式，由此埋下了环境保护法的定位之争的隐患。这部法律虽然在学界一直被认为是中国环境保护的基本法①，但在实际上却存在着尴尬：一方面，从形式上看，《试行法》由全国人大常委会通过，在立法体系上不是基本法，效力偏低，其沟通作用和统领作用都难以发挥；另一方面，从内容上看，《试行法》的制度涉及本身多为具体制度，与其后制定的环境单行法并无明确分工，也没有体现应有的高度。

第三，立法技术不成熟。试行法制定的时代背景决定其立法技术存在比较明显的缺陷，在法律责任制度、立法目的表述、政府管理职责、生效时间规定等方面都反映出明显不足。在内容上，也比较杂乱，比如规定了食品安全制度（第 25 条），直接将环境保护的工作方针（第 4 条）作为法律条文，用语也不够规范；等等。这些问题是在人大常委会审议时，许多意见认为这部法律只能“试行”的重要原因。

---

① 参见王灿发:《环境法的辉煌、挑战及前瞻》，载《政法论坛》2010 年第 3 期，第 106 - 115 页。

(二) 1979～1989年：环境立法快速发展阶段

改革开放初期，随着经济高速增长的进程，环境问题急速恶化，环境保护在国家经济社会生活中的重要性也被提到了一个新的高度。1983年末第二次全国环境保护会议召开，会上首次提出保护环境是我国的一项基本国策。根据会议精神，1984年的《国务院关于环境保护工作的决定》明确提出，保护和改善生活环境和生态环境，防治污染和自然环境破坏，是我国社会主义现代化建设中的一项基本国策[①]。另外，20世纪80年代也是我国法学和立法发展的关键时期，社会主义法制建设实践全面展开，中国特色社会主义法学理论体系研究由此奠基。[②] 在环境保护领域也制定了一系列资源保护和污染防治的法律，掀起了一次环境立法的小高潮。自此，环境立法进入了"快车道"，1983年制定《海洋环境保护法》，1984年制定《水污染防治法》，1984年制定《森林法》，1985年制定《草原法》，1986年制定《矿产资源法》、《土地管理法》、《渔业法》，1987年制定《水污染防治法》，1988年制定《水法》，1987年制定《大气污染防治法》。

其实，自《试行法》实施之日起，这部法律的修订就提上了日程，20世纪80年代初期就成立了《环境保护法（试行）》修订领导小组，并聘请了北京大学、武汉大学、中国社科院、中国政法大学的专家学者组成法律修订工作专班，开始进行修订。从1980年修法工作专班成立到1989年人大常委会审议，修法工作虽然一直在进行，但进展十分缓慢。影响修订进程的一个重要因素是对《试行法》本身的纠结，在加快环境保护单行法制定进程的情况下，对是否有必要修改《试行法》，甚至对该法是否有必要存在，心存疑虑。

另一个非常重要的因素是，这一段时期，国务院进行了两次机构改革，环境保护行政管理体制也一直处于变动状态。我国最早于1973年成立环境保护领导小组办公室（简称国环办）；1982年，国务院第一次机构改革，成立环境保护局，归属于当时的城乡建设环境保护部；1984年更名为国家环境保护局，但依旧在建设部管理范围内；1988年国务院第二次机构改革，

---

① 参见叶汝求：《改革开放30年环保事业发展历程——解读历次国务院关于环境保护工作的决定》，载《环境保护》2008年11A期，第4－8页。

② 参见马国强、钱大军：《中国特色社会主义法学理论体系研究的历史谱系和发展方向》，载《法制与社会发展》2013年第4期，第10－16页。

将国家环境保护局从城乡建设环境保护部中独立出来成为国务院直属机构（副部级），完成了由城乡建设部下属局到独立的环境保护局的转变。

在国际上，环境保护运动经历了20世纪60到70年代的高潮后，80年代进入相对低潮期。以美国为代表，一方面，反环保的声音渐起，并在90年代初发展成为能与环境保护主义相对抗的反环保主义，“明智的利用”运动是其中的典型代表。① 另一方面，政府推行自由主义经济政策，甚至公开宣称反环境保护，寻求各种方法消除或削弱环境管制。②

1989年12月26日，七届全国人大第十一次常委会通过了《中华人民共和国环境保护法》（本节以下简称为《环保法》），该法以试行法为基础修改而成。曲格平在向全国人大常委会所做的《关于〈中华人民共和国环境保护法（修改草案）〉的说明》中提出：“在执行中也发现《环保法（试行）》有不够完善的地方，有些内容也已不适应当前形势发展的需要：一是《环保法（试行）》是依据1978年宪法第11条‘国家保护环境和自然资源，防治污染和其他公害’的规定制定的。1982年宪法第26条规定‘国家保护和改善生活环境和生态环境，防治污染和其他公害’，因此，环境保护的立法依据发生了变化。二是对许多在实践中行之有效的制度没有加以确认。例如，只规定超标准排污要征收排污费，没有规定对排放某些污染物，虽然没有超标准排放，也应当征收排污费；没有规定排放污染物许可证制度；没有设专章规定法律责任，只是对惩罚作了一条笼统的规定。三是有些内容已不适应当前形势发展的需要。例如，环保法（试行）具体地规定了环境保护机构的设置和职责，这样规定不利于深化机构改革；此外，对超标准排放污染物的企业限期治理，逾期达不到国家标准的，只规定要限制企业的生产规模，也不够妥当。环保法（试行）是试行法，应当在总结经验的基础上，加以修改完善，作为正式法律施行。”③

纵观《环保法》的制定过程与内容，可以发现国际国内的多重因素，对于这部法律有着十分明显的影响。这恰恰反映了我国当时的环境保护政

① 参见侯文蕙：《20世纪90年代的美国环境保护运动和环境保护主义》，载《世界历史》2000年第6期，第11－20页。

② See Cudahy R D. Thirtieth Anniversary Edition Essays: Coming of Age in the Environment [J]. Lewis & Clark Law School Environmental Law, Winter 2000: 20.

③ 全国人大网，http://law.npc.gov.cn:87/page/browseotherlaw.cbs?rid=1&bs=109&anchor=0#go0，2014年4月28日访问。

策、经济发展需求以及国际环保思想的发展状况。客观而言，这部法律较之于《试行法》有了重大进步：

第一，内容更加科学。其一，《环保法》坚持了大环保理念对自然环境保护和污染防治加以规定，并且加入"改善"环境的规定反映了现实需求。其二，明确了环境监管体制，对于监管部门、监管职权的规定更加明确，克服了《试行法》政企不分的问题。其三，建立了环境监管的基本制度如环境标准、环境监测、环境影响评价、三同时、排污申报、限期治理、排污收费、防止污染转移、环境应急措施、法律责任等。其四，初步建立了环境民事责任、环境行政责任制度，加上刑法规定的环境资源犯罪规范共同构成环境法律责任体系框架。

第二，立法技术显著进步。20 世纪 80 年代兴起并迅速发展的环境法学研究为制定《环保法》提供了理论支持，使其体系性显著增强，法律责任、立法目的等的规定和表述更加合理，与其他法律法规的关系也得到了较为充分考虑。

但是，《环保法》也存在着明显的问题，其理念与制度一直广受诟病。

第一，经济增长观念主导。《环保法》制定时，中国经济进入快速发展期，从政府到民间发展经济的冲动十分强烈。环境保护虽然被提到了新的高度，但并不能改变我国发展经济的迫切要求，从政府到民间对发展经济的热情显然高于保护环境，国际上也逐渐兴起反环保的思潮。《环保法》确立了"使环境保护工作同经济建设和社会发展相协调"的目标（第 4 条），并被学者们总结为协调发展原则而归为环境法的基本原则。[①] 实际上反映了平衡环境保护与经济发展的思路，与美国的"明智的利用"思潮具有一致性，其表述顺序更是要求环保顺应发展而非发展适应环保。这种平衡的思路实质上部分否定了环境保护运动所追求的环境目标的纯粹性，体现的是"发展优先"、"GDP 导向"，是"退而求其次"的选择。也是基于这样的平衡思路，《环保法》删除了《试行法》中创造"适宜"环境、维持水质"良好"等提法，反映了环境目标的倒退。

第二，立法定位问题仍未解决。与《试行法》一样，《环保法》虽然

---

① 参见金瑞林、汪劲：《20 世纪环境法学研究评述》，北京大学出版社 2003 年版，第 157－164 页。

在学界依然被认为是环境保护基本法，[①] 但否定观点仍然存在，[②] 与对《试行法》相同的质疑同样存在，其在立法效力层次、内容的统领性上并无根本改观，“无论在形式上还是内容上都未达到基本法的要求”[③]，政府官员也认为其基本法地位不突出[④]。

第三，部门立法、部分立法倾向明显。部门立法是我国立法实践中存在的主要不足之一，其问题不在于部门参与立法，而在于“行政机关借助于立法的方式使部门利益‘合法化’”[⑤]，《环保法》也具有明显的部门立法倾向，甚至被直指为“为环保局立法”。这一方面与20世纪80年代中国确定的环境保护任务有关，也与环境保护局刚从建设部门独立需要显示自身存在有关。但客观上使旧法表现出“为城市立法、为工业立法”、“偏重污染防治立法”的特征，从而为我国环境保护整体上相对忽视农村和农业、轻视资源保护，市场机制与公众参与严重不足埋下了伏笔。

第四，末端治理特征明显。“为污染立法”思维主导，主要制度安排集中于污染控制，生态保护与预防原则基本没有得到体现。理念的疏漏与重要制度的缺失，导致科学的环境保护体制、机制没有真正形成，不能充分发挥法律的拘束力和强制力，这是造成中国目前环境污染和生态破坏严重的原因之一。

二、环境保护法的变身：一波三折修法路

从1989年《环保法》颁行，到2014年《修订案》通过，25年修法路，跌宕起伏。其间经历了几个重大变化：从环境保护法的存废到确定基础性法律地位；从“有限修改”到“全面修改”；从“为城市立法、为企业立法、为污染立法”到“为城乡立法、为政府与企业立法、为生态环境保护立法”。这些转变的发生，既有经济社会发展阶段的影响，也是各界对

① 参见李挚萍：《环境基本法比较研究》，中国政法大学出版社2013年版，第183页。

② 参见高利红、宁伟：《从立法体系性看〈环境保护法〉的修改》，载《郑州大学学报》（哲学社会科学版）2013年第4期。

③ 参见吕忠梅：《中国需要环境基本法》，载《法商研究》2004年第6期，第40－46页。

④ 参见何卫东：《我国环境保护基本法的修改思考——环境保护法实施情况的小型调查报告》，载2007年全国环境资源法学研讨会论文集。

⑤ 宋方青、周刚志：《论立法公平之程序构建》，载《厦门大学学报》（哲学社会科学版）2007年第1期。

解决“中国问题”需要“中国方案”共识达成的过程。值得重视的是，重大转变均发生在十八大召开前后，这绝不仅仅是时间的巧合。

（一）1990～2010年：从搁置到启动修法

在《环保法》施行的25年中，国际国内环境立法的“环境”出现了重大变化，尤其是在立法理念、立法宗旨、法制度的价值取向上发生了根本性变革，这种变革无疑会动摇《环保法》的根基。在国际上，可持续发展作为一种不同于传统“人类中心主义”的新的发展观，在“生态人类中心主义”[①]的思维方式下，明确提出了对现行法律进行评估和制定新的符合“可持续发展”要求的法律的要求[②]，这一新的发展观及其要求得到了世界各国的广泛认同与接受。在中国，建设社会主义市场经济体制作为中国未来发展的目标载入宪法，“依法治国，建设社会主义法治国家”也成为了宪法所确定的治国方略；执政党更是明确提出了与可持续发展旨趣一致的科学发展观，政府也明确宣示要建设“法治政府”。可持续发展观、社会主义市场经济体制改革目标、建设法治国家以及科学发展观都是《环保法》制定时不可能达到的认识。但这些认识对于中国的今天与未来却是具有决定意义的，它们意味着新的生产方式与生活方式、新的伦理道德、新的世界观与方法论，更意味着新的立法理念、新的立法原则、新的立法模式、新的制度体系。如果我们运用这些新观念、新思维来审视《环保法》，不难发现它存在的问题。

耐人寻味的是：《环境保护法》在20年前就被纳入人大修法的议事日程，全国人大常委会曾于1995年、1996年、2006年三次组织对《环保法》执行情况进行专门检查，并且在提交的报告中都建议要加强环境保护立法，

① “生态人类中心主义”是对“人类中心主义”的新发展，其在对传统的“人类中心主义”藐视自然、征服自然，将人与自然直接对立的观念进行反思与批判的基础上，强调自然对于人类的价值，要求建立“人——自然——人”的双重和谐关系。但是，它并没有脱离“以人为本”的根本宗旨，依然将自然作为人的认识对象和为实现人类发展的手段，它与“生态中心主义”存在着本质区别。因此，可以将这种观念归结为“生态人类中心主义”，既区别于传统的“人类中心主义”，又区别于“生态中心主义”。“可持续发展”体现了最典型的“生态人类中心主义”。参见吕忠梅，《沟通与协调之途——论公民环境权的民法保护》，人民大学出版社2005年版，第140—156页。

② 联合国大会为实施可持续发展而通过的《21世纪议程》提出，为了实现可持续发展，“必须发展和执行综合的、可实施的、有效的、并且是建立在周全的社会、生态、经济和科学原则基础上的法律和法规。”

有的报告还明确提出要修改《环保法》[①]。全国人大大环资委更是多次对《环保法》执法情况进行调研，但多年来，却一直被以“修改条件、时机不成熟，认识尚不一致”等理由搁置[②]。

面对环境基本法的存废之争，人们也有不同态度。有人认为，这仅仅是一部形式意义上的法律文件，有或者没有无关紧要，没有必要劳神费力地去讨论；更没有必要大动干戈，让所有人都来参与争论，立法机关自己决定足矣。表面看来，这的确是关于一部形式上的法律文件是否有必要存在的争论，其具体对象特指《环保法》，如果止步于此，争论似有小题大做之嫌，一部法律文件是否存在并不会引发“地震”或“飓风”，不足以摧毁中国的环境保护事业。但透过争论的表面，便不难发现：事情绝非形式那么简单。它不仅是一部法律文件的存废之争，其实质是对可持续发展观及环境法的根本认识以及如何理解和实现科学发展观[③]的问题。

在学术界，有人认为，我国已经对环境保护的单行法进行了大规模的修订，有的单行法甚至已经多次修订[④]，单行法的修订不仅及时总结了我国成熟的环境保护经验，而且吸收了一些国外的先进制度；在单行法的立、改、废完成以后，各项制度都将更加成熟，《环保法》将失去存在的理由。因此，《环保法》不仅不该修订，而且应被废止。其实，这是对环境基本法的地位与功能认识不足、没有厘清基本法与单行法的关系而造成的误解[⑤]。

从理论上看，环境基本法是一个国家制定的全面调整环境社会关系的

---

① 王丙乾，全国人大常委会执法检查组关于检查《中华人民共和国环境保护法》执行情况的报告——1995 年 8 月 26 日在第八届全国人民代表大会常务委员会第十五次会议上。http://www.npc.gov.cn/wxzl/wxzl/2000-12/07/content_3422.htm；王丙乾，全国人大常委会执法检查组关于检查《中华人民共和国环境保护法》执行情况的报告——1996 年 7 月 3 日在第八届全国人民代表大会常务委员会第二十次会议上。http://www.npc.gov.cn/wxzl/wxzl/2000-12/06/content_3593.htm，2014 年 5 月 5 日访问。

② 参见孙佑海：《〈环境保护法〉修改的来龙去脉》，载《环境保护》2013 年第 16 期，第 13-16 页。

③ 从现有的对科学发展观的表述看，“可持续”是科学发展观的重要内容或者基本要求之一。我自己认为，科学发展观是对“可持续发展观”的一种政治表达，其基本内涵与价值目标与可持续发展是一致的。因此，无论从哪个角度看，科学发展观与可持续发展都具有相当的一致性，可以成为环境法的认识论基础。

④ 到目前为止，大多数环境保护单行法都已经进行过修订或者已列入修订计划。有的单行法如《水污染防治法》、《大气污染防治法》等都进行过两次以上的修订。目前，《大气污染防治法》、《水污染防治法》已经纳入十二届全国人大立法计划。

⑤ 以下参见吕忠梅：《中国需要环境基本法》，载《法商研究》2004 年第 6 期。

法律文件，它与就某一环境问题的解决或者规范某一类具体的环境社会关系的单行立法具有很大的不同。环境基本法是“保护环境的国家基本章程”。如《国家环境政策法》，它在美国环境法体系中的地位主要是由其性质和作用决定的。就其性质而言，它是一部从宏观方面调整国家基本政策的法律，它对一切联邦行政机关补充了保护环境的法律义务和责任，以统一的国家环境政策、目标和程序改变了行政机关在环境保护问题上的各行其是、消极涣散的局面。就其作用而言，它规定的环境影响评价程序迫使行政机关把对环境价值的考虑纳入决策过程，改变了行政机关忽视环境价值的行政决策方式。它在美国历史上第一次为行政机关正确对待经济发展和环境保护两方面利益和目标创造了内部和外部的条件。由于国家《环境政策法》的特殊性质和作用，同其他的环境法律相比，它在美国环境法体系中显然处于更高的位置①。可以说环境基本法是在人类面临严重的环境问题，重新审视人类与环境的关系，选择新的生产方式和生活方式的产物。它虽然仅仅只是一个法律文件，但具有划时代的意义。

从环境法实践看，许多国家走过了“从单行法到基本法”的道路，基本法的制定是从“先污染后治理”的惨痛教训中得出的结论。

环境问题早已存在，不少国家试图通过颁行单行法律法规以解决问题，但由于始终未将环境问题的解决与人类的生产方式、生活方式或发展模式联系起来，没有重视环境资源的整体性、生态性、开放性特征，单行法的作用十分有限。直到20世纪60年代人类环境问题的大讨论，随后《人类环境宣言》的出台，才使人们真正认识环境与发展，环境与资源、环境与人口的关系，认识到需要有统一的发展目标和发展战略，需要有统一的法律。对环境问题认识的质的飞跃导致了环境基本法的出现。1972年前后世界各国掀起了制定环境基本法的第一个高潮，大多数国家的环境基本法是在这一时期出台的。1992年，联合国环境与发展大会的召开，《地球宣言》将可持续发展作为全球环境保护的根本目标，继《人类环境宣言》以后又一次使人类对环境问题的认识产生了新的飞跃，环境与发展成为迈向21世纪的人类面临的最大障碍，在这一挑战面前，各国纷纷对环境保护基本法进行了检讨，一些过去没有环境保护基本法的国家迅速制定并颁行了环境

① 参见王曦：《美国环境法概论》，武汉大学出版社1992年版，第243页。

保护基本法，如泰国以及拉丁美洲诸国；一些已经制定有环境保护基本法的国家根据可持续发展的要求进行了修订或重新制定新的基本法，如日本将过去的《公害对策基本法》、《自然环境保护法》予以废止，重新制定并颁布了《环境基本法》，完成了环境保护以公害治理为主到全面保护环境的过程。1992 年以来，世界各国颁行环境基本法的热潮方兴未艾，在欧洲甚至出现了如《欧盟环境保护法》这样的国际性区域的环境基本法。

由此不难看出，环境基本法是人类正确认识自然、重新检讨人类传统生活方式，规范人类活动对环境的影响的产物，也是由于环境问题的严重所形成的不同于一般社会关系的环境社会关系客观上需要有统一的法律调整的结果；环境保护基本法是确立环境法的基本原则与制度，建立环境法律秩序的重要保障。其地位是单行法所无法取代的。我们必须要有一部环境保护的基本法：

（1）宣示可持续发展战略。可持续发展作为 21 世纪发展的主题，包括生态、经济、社会三个方面及其丰富的内容，生态的可持续是经济、社会可持续的前提，国家必须有生态可持续发展全面的制度安排，并且将这种制度安排上升为国家意志。环境基本法正是这样一部将可持续发展战略进行宣示并进行全面的制度安排的法律文件。将可持续发展作为国家发展战略以法律的形式加以明确是环境基本法的最重要功能，也是世界各国的通行做法。

（2）明确“权力—权利”配置原则。环境保护是国家提供的重要的公共物品，国家的环境管理权在现代国家必须由法律赋予，环境基本法可以全面规定国家的环境管理责任和公民的环境权利。环境管理是国家或政府公共事务管理的重要内容，宣告国家的环境管理职能不可能由单行法来完成。与之相对应，公民的环境权利也是完整的系统的权利，也应该有基本法对其进行概括性规定。

（3）建立双重协调的法律机制。环境保护是对传统资源配置与使用方式的限制，是对法律只重视人的社会性忽视人的自然性，将经济伦理作为法律的合法性基础的反思与批判。环境法则要以新的生态伦理为基础，重视人的社会、生物双重属性，实现人—自然—人的双重协调。因此，环境法的一个重要职能就是实现与传统法律的沟通与协调，只有环境基本法才能确定环境法与民法、刑法、行政法等其他基本法的关系的原则，为具体立法的制度协调与衔接确立基本规则。环境法作为二次调整法，必须与基础法相互协调与配合才能真正发挥作用，而进行协调与配合则必须确立相应的准则，这一功能是单行法所无法胜任的。

（4）构筑权利保障体系。环境法在与传统法律进行沟通与协调的过程中，必须要为主体设定新的权利和义务，并且要为这些新的权利提供保障。只有环境基本法才能确定环境保护的特别实体法与程序法制度，环境法的特殊性要求必须有专门的实体法与程序法制度，并且这些制度应该能够普遍适用于各种环境要素或者环境区域的保护，如果没有基本法，单行法之间既可能出现大量重复也可能会因为起草者的差别而出现剧烈冲突。

中国的可持续发展需要环境基本法，但是，《环保法》并不足以胜任。因此，应该启动《环境保护法》的修订程序，从内容上加以完善，从效力等级上加以提升，以适应时代发展的要求。从 1995 年八届全国人大三次会议到 2011 年十一届全国人大五次会议，全国人大代表共 2474 人次以及台湾代表团、海南代表团提出修改环境保护法的议案 78 件，反映现行环境保护法是经济体制改革初期制定的，已经不适应经济社会发展要求，社会各方面修改呼声很高。十一届全国人大常委会将修改环境保护法列入了五年立法规划的论证项目①。

2010 年末，全国人大环资委按照常委会的要求，对《环保法》进行了后评估，明确提出《环保法》的“有限修改”思路以及三个重点、八项制度的修法目标②。2011 年 1 月，全国人大环资委以委托环保部起草《环境保护法修正案草案（部门建议稿）》的方式，正式启动《环保法》的修订工作。

（二）2011 ~2012 年：从“中修”后退到“小修”

经过一年多的工作，2012 年 8 月，十一届人大第二十八次常委会初次审议《中华人民共和国环境保护法修正案（草案）》（以下简称《草案》），

① 关于《中华人民共和国环境保护法修正案（草案）》的说明，http：//www. npc. gov. cn/huiyi/lfzt/hjbhfxzaca/2012 - 08/31/content _1735795. htm，2014 年 5 月 5 日访问。

② “三个重点”是指修改《环境保护法》要适应环境保护工作当前需求，着重解决环保法律衔接问题、消除环保法律之间不一致、提高法律有效性；“八项制度”是环境影响评价、排污收费、限期治理、公众环境权益、环境标准、环境监测、跨行政区域污染防治协调和人民政府环境质量责任等 8 个方面的制度内容以及法律责任中的相关条款进行修改。参见：全国人大环资委主任委员汪光焘谈环保法修正案首次提请审议，http：//www. npc. gov. cn/huiyi/cwh/1128/2012 - 08/31/content _1735536. htm，2013 年 3 月 5 日访问。

随后，人大常委会就《草案》公开面向社会征求意见。《草案》共七章47条，修改21条，新增4条，合并8条。但是，《草案》公布后，舆论哗然[①]。环保部在广泛征求各方意见后，公布了针对《草案》的34条反对意见。全国人大常委会征求到的一万多条意见中，绝大多数也都认为该修正案尚不成熟，尤其是在立法理念上大大落后，不仅没有实现"有限修法"的目标，而且出现了倒退。

客观地说，《草案》在一定程度上体现了近年来环境保护立法理论和实践的一些积极进展。如提出"经济建设和社会发展与环境保护相协调"的理念（第4条），规定"国家环境质量监测站点由国务院环保部门会同有关部门统一规划设置"（第11条），明确国家环保规划应当包括"自然生态保护和环境污染防治的目标、主要任务、保障措施"（第12条），提出"重点区域、流域污染防治规划"（第14条），规定政府组织农村环境综合整治和环保公共设施建设（第20条、第23条），确立环境目标责任制和考核评价制度以及人大监督制度（第35条、36条）等。但是，《草案》也的确存在很多问题。从微观层面看，一些具体制度的设计不够完善，没有很好解决制度的可执行性、可操作性问题。在中观层面，所进行的修订与确定的目标尚有差距。在宏观层面，《草案》依然停留于以污染防治为主、以环保部门为主、以城市环保为主的思维模式，没有把生态安全、人体健康、城乡统筹等中国环境保护最重大的问题予以考虑并切实加以解决[②]。

1. 基本定位不够准确

《环保法》在环境立法体系中处于基础性、综合性地位，对环境保护事业的健康发展具有重要作用。1979年至今，我国已经颁布了20多部环境保护方面的法律。1989年以后，环境保护的相关单行法的修改与制定非常频繁。有的单行法如《水污染防治法》、《大气污染防治法》经过了两次修订，这些经过修改的法律对中国环境保护的实践进行了总结与提炼，有的将实践上升成为了法律制度，如排污许可制度，大气污染控制区、流域污染控制、水功能区划等跨行政区域监管制度。有的法律制度经过实践检验，进行了进一步的完善，如排污收费制度、限期治理制度、环境影响评价制

---

① 《环保法修订，意见一箩筐》，载《南方周末》2012年9月14日第6版。

② 以下参见吕忠梅：《关于修改〈环境保护法〉的意见和建议》，《郑州大学学报》（哲学社会科学版）2013年第4期。

度等。另外，也制定了一些新的法律，建立了新的制度，如规划环评制度、公众参与制度、节约能源制度、流域管理制度、清洁生产制度、可再生能源利用制度等。因此，修改与后来制定单行法的一些不衔接规定，推动专项法律的实施，作为《环保法》修订的重点，实际上就是要解决其基本定位问题。

但是，《草案》并未很好地解决这个问题，其整体架构和规范内容没有体现综合法的特点，没有解决与单行法的有效衔接问题。其调整对象与水、大气、固体废物等单行法依然存在大量交叉，主要制度与单行法的相关规定重叠，若干具体条款存在冲突。另外，一些应该由综合法加以规定的内容，如国家的环境保护基本政策、公民环境权益、政府环境保护责任等，却基本没有涉及。

2. 监管体制问题并未解决

近年来，现行环境保护监管体制饱受诟病，也是引发众多群体性事件、影响社会稳定和人民生活的主要原因之一。此次修法，将“推动法律的实施和行政责任的落实①”作为重点非常正确。但是，《草案》对环境保护体制没有做出理性选择，仅简单地增加了两个管理部门，并没有从根本上对“九龙治水，各显神通”的体制弊端予以检讨。

从理论上讲，环境保护监管体制必须是一个多部门分工协作的体制。从实践中看，按照有关法律法规和国务院确定的“三定”方案，环保部门和有关部门在环境保护方面已有一些分工与协作机制，如环境与健康管理、水资源保护等。但是《草案》规定环保部门会同有关部门制定排放标准、会同有关部门建立监测制度，还规定由发展改革部门提出总量控制指标分配意见等条款（第10条、第11条、第19条），既缺乏理论根据，也与现行的职责分工和管理体制不相符，还弱化了环保部门的综合宏观职能，更不符合大部制改革的方向。

另外《草案》还有一个明显的缺陷是，没有对已经严重存在的地方政府不实际承担环境保护责任问题予以足够的重视。在我国，“企业污染、百姓受害、政府买单、生态环境破坏”的噩梦一再出现，必须从制度上找原因，地方人民政府切实承担起责任而不仅仅是环保部门负责，是可行的解

---

① 关于《中华人民共和国环境保护法修正案（草案）》的说明，http：//www. npc. gov. cn/huiyi/lfzt/hjbhfxzaca/2012－08/31/content＿1735795. htm，2014年5月5日访问。

决方案。

3. 逻辑结构不够清晰

《草案》在立法技术上也存在一些问题，从概念使用到表达方式，从立法理念到制度逻辑上都不够严谨和完善。

在概念和表达层面，《草案》将“协调发展”的理念与个别纯技术性的概念放在一起，将监管一章单设，导致结构缺乏逻辑性，表达缺乏规范性。在理念与制度逻辑方面，《草案》第4条提出了“使经济建设和社会发展与环境保护相协调”的理念，但在具体制度上却出现了倒退，实际上依然将环境保护置于经济发展之下，不仅是对“协调发展”的倒退，更不符合科学发展观的基本要求。

4. 没有充分吸收实践成果

此次修法，最好的资源是：中国经过30多年的改革开放，随着社会主义市场经济体制建设的进程和经济的高速发展，环境问题显现，环境保护实践充分发展；中国的环保立法、执法、司法和环境法理论研究也走过了30多年，积累了许多可供总结的经验教训和可观的理论研究成果。因此，立法机关认为“修改现行环境保护法应当推动法律的实施[①]”是非常正确的。经过慎重论证，把我国已有的一些立法条件比较成熟、各方的意见比较一致、现实中又迫切需要法律加以规定、修改后对环境保护工作能产生显著成效的实践成果纳入，增强环保法的执行力与适用性是可能的。但遗憾的是《草案》没有达到这一修法目标。

5. 制度设计不够完善

《草案》的一些具体制度设计也存在问题：一是对环境影响评价、“三同时”、排污收费、限期治理、现场检查等制度措施的修改，与水、大气等单项环保法律的规定、与目前环境管理工作实际、与有关环境管理制度的改革方向不一致。二是一些重要的制度如公益诉讼制度、公众参与制度、公民环境权益保护制度等未予规定。三是一些应该引起高度重视的制度如环境健康风险评价制度、保障生态安全制度、以保障人体健康为核心的环境标准制度、生态环境保护制度等，基本没有涉及。

在各方面的强烈反映下，全国人大常委会委托法律工作委员会、人口

① 关于《中华人民共和国环境保护法修正案（草案）》的说明，http：//www.npc.gov.cn/huiyi/lfzt/hjbhfxzaca/2012－08/31/content_1735795.htm，2014年5月5日访问。

资源环境委员会共同召开了人大代表、专家学者以及政府有关部门参与的多个座谈会，对《草案》的进一步修改征求意见。代表、学者以及政府部门均要求对《草案》存在的不足加以弥补；同时也根据国家的新形势、新要求，对《草案》进行完善。着力解决中国生态文明建设中的基本问题，根据《宪法》规定，从立法理念、法律原则、法律制度方而加以完善，体现环境保护基本国策应有的地位，实现建设生态文明的功能。

（三）2012~2014 年：从《修正案》到《修订案》

2012 年，十八大报告在将建设社会主义法治国家作为治国理政的总体方略的同时，把中国特色社会主义事业由经济建设、政治建设、文化建设、社会建设“四位一体”拓展为包括生态文明建设的“五位一体”的总体布局。2013 年，十八届三中全会通过的《中共中央关于全面深化改革若干重大问题的决定》（本节以下简称为《决定》）指出：“建设生态文明，必须建立系统完整的生态文明制度体系，实行最严格的源头保护制度、损害赔偿制度、责任追究制度，完善环境治理和生态修复制度，用制度保护生态环境。①”不仅将法治理念贯穿到了生态文明②建设之中，而且具体提出了生态文明建设的具体要求，对中国特色社会主义生态文明制度建设提出了新的要求。这些都为《环保法》的修改提供了新的机遇。

1. 再次公开征求意见

2013 年 6 月，十二届全国人大常委会第三次会议对《中华人民共和国环境保护法修正案（草案二次审议稿）》（本节以下简称为《草案二次审议稿》）进行审议并决定再次面向社会公开征集意见。一部法律的修改两次公开面向社会征集意见，这在我国的立法史上是绝无仅有的。

此次公布的《草案二次审议稿》，根据常委会组成人员和各方面的意见，对《草案》作了 45 处修改③，条文增加至 59 条。

---

① 《中共中央关于全面深化改革若干重大问题的决定》第十四，加快生态文明制度建设。来源于新华每日电讯，2013. 11. 6，http：//news. xinhuanet. com/mrdx/2013 - 11/16/c _ 132892941. htm，2014 年 3 月 1 日访问。

② 学界对生态文明有各种学理解释，我们认为：“生态文明是继农业文明、工业文明之后的一种新的人类文明形态，它既包括尊重自然、与自然同存共荣的价值观，也包括在这种价值观指导下形成的生产方式、经济基础和上层建筑。”参见吕忠梅：建设美丽中国的法治路线图，《中国社会科学》2013 年第 5 期。

③ 中国人大网，http：//www. npc. gov. cn/npc/xinwen/lfgz/flca/2013 - 07/17/content _ 1801189. htm，2014 年 4 月 5 日访问。

一是以生态文明理念为核心修改环境保护法。十八大报告明确指出:“面对资源约束趋紧、环境污染严重、生态系统退化的严峻形势,必须树立尊重自然、顺应自然、保护自然的生态文明理念,把生态文明建设放在突出地位,融入经济建设、政治建设、文化建设、社会建设各方面和全过程,努力建设美丽中国,实现中华民族永续发展。”《草案二次审议稿》将这些精神体系在了立法目的、立法原则以及体现在了一些具体制度设计之中。

二是回应政府职能转变新改革。2013 年,十二届全国人大一次会议审议通过了国务院机构改革方案,明确了“这次国务院机构改革的主要任务是,围绕转变政府职能和理顺部门职责关系,探索实行职能有机统一的大部门体制,合理配置宏观调控部门职能,加强能源环境管理机构”。《草案二次审议稿》也体现了政府职能转变的新要求和重大战略部署,为建立适应“美丽中国”建设需要的环境保护管理体制,变“政府监管”为“政府、企业、社会共治”进行了制度安排。

三是完善了生态环境保护与污染防治的制度安排。根据十八大报告精神,修改了环境监测制度、环境影响评价制度、联合防治协调制度、现场检查制度、地方环境质量限期达标制度、生态恢复制度、农业环境保护制度、企业环境保护责任制度、排污费制度、限期治理制度、突发环境事件应急制度等;增加了政府支持企业进行环保改造制度、政府环境保护目标责任制和考核评价制度、人大监督制度、生态补偿制度、循环利用制度、重点污染物排放总量控制制度、排污许可制度、防止农业源污染环境制度、政府设置环境保护公共设施制度等。

四是增加“环境信息公开和公众参与”一章,规定了公众参与的权利和政府信息公开义务、政府环境信息公开制度、企业环境信息公开制度、环境影响评价公众参与制度、公众检举控告制度、环境公益诉讼制度。

五是完善法律责任制度。增加了按日连续处罚制度、企业逃避监管的法律责任、未评先建责任、违反信息公开义务责任;完善了环境行政责任、环境民事责任、环境刑事责任制度。

在常委会审议及公开征求意见过程中,大多数对《草案二次审议稿》予以了充分肯定,但也对继续修改提出了意见和建议,比较集中地反映在三个方面:

一是提升环境保护法在中国法律体系中的地位。加强环境保护,建设生态文明在中国当前和今后社会经济发展中具有根本性、全局性、稳定性和长期性。环境保护也经宪法确定为一项基本国策。尤其是在十八大报告提出建设社会主义法治国家、加强生态文明建设的新的历史条件下，应该认真研究中国社会主义法律体系的结构问题，将环境保护法上升为基本法。

二是将“保障人体健康”的立法目的制度化。完善政府环境与发展综合决策制度，建立环境健康风险评估制度，将环境健康风险纳入环境影响评价和政府环境责任制度；建立健康权优先保护制度，明确公民个人的良好环境权、环境资源使用权、环境参与权、环境信息权和集体环境权。

三是完善环境公益诉讼制度。《草案二次审议稿》规定“中华环保联合会以及在省、自治区、直辖市设立的环保联合会”作为公益诉讼主体，不仅范围太窄，而且不符合立法的一般原理。

2. 推出《环境保护法（修订案草案）》

虽然《草案二次审议稿》已经有了很大的进步，但依然受到“有限修改”思路的限制。此次面向社会公开征求意见，大多数建议都呼吁进行全面修改。

2013 年 10 月 21 日，十二届人大常委会五次会议进行第三次审议，此次提交的审议稿变为了《环境保护法修订案（草案）》，并说明基于环境保护法在生态环境保护领域中的综合性、基础性地位，应当采用修订方式对环境保护法进行全面修改。明确宣示了突破“有限修改”思维，并认可了环境保护法的基础性地位。

此次修改在《草案二次审议稿》的基础上又进行了 10 处修改，条文增加至 65 条。主要修改为：扩大公益诉讼主体范围、政府加大环保财政投入、经济政策的环境影响评价、环保部门可查封扣押排污设备、增加生态保护的市场补偿机制、增加土壤污染防治制度、增加对单位主管人员人身处罚、增加环保考核结果应当向社会公开、增加环评服务机构弄虚作假的法律责任、要求国家机关使用节能节水产品等内容。审议过程中，常委和代表们对扩大环境公益诉讼主体资格、建立环境与健康风险评估制度、环境责任保险制度、建立环境权制度等继续提出修改意见。

2014 年 4 月初，全国人大法工委主持召开立法前评估会，部分全国人大代表、政府有关部门、律师、环保志愿者、专家学者参与了评估。2014 年 4 月 21 至 24 日，十二届人大常委会八次会议第四次审议并正式通过

《中华人民共和国环境保护法修订案》(本节以下简称为《修订案》)。

此次审议在《环境保护法修订案(草案)》的基础上又进行了20多处修改,条文增加到70条。主要是修改了立法目的,将原来的"保障人体健康"修改为"保障公众健康";增加了生态红线、环境与健康制度、环境责任保险制度,完善了环境法律责任制度、环境公益诉讼制度;等等。

总体上看,《修订案》主要进行了八个方面的修改:一是修改了立法目的、地位、基本原则;二是建立了环境治理结构与全社会共同参与机制;三是明确政府主要责任以及落实措施;四是界定企业事业单位及生产经营者义务;五是完善了环境监管基本制度;六是强化了经济激励措施;七是增加了公众参与和信息公开制度;八是提高了违法成本、加大处罚力度。

三、环境保护法的今生:最严厉的制度体系

2014年4月24日,十二届人大常委会八次会议审议通过了《修订案》,贯彻了《中共中央关于全面深化改革若干重大问题的决定》提出的"建设生态文明,必须建立系统完整的生态文明制度体系,实行最严格的源头保护制度、损害赔偿制度、责任追究制度,完善环境治理和生态修复制度,用制度保护生态环境。[①]"的精神,回应社会对"美丽中国"的殷切期待。也被媒体称之为史上最严厉的环境保护法律。

(一)《修订案》的定位与特色

中国目前面临着严重的大气污染、水污染、土壤污染以及生态破坏问题。严峻的现实表明:中国虽然已经基本建立了社会主义市场经济体制,却没有建立起对应生态文明理念和原则的市场机制。由于市场没有在资源配置中起到决定性作用,导致了环境的日益恶劣和生态的不断退化。政府直接配置资源或者政府不合理干预配置资源的程度和领域既深又广。一些地方政府为了发展经济,出台五花八门的优惠政策、降低环保标准招商引资,催熟产业转移,加剧产能过剩,造成最大的资源浪费和环境破坏。由于税收和价格机制不合理,难以有效抑制对资源及其资源性产品的过度需求,工业用地、水资源、能源价格偏低,占用湖泊、河道、湿地、林地的

① 《中共中央关于全面深化改革若干重大问题的决定》,http://news.xinhuanet.com/mrdx/2013-11/16/c_132892941.htm,2014年3月1日访问。

成本过低或基本无成本，远远无法弥补生态价值。分税制形成的中央与地方的事权和财权不匹配，地方政府不得不靠“圈地运动”融资、发展土地财政，导致耕地和生态空间被过多占用。对地方领导考核的“GDP”主导机制，也在很大程度上加速了生态环境的污染和破坏。

30多年来，中国在生产世界上最多产品的同时，却让生态产品成了自己最短缺的产品；中国在制造快速增长的经济奇迹的同时，也让生态差距成了自己与现代国家最大的发展差距。30年多年来，中国的GDP增长依靠高投入、高能耗、高污染，一路带着生态破坏和环境污染的尾巴。如果这种现象不能得到根本改变，中国梦将会因“生态短板”失去色彩。

当今中国，正处于发展社会主义市场经济、全面建成小康社会的关键时期，面临着文明转型的巨大机遇与挑战，环境立法必须对此有所回应。《修订案》定位于环境保护领域的基础性法律，立足于解决环境保护的理念、原则、基本制度和共性问题，体现了十八大、十八届三中全会提出的原则和要求，针对中国目前严重的生态环境问题，在总结国内实践经验、吸纳国际新经验的基础上，重点处理环境保护与经济发展、国内与国际、共性与个性、理论与实际的关系。较之于修订前的《环保法》，有了重大突破：

1. 推动建立基于环境承载能力的绿色发展模式

《修订案》要求建立资源环境承载能力监测预警机制，实行环保目标责任制和考核评价制度，制定经济政策应充分考虑对环境的影响，对未完成环境质量目标的地区实行环评限批，分阶段、有步骤地改善环境质量等。这些规定体现了近年来环保领域的一些主要理念和指导精神，如生态文明、可持续发展、保护优先等，将成为推行绿色国民经济核算，建立基于环境承载能力的发展模式，促进中国经济绿色转型的重要依据。

2. 建立多元共治的现代环境治理体系

《修订案》改变了以往主要依靠政府和部门单打独斗、事后监管的传统方式，明确了政府、企业、个人在环境保护中的权利与义务，建立了参与机制，体现了多元共治、社会参与的现代环境治理理念：各级政府对环境质量负责，企业承担主体责任，公民进行违法举报，社会组织依法参与，新闻媒体进行舆论监督。

《修订案》规定：国家建立跨区联合防治协调机制，划定生态保护红线，健全生态保护补偿制度，国家机关优先绿色采购；国家建立环境与公众健康制度；国家实行总量控制和排污许可管理制度；政府建立环境污染公共监测预警机制，鼓励投保环境污染责任保险。同时，也明确规定公民享有环境知情权、参与权和监督权，要求各级政府、环保部门公开环境信息，及时发布环境违法企业名单，企业环境违法信息记入社会诚信档案；排污单位必须公开自身环境信息，鼓励和保护公民举报环境违法。

3. 完善制度体系

为体现生态文明建设的新理念，贯彻将生态文明建设纳入经济建设、政治建设、文化建设、社会建设全过程的精神，实现国家治理能力和治理体系现代化的目标。《修订案》建立了若干新的制度，如生态保护红线制度、环境健康风险评估制度、生态补偿制度、土壤污染调查制度、总量控制制度、污染物排放许可制度、农村农业污染防治制度、环境保险制度，等等。与此同时，对《环保法》一些老制度，如环境规划制度、环境影响评价制度、区域限批制度、限期治理制度、污染转移制度、环境事故应急制度、法律责任制度等，也进行了调整完善。

4. 强化义务与责任

《修订案》一方面授予了各级政府、环保部门许多新的监管权力，比如环境监察机构的现场检查权，环保部门的查封扣押行政强制权，对污染企业责令限产、停产整治权；等等。同时，规定了按日连续计罚，引入治安拘留处罚，增设了连带责任；构成犯罪的，依法追究刑事责任。另一方面，它也规定了人大对地方政府的监督权，规定了将环境保护考核情况向社会公开并纳入官员政绩考核，规定了对环保部门的严厉行政问责制度。

（二）《修订案》建立的法律机制

如果说2014年，中国将“向污染宣战”作为了一项最重要的任务，那么，《修订案》的出台则标志着中国的“治污之战”取得了突破性进展，因为它所建立的法律机制为这场战役奠定了基石。

1. 环境与发展协调机制

《修订案》第4条宣示“保护环境是国家的基本国策。国家采取有利于节约和循环利用资源、保护和改善环境、促进人与自然和谐的经济、技术政策和措施，使经济社会发展与环境保护相协调。”这一条将原《环保法》规定的“使环境保护与经济建设相协调”修改为“使经济建设与环境保护相协调”原则，并规定了相关制度，建立了环境与发展协调机制。

(1) 环境规划制度。世界各国在寻求协调环境与发展的合理战略中，规划制度是其中的重要措施[①]。环境规划是对环境资源工作的总体部署和行动方案，也是对一定时间内环境保护目标、基本任务和措施的规定。通过规划对环境资源的开发利用和保护进行事前安排，决定着环境资源可利用总量，也是实施环境资源总量控制的基础，决定着环境与发展之间平衡点的确定。因此，《修订案》第13条不仅要求县级以上人民政府应当将环境保护工作纳入国民经济和社会发展规划；国务院环境保护主管部门和地方人民政府环境保护主管部门会同有关部门，根据国民经济和社会发展规划编制国家环境保护规划和区域环境保护规划。而且明确了环境保护规划的内容并与主体功能区规划、土地利用总体规划和城乡规划等相衔接[②]。

(2) 环境保护原则。环境保护原则是确立环境与发展关系的基本依循，也是在法律实施过程中处理环境与发展矛盾的判断标准。在《环保法》制定时，中国经济进入快速发展期，环境保护虽然被提到了新的高度，但并不能改变发展经济的迫切要求，从政府到民间发展经济的冲动十分强烈。于是，立法上确立了“使环境保护与经济发展相协调”的原则，体现的是“发展优先”、“GDP导向”。《修订案》不仅提升了环境保护的地位，而且明确了“环境保护坚持保护优先、预防为主、综合治理、公众参与、损害担责的原则。[③]”

(3) 专家参与决策程序。环境与发展综合决策，需要相关程序保障。《环境保护法》实际上存在为部门立法、为城市立法、为工业立法的问题，将环境保护视为仅仅是“环保部门的责任”，没有也不可能建立综合决策的程序。为了保证综合决策的实现，《修订案》明确要求“国务院有关部门和省、自治区、直辖市人民政府组织制定经济、技术政策，应当充分考虑对环境的影响，听取有关方面和专家的意见[④]。”初步确立了综合决策的专家参与程序。

(4) 环境影响评价制度。环境影响评价是从环境保护的角度对开发利

---

① 参见金瑞林、汪劲：《20世纪环境法学研究评述》，北京大学出版社2003年版，第214页。

② 《环境保护法（修订案）》第13条。

③ 《环境保护法（修订案）》第5条。

④ 《环境保护法（修订案）》第14条。

用环境资源的活动进行预测和评定，本身是为环境与发展综合决策提供参考或者建议的过程，直接涉及环境与发展的平衡和协调。它通过强制性事前评价，可以对具有潜在环境风险的规划和项目予以限制或者修正，使发展经济的行为不违背环境保护的目标，做到环境与发展综合考量，从而保证决策结果符合可持续发展的要求。《修订案》在原有的环境影响评价制度基础上，将环境影响评价的范围由工程项目扩大到了编制开发利用规划，并明确了禁止未评先建行为①，进一步完善了环境影响评价制度。

（5）政府责任制度。政府作为环境保护公共产品的决策者，居于各种决策的核心地位。政府有资源也有能力对各职能部门进行协调，也有义务有责任为企业、个人提供良好的基础与保障。《环保法》虽然规定了各级地方人民政府对所辖区域的环境质量负责，但却没有相应的制度予以落实，导致了“政府责任”沦为“环保部门责任”的问题。为此，《修订案》对各级地方人民政府的环境保护责任进行了明确规定，规定了地方人民政府区域环境质量负责制、环境目标责任制和考核评价制度、人大监督制度、环境质量限期达标制度、农村环境综合整治制度、生活废弃物分类处置制度②等多项制度。

2. 统一监管机制

环境的公共性要求统一监管，它涉及环境与发展的宏观衡量，即整体上采取环境保护措施的力度决定了经济发展的环境基础和资源供给，需要在环境与发展总体平衡的思路下进行决策。因此，建立合理的监管机制是环境保护立法的重要任务。

（1）区域统一管理制度。基于环境区域的整体性和系统性，必须设置统一的管理机构并实现制度统一、环境资源的分配统一。由统一的管理机构直接或者协调相关部门进行步调一致的区域管理。《环保法》设置的是一个“九龙治水”的监管体制，看似分工明确，但运行困难，效率低下。为此，《修订案》明确了环境保护主管部门的统一监督管理职权，为实施统一监督管理建立了体制基础③。

（2）区际合作制度。区际合作是环境区域统一管理的必然延伸，其意

① 《环境保护法（修订案）》第19条。
② 《环境保护法（修订案）》第6条。
③ 《环境保护法（修订案）》第10条。

义也是维持环境与发展的宏观平衡。如果说环境区域统一管理是强制性的统一，那么区际合作就是非强制性的统一。在中国的大气污染防治、水污染防治实践中，区际合作、联防联治是成功的经验。《修订案》明确规定“国家建立跨行政区域的重点区域、流域环境污染和生态破坏联合防治协调机制，实行统一规划、统一标准、统一监测、统一的防治措施①。”

（3）环境标准制度。环境标准更多是从设定限制的角度、从反面间接决定环境资源总量。为实施环境资源法的其他规范提供准确、严格的范围界限，为认定行为的合法与否提供法定的技术依据。环境标准既是环境资源总量核定的依据，也为环境保护和经济发展明确了一条具体的界线。《修订案》进一步完善了环境标准体系，明确了环境质量标准、污染物排放标准的制定权限，并鼓励开展环境基准研究②。

（4）总量控制制度。总量控制是限制经济开发、维护环境利益的直接手段；与此同时，确定的资源总量可以作为开发利用的客体，成为经济发展的基础。既保证经济发展必须资源，又构成经济发展的外在资源限制。为此，《修订案》建立了重点污染物排放总量控制制度、排污许可管理制度③。

（5）生态保护制度。环境污染与生态破坏是环境问题的两种表现形式，互为因果。但是，经济发展对环境资源的利用方式不同，可能带来不同的后果。综合决策要求将环境资源的生态功能与发展的关系进行全面考虑，将产业布局、城乡发展、生产生活统筹谋划。为此，《修订案》建立了生态红线制度、自然保护区制度、生物多样性保护制度、生态修复制度、农业农村环境保护制度、海洋环境保护制度、环境与健康风险评估制度④等。

3. 公众参与机制

环境利益在很大程度上是公共利益，公众参与所要解决的是环境利益与经济利益之间的平衡问题。具体包括两个层次：在宏观层面，环境质量标准、自然资源保留数量和程度等环境保护议题实质上决定了经济发展所需要的环境资源可开发总量，是环境利益和经济利益的取舍问题，其间的

---

① 《环境保护法（修订案）》第20条。

② 《环境保护法（修订案）》第15、16条。

③ 《环境保护法（修订案）》第44、45条。

④ 参见《环境保护法（修订案）》第29、30、32、33、35条。

平衡点应当由公众意志决定；在微观层面，具体的环境保护措施或者开发利用行为关涉到特定范围内公众的利益，其实施应当由相应范围内的公众参与。公众参与机制的核心在于明确和保障公众的知情权、参与权、表达权、监督权。《修订案》在总则中增加了环境保护宣传教育及舆论监督的规定①，并专设“信息公开和公众参与”一章，规定了公民的知情权、参与权、监督权，政府和企业信息公开，公众参与环境影响评价，环境公益诉讼等制度做了规定②。

4. **决策实施机制**

环境与发展的微观平衡也是环境立法所要解决的问题。因此，对企业和生产经营者的行为进行管制的各项制度都应当从环境与发展平衡的角度重新考量，使之符合可持续发展的目标。

（1）生态补偿制度。生态补偿是为了协调生态环境保护与经济发展的直接矛盾和地区间权利义务不对等而提出的，其作用就在于直接平衡环境与发展的关系，协调二者的矛盾，实质上一个资源优化配置的过程：通过生态补偿机制，经济收益可以实现跨地区的流动，环境成本和经济收益可以比较和交换，从而促进环境资源和经济资源的优化配置，实现涵括生态效益的总效益最大化，最终实现可持续发展。《修订案》建立了生态补偿制度，并确定了国家财政补偿和协商补偿两种方式③。

（2）全过程控制制度。全过程控制是针对工业污染的预防和管理机制，其集中体现是清洁生产及其相关制度。包括采用清洁的能源、少废无废的清洁生产过程和对环境无害的清洁产品。它是对生产过程和产品持续运用、整体预防的环境保护战略，以期减少对人类和环境的风险。它强调在工业生产的各个方面、各个环节实现能源、原材料配置最优化，废物量最小化，环境效益最大化。通过对污染的源头控制、生产控制和末端控制，在追求经济目标的同时防止环境污染。为此，《修订案》规定了三同时制度、企业环境保护责任制度、区域限批制度、排污费（税）制度、排污许可制度、事故应急制度、有毒有害物质控制、农村农业废弃物处置制度、重金属污

---

① 参见《环境保护法（修订案)》第9、12条。

② 参见《环境保护法（修订案)》第53、54、55、56、57、58条。

③ 参见《环境保护法（修订案)》第31条。

染防治制度[①]等。

（3）清洁生产和循环利用制度。清洁生产与循环利用是从不同的角度对生态环境保护的有效措施，在人、自然资源和科学技术的大系统内，在资源投入、企业生产、产品消费以及废弃的全过程中，建设环境友好、资源节约型经济发展方式，在环境保护目标的约束下为经济发展开辟空间。为此，《修订案》规定了促进清洁生产和资源循环利用制度、淘汰落后工艺设备产品制度、禁止污染转移制度、禁止污染引进制度[②]等。

（4）环境监测制度。环境监测制度是环境监测机构以保护环境为目的依法运用技术方法对环境中各项要素及其指标或变化进行经常的测定或长期跟踪测定的法律制度。一是为环境风险预测提供依据，并监控环境风险，防止不可接受的环境污染破坏；二是监督环境规划、环境标准、总量控制以及清洁生产等制度的实施效果，保障既定环境目标的实现。环境监测也是决策目标实现的保证、决策效果检验的依据和下一步决策的参考。为此，《修订案》完善了环境监测制度，明确赋予环境保护主管部门统一进行环境监测的权力并规定了监测机构的义务[③]。

5. 责任追究机制

责任的追究不仅是对既往决策的评价和追求，也具有对未来决策的指导和约束意义。环境法的责任机制应当为保证环境法制度的实施作出贡献。

（1）管理者责任制度。政府作为环境管理者和经济管理者具有平衡环境与发展的权利和职责。在这个意义上，政府是决策的重要主体，当然应当为决策后果承担责任。《修订案》完善了政府责任制度，明确规定了政府工作人员的法律责任、政府及其职能部门主要负责人的领导责任[④]。

（2）企业和生产经营者的责任。直接开发利用环境资源的企业或者个人在生产和其他活动中造成环境污染和破坏的，应当承担治理污染、恢复生态环境的责任。这是企业和个人进行决策中平衡环境与发展关系的保证机制：获得经济利益要以承担相应的环境成本为代价。《修订案》规定了企业、生产经营者及中介机构违反环境保护法的行政责任、民事责任、刑事

① 参见《环境保护法（修订案）》第41、42、43、44、45、48、49条。
② 参见《环境保护法（修订案）》第40、46条。
③ 参见《环境保护法（修订案）》第17条。
④ 参见《环境保护法（修订案）》第67、68条。

责任①。

(三)《修订案》的不足与缺憾

《修订案》针对《环保法》立法理念已不适应时代变化的要求、法律定位不清晰、政府环境责任难落实、与单项法的衔接不顺等问题，明确了政府的权力与责任，改变了过去以企业为对象的做法；增强了生态环境保护的内容，克服了过去仅限于污染防治的弊端；增设了农村农业污染防治制度，转变了为城市立法的观念；确立了公众参与制度，体现了尊重公民权利的现代法治理念。总体上看，较之于修订前的《环保法》有了长足进步。但是，客观而言，《修订案》也绝非完美，甚至还存在一些重大缺陷。

一是基本法地位未获。虽然《修订案》被定位为环境保护领域的基础性法律，但从立法效力上看，依然没有获得基本法的地位，这种尴尬，可能使该法无力承担将生态文明建设贯穿于经济、政治、文化、社会建设全过程的重任。

二是公民环境权未入。虽然《修订案》增加了公众参与制度，但国民的环境权依然没有得到明确宣示，这个缺陷，可能使多元共治的环境治理体系难以建立。

三是保障公众健康未实。虽然《修订案》修改了立法目的并增加了环境与健康风险评估制度，但在制度体系中对公众健康的关注不够，缺乏相应的保障措施，可能导致立法目的落空。

四是风险预防理念未立。虽然《修订案》设置了环境规划制度、要求建立生态红线，建立了监测预警制度，完善了环境影响评价制度，但总体上这部法律依然具有浓厚的末端治理色彩，没有很好贯彻风险预防理念，尚未形成“风险管理——冲突管理——危机管理”的完整治理体系。

总体上看，《修订案》为实现“五位一体”战略，建设“美丽中国”进行了积极的努力，但离建立完善的生态环境保护法律机制还有一定距离。一方面，生态文明的理念需要贯彻到所有现行立法中，既有立法任务繁重的现实困难，更有传统部门法理念的窠臼难以脱离；另一方面，《修订案》在《环保法》基础上修改而成，既有不可能将旧制度完全摒弃的客观实际，也有风险预防等现代环境法治理念并未完全建立的潜在阻力。这也意味着，理论与实践任重道远，还需要经过艰苦的努力。

---

① 参见《环境保护法(修订案)》第59、60、61、62、63、64、65条。

《中华人民共和国环境保护法》条文释义

第一章　总　　则

第一条　为保护和改善环境，防治污染和其他公害，保障公众健康，推进生态文明建设，促进经济社会可持续发展，制定本法。

【条文释义】

本条是关于立法目的的规定，是修改条文，对应1989年《中华人民共和国环境保护法》（本节以下简称为《1989年环保法》）的第1条："为保护和改善生活环境与生态环境，防治污染和其他公害，保障人体健康，促进社会主义现代化建设的发展，制定本法。"主要有三个改动：一是以"环境"替代"生活环境与生态环境"。生活环境与生态环境本身并无严格的划分，以"环境"替代更能准确表达本法所要保护的对象，其具体范围留待下一条来明确。二是将"保障人体健康"改为"保障公众健康"，体现了环境保护立法应当更多从公共利益出发的指导思想。三是将"促进社会主义现代化建设的发展"改为"推进生态文明建设，促进社会经济可持续发展"，将环境保护的立法目的提升到生态文明和可持续发展的高度，体现了《环境保护法》的目标定位。

一、立法目的

本条规定了2004年修订的《中华人民共和国环境保护法》（本节以下简称为《2004年环保法》）的立法目的，明确为"保护和改善环境，防治污染和其他公害，保障公众健康，推进生态文明建设，促进经济社会可持续发展"。表述形式上，各目的之间为并列关系，实质上各具体目的之间存在递进关系：

第一，《2004年环保法》的直接目的是保护和改善环境、防治污染和其他公害。环境保护法律制度实施的直接目的是保护环境，即保护环境免受污染和破坏，对于已经被污染和破坏的环境采取措施加以改善，预防和治理污染和其他公害。亦即解决公众能够看到或者感受到的环境问题，是第一层次的目的。

第二，《2004 年环保法》的实质目的是为保障公众健康。保护环境的实质目的是保护人类自身，脱离对"人"的保护而谈论纯粹的生态保护并无意义。在个体层面，对人的保护就是通过保护环境以保障人体健康；但环境本身的公共属性要求更多从整体层面来看问题，即通过保护环境以保障公众健康。保障公众健康建立在"保护和改善环境、防治污染和其他公害"的基础之上，是第二层次的目的。本次修改以"公众健康"替代"人体健康"反映了环境保护目的导向的变化，与环境的公共属性和环境保护的公益目标更加契合，但同时也要注意到，"公众健康"与个体的健康密切相连。

第三，推进生态文明建设、促进经济社会可持续发展是《2004 年环保法》的最终目的。虽然环境保护法强调保护环境的重要性，但也并非否定经济发展，生态文明应当是在生态和谐的前提下最终人类社会发展的文明形式。作为经济目标与环境保护目标之调和的可持续发展观念在环境保护法律制度的设计中具有指导性地位，《2004 年环保法》的立法目的表述以"推进生态文明建设、促进经济社会可持续发展"收尾表明其最终目标是实现生态文明和经济社会可持续发展。

二、环境保护法目的的选择

关于环境保护法的目的，在理论和立法实践上一直存在"一元论"和"二元论"之争，即在保护环境的直接目标之上，是以保护公众健康为目标，还是以保护公众健康和保障社会经济发展为目标。这一问题不仅理论界未达成共识，各国的立法选择也不同。《1989 年环保法》第 1 条的表述被认为体现了二元论思想。

环境保护的最高理想是人与自然的和谐，不管是生态中心主义还是人类中心主义都承认这一点。"一元论"强调人的适宜的生存环境，即人的生活与自然和谐；"二元论"附加了物质条件，即人的生活和生产都应与自然协调。人类社会的生产最终是为生活服务的，因此，保护公众健康应当比保障经济发展具有更高价值，特别是人的基本物质需要已经满足的社会条件下。

可持续发展是体现了环境保护要求的发展思想，是对环境保护法二元目标的调和，以“生态人类中心主义”的新思路更好体现了环境保护法的理念，在这个意义上，环境保护法的最终目的可以界定为可持续发展。

本条的规定相对于《1989 年环保法》，删除了“促进社会主义现代化建设”的提法，可以认为至少在表面上放弃了保障经济发展的目标，因此更多反映了一元论的主张。而可持续发展是建立在一元目标基础之上对于环境保护法二元目标的调和，体现了对环境保护法立法目的认识的提升。

第二条　本法所称环境，是指影响人类生存和发展的各种天然的和经过人工改造的自然因素的总体，包括大气、水、海洋、土地、矿藏、森林、草原、湿地、野生生物、自然遗迹、人文遗迹、自然保护区、风景名胜区、城市和乡村等。

【条文释义】

本条是关于环境定义的规定，是修改条文，对应《1989 年环保法》的第 2 条：“本法所称环境，是指影响人类生存和发展的各种天然的和经过人工改造的自然因素的总体，包括大气、水、海洋、土地、矿藏、森林、草原、野生生物、自然遗迹、人文遗迹、自然保护区、风景名胜区、城市和乡村等。”

对比原条文，本条的修改体现在增加了对“湿地”这一环境要素的强调。湿地是重要的生态系统类型，但相对于森林和海洋生态系统，其重要性还未引起足够的重视，而且由于其水陆结合的性质，在经济开发过程中更容易成为“造地”运动的牺牲品。然而作为“地球之肾”和“物种基因库”，湿地保护的必要性毋庸置疑，我国对湿地保护的相对忽视已经导致了湿地的大量消失。本次修法在环境的概念中增列“湿地”反映了对湿地重要性的确认，为湿地保护法律制度的完善指明了方向、提供了基础。

一、环境的概念

环境是环境保护所指向的对象，明确环境的定义是开展环境保护工作、完善环境保护制度的前提。1979 年《环境保护法（试行）》（本节以下简称为《1979 年环保法》）第 3 条即尝试对环境做出界定，采用了列举的方式。《1989 年环保法》第 2 条进而采用定义加列举的方式来界定环境，体现了立法技术上的进步。本次修订对该条文加以保留，仅增加了“湿地”这一要素，基本上肯定了之前的立法成果，也说明该条对环境的界定基本能够适应环境保护工作的需要。

采用定义加列举的方式来界定环境的概念体现了环境概念的复杂性。

（一）环境的定义

人类首先是生活在一个物质世界中，水、空气、树木等这些围绕在人类周边的物质，共同构成了通常所说的自然环境。按照环境科学的定义，环境一般是指围绕着人群的空间，及其中可以直接、间接影响人类生活和发展的各种自然因素的总体。

在法律上的环境是指自然环境，其含义以环境的界定为基础，具有更加明确和特定的内容。国内外立法在定义环境时采用了不同的方法，如有的进行高度概括，有的采取列举方式，综合起来，对于环境保护法上的“环境”可以从以下几个方面理解：

首先，环境保护法上的“环境”与环境科学上的环境概念是一致的，指围绕人类而存在的由自然要素所构成的物质环境，是为人类生存和发展提供的必要的物质条件和空间，而不包括非物质环境。

其次，环境保护法上的“环境”与环境科学上的环境概念又不是等同的。作为环境保护法保护对象的环境是通过与之联系的社会关系发挥作用的，必须体现法律调整社会关系的特点，因而环境科学上的各环境要素并非全部或现在都能够成为法律的保护对象。如太阳、月亮等星球对于人类生存的重要意义不言而喻，但由于人类很难直接到达并因此而产生社会关系，法律上对这样的环境要素一般都不列入。

再次，环境的法学概念是随着环境科学的进步以及与环境相联系的社会关系的产生而发展的。例如，虽然我们现在还不能将太阳本身纳入法律的保护，但随着新技术的发展，太阳能的利用却可能产生新的社会关系；还有，由于建筑材料的不当使用而引起的“噪光”也是一种新的污染，这些与太阳相关的问题也在不断被纳入环境的内涵之中。所以各国在立法中一般都不会将环境的概念完全确定，而是会使用诸如“包括但不限于”、“等等”的词汇，以便适应不断产生的新的社会关系的需求。环境保护法所要研究的问题，不仅仅是防治污染和其他公害的“小环境”问题，而是社会经济发展与环境保护相协调的“大环境”问题。

总之，环境保护法上的环境是人类赖以生存和发展的各种自然因素的总体，具体包括大气、水、土地、森林等等。

（二）环境的特征

环境保护法上所谓的环境具有以下特征：一是物质性。即作为人类生存条件的环境是由各种物质所构成的。二是生态性。即构成环境的物质通过一定的方式联系在一起，并且可以相互转化和循环，从而形成一个生态系统。三是唯一性。即人类生存的环境是由各种物质循环运动而构成的，具有不可替代性。四是有限性。即环境在生态平衡状态下，可以提供的人类生活条件是有限度的，并不能无限满足人类的需要。五是资源性。即环境对人有用或者说有使用价值，包括经济价值和生态价值。

（三）环境的分类

根据人类活动对环境造成的影响程度，可以将环境分为天然环境和人为环境。天然环境是狭义的自然环境，是指地球在发展演化过程中自然形成的、未受人类干预或只受人类轻微干预、尚保持自然风貌的环境，如野生动植物、原始森林等；人为环境又称人工环境，是指在自然环境的基础上经过人类改造或人类创造的、体现了人类文明的环境，如水库、道路、公园、城市等。这种分类法由斯德哥尔摩《人类环境宣言》最先采用，后为各国立法所接受，本条对环境所下的定义就体现了这一分类法。

二、法律上对“环境”的界定

本条以定义加列举的方式对环境的概念做出界定。

首先，将环境定义为“影响人类生存和发展的各种天然和经过人工改造的自然因素的总体”，表明环境本质上是自然因素；环境所对应的主体是人类，影响人类的生存和发展；范围上，环境包括天然即未经人为改造以及经过人工改造的所有自然因素。一般认为，环境保护法上所谓的环境以地球上的自然因素为限。

其次，列举了构成环境的各个要素、各种形式。大气、水、海洋和土地是基本的环境要素，当然属于本法所称的环境。矿藏、森林、草原、湿地、野生生物是可供人类开发利用的自然资源的主要类型，也是环境保护法所要保护的主要资源。自然遗迹、人文遗迹、自然保护区和风景名胜区是具有一定特殊性的自然区域，在保护制度上也具有特殊性。城市和乡村是人类生活场所的主要存在形式，也属于环境保护的范围。上述因素是环境的概念所指向的重点，但环境的外延并不限于此，立法技术上以“等”保持环境概念的开放性。

第三条　本法适用于中华人民共和国领域和中华人民共和国管辖的其他海域。

【条文释义】

本条是关于适用范围的规定，是保留条文，即《1989 年环保法》的第 3 条：“中华人民共和国领域和中华人民共和国管辖的其他海域”，这说明环境保护法的适用范围一直是明确和稳定的。

根据本条，在我国领域内从事影响环境、保护环境的活动，须遵守本法规定。其中，中华人民共和国领域即我国主权管辖范围的全部领域，包括领土、领海和领空，此外还包括延伸意义上的领土，如驻外使领馆和在本国领域外的本国船舶和飞机等。至于中华人民共和国管辖的其他海域，主要指我国内海、领海之外的属于我国管辖的毗连区、专属经济区。

本条所规定的法律适用范围，又称法律的效力范围，即法律对什么人、在什么时间、什么地域产生法律上的约束力和强制力。法律的效力范围一般包括地域效力、时间效力和对人效力。本条直接规定了本法的地域效力，暗含了对人效力的规定。

一、地域效力

所谓地域效力，是指一部法律在哪些地域范围内具有约束力和强制力。一般来说，一个主权国家的法律适用于主权管辖范围的全部领域，包括领土、领海和领空，此外还包括延伸意义上的领土，如驻外使领馆和在本国领域外的本国船舶和飞机等。本条明确本法适用于“中华人民共和国领域”，就是指我国的领土、领海和领空。

另外本条特别规定了本法还适用于中华人民共和国管辖的其他海域。不属于我国领域但我国又有管辖权的海域主要指我国内海、领海之外的属于我国管辖的毗连区、专属经济区。按照海洋法公约的理想划界方案，我国大约有 260 万平方公里的毗连区和专属经济区。在毗连区和专属经济区内，外国船舶和飞机有自由航行和飞行的权利，但我国享有开发资源等主权。由于海域在环境保护方面的重要意义，因此本条特别明确本法效力及于“中华人民共和国管辖的其他海域”，在该海域从事影响环境、保护环境的活动也须遵守本法规定。

另外应当注意地域效力的特殊问题。比如，根据《香港特别行政区基本法》、《澳门特别行政区基本法》的有关规定，只有列入这两个基本法附件三的法律，才能在这两个特别行政区适用，本法没有列入两个基本法的附件三中，所以，本法不适用于两个特别行政区。

二、对人效力

所谓对人的效力，是指一部法律适用于什么人，对哪些人有约束力和强制力。关于对人效力，不同国家、不同法律可能采用不同的原则：一是属地原则。即以地域为标准，不管当事人是本国人还是外国人，只要其行为发生在本国领域内就适用。二是属人原则。即以当事人的国籍为标准，凡是本国人不论其行为发生在国内还是国外都适用。三是保护主义原则。即以国家利益为标准不论当事人的行为发生在国内还是国外，也不论当事人是本国人还是外国人，只要其行为损害了本国利益就适用。

本法未明确对人效力范围，应当解释为采用属地原则，即在“中华人民共和国领域和中华人民共和国管辖的其他海域”从事影响环境、保护环境活动的，不论什么单位和个人都应当适用本法。

第四条　保护环境是国家的基本国策。

国家采取有利于节约和循环利用资源、保护和改善环境、促进人与自然和谐的经济、技术政策和措施，使经济社会发展与环境保护相协调。

【条文释义】

本条是关于基本国策的规定，是修改条文，对应《1989年环保法》的第4条：“国家制定的环境保护规划必须纳入国民经济和社会发展计划，国家采取有利于环境保护的经济、技术政策和措施，使环境保护工作同经济建设和社会发展相协调。”

本条的修改主要体现在两个方面：一是明确了环境保护是国家的基本国策。与《1989年环保法》相比，这是新增内容，明确了环境保护的基本国策地位。二是将通过政策和措施“使环境保护工作同经济建设和社会发展相协调”修改为“使经济社会发展与环境保护相协调”，改变了二者之间的主动与被动关系，强调了环境保护相对于经济社会发展具备优先性，表明了以环境保护目标制约经济社会发展目标的立场，体现了环境保护在政策体系中地位的提升。另外，将《1989 年环保法》中“国家制定的环境保护规划必须纳入国民经济和社会发展计划”的内容修改后放在《2014 年环保法》的第 13 条第 1 款予以规定。

一、环境保护的基本国策地位和导向

本条规定环境保护的基本国策地位和导向，明确环境保护为我国的基本国策，具体内容可以分三个层次理解：

首先明确环境保护是我国的基本国策。基本国策，就是立国、治国之策当中最基本的政策，以法律的形式明确环境保护为基本国策，意在强调环境保护在我国政策体系中占有重要地位，对于国家一般政策具有制约和导向作用，不为其他政策所左右或者否定。

其次规定具体的政策导向，即制定和实施经济、技术政策和措施应当有利于节约和循环利用资源、保护和改善环境、促进人与自然和谐，体现了环境保护政策对于经济和技术政策措施的指导和约束。

再次强调使经济社会发展与环境保护相协调，意在表明应当调整经济社会政策使之与环境保护协调，当两者发生冲突的时候，应当强调经济社会发展主动与环境保护相适应、协调甚至是妥协，而非环境保护向经济社会发展相适应、协调乃至让步。因为环境保护才是更具终极意义的目标。

二、将环境保护确立为基本国策的意义

本条规定环境保护为我国的基本国策，是以法律的形式明确国家政策，不仅对于环境保护法律制度具有指导意义，也是衔接环境保护法律制度与国家政策、其他法律制度的关键。

国策即立国之策、治国之策；我国所提的基本国策，就是中央制定的对国家经济建设、社会发展和人民生活具有全局性、长期性、决定性影响的重大谋划和政策，对于国家、社会和人民生活具有非同一般的重要性。到目前为止，我国中央文件中明确提出、十八大报告又明确强调的基本国策有对外开放、计划生育、男女平等和环境保护四项。十五大报告在讲到环境保护这一基本国策时指出，要“统筹规划国土资源开发和整治，严格执行土地、水、森林、矿产、海洋等资源管理和保护的法律。”十八大报告又指出：“坚持节约资源和保护环境的基本国策，坚持节约优先、保护优先、自然恢复为主的方针，着力推进绿色发展、循环发展、低碳发展，形成节约资源和保护环境的空间格局、产业结构、生产方式、生活方式，从源头上扭转生态环境恶化趋势，为人民创造良好生产生活环境，为全球生态安全作出贡献。"

本法明确规定环境保护为基本国策，是贯彻落实十八大报告的体现，也是明确环境保护在国家政策体系中的地位、进而提高环境保护法律制度在我国法律体系中的地位的需要。

三、环境保护基本国策的保障

要落实环境保护这一基本国策，需要相应的政策措施保障。本条第2款明确规定"国家采取有利于节约和循环利用资源、保护和改善环境、促进人与自然和谐的经济、技术政策和措施"，就是落实环境保护国策的具体要求。

法律和政策都对社会关系具有重要影响，很多社会经济政策都可能产生重大的环境影响，以法律规定明确国家采取的经济、技术政策和措施应当有利于环境保护，是环境保护目标实现的保证，也是环境保护法律制度得以顺利实施的保证。具体来说，就是要求在制定经济、技术政策和措施时，要衡量其是否有利于节约和循环利用资源，是否有利于保护和改善环境，是否有利于人与自然和谐；要推行有利于环境保护的政策措施、放弃不利于环境保护的政策措施。

四、经济社会发展与环境保护相协调

对于采取一定的经济、技术政策措施的目的，原条文"使环境保护工作同经济建设和社会发展相协调"的表述被修改为"使经济社会发展与环境保护相协调"，前后次序的颠倒虽然未改变经济社会发展与环境保护之间应当"相互协调"的本质，但调换了经济社会发展与环境保护的主动与被动关系，这意味着在制定和实施经济、技术政策和措施时，应当以经济社会发展目标适应环境保护目标，而不是以环境保护目标适应经济社会发展目标，体现了在制定经济、技术政策措施时环境保护目标对于经济社会发展目标的制约作用，明确了环境保护目标相对于经济社会发展目标的根本性地位。

第五条　环境保护坚持保护优先、预防为主、综合治理、公众参与、

损害担责的原则。

【条文释义】

本条是关于基本原则的规定，是新增条文。

环境保护法的基本原则一直以来都是环境保护法理论研究的重点内容，但在《1979 年环保法》和《1989 年环保法》中都未加以明确，《2014 年环保法》明确对此予以规定是本次修法的一大亮点，规定的内容也基本反映了理论研究成果和环保实践的要求。在总结环境保护法基本原则之理论研究成果和实践经验的基础上，本条将“保护优先、预防为主、综合治理、公众参与、损害担责”明确为环境保护法的基本原则。

立法明确基本原则的意义在于指导环境立法和执法、司法，保证环境保护法之基本精神、制度内容、解释运用的统一性，体现了环境保护立法理念的转变和立法技术的进步。强调保护优先、预防为主原则，是《2014 年环保法》理念的重大转变，实际上，本法第 4 条中所主张的“经济社会发展与环境保护相协调”正是基于该理念所作出的重大调整。强调综合治理、公众参与原则，直接促成了《2014 年环保法》在环境监管体制、信息公开、社会公众参与等方面的改革和完善。强调损害担责原则，是对当下“企业污染、政府买单、社会受害”等弊病的直接应对，是对环境侵害的多元化、科学化救济机制的追寻和重申。

一、环境保护法基本原则的概念

（一）环境保护法基本原则的含义

环境保护法的基本原则是一个学理概念，它是指贯穿于整个环境保护法之中，所有环境保护法律规范都必须遵循和贯彻的指导思想和基本准则。可以说，在环境保护法中，其他制度或者规范要么是基本原则的具体体现，要么是基本原则得以贯彻的实施手段。因此，基本原则是环境保护法中具有重要地位。

（二）环境保护法基本原则的作用

环境问题是一个复杂的社会问题，其解决涉及社会秩序的重新构建，其中的利益主体多样、利益需求多元，要将其纳入法律的调整范围、建立法律秩序就必须确立一些基本的价值判断。这些价值判断既是环境立法者制定法律的指导思想，也是环境执法和司法者实施法律的基本依凭，还是在立法不能穷尽或者出现法律漏洞时、通过解释进行法律漏洞补充和利益衡量的准则。这就是环境保护法的基本原则。

（三）环境保护法基本原则的特征

环境保护法的基本原则具有几个方面的特征：第一，是环境保护法所确认和体现的，是环境保护法本质的集中体现。第二，在环境保护法各部分中具有普遍的指导意义，是环境保护立法、执法、司法和守法等环境保护法律活动所应遵循的基本准则。第三，是环境保护法各项具体原则、制度和规范的基础；环境保护法的具体原则、制度和规范都以基本原则为依据，同时也是基本原则具体化、在实践中贯彻实施的途径。

二、环境保护法基本原则的内容

本条明确了环境保护法的基本原则，包括保护优先、预防为主、综合治理、公众参与和损害担责原则。环境保护法律制度要体现基本原则的要求，或者直接贯彻实施基本原则。

保护优先原则是指在经济社会发展和环境保护之间的关系上，应当坚持环境保护的优先性，即在协调经济社会发展与环境保护之间关系的基础上，当环境保护与经济社会发展出现冲突时优先实现环境保护目标。

预防为主原则要求在环境保护工作中采取各种预防措施，防止开发和建设活动中产生环境污染和破坏。即运用已有的知识和经验，对开发和利用环境行为带来的可能的环境危害事前采取措施以避免危害的产生；同时在科学不确定的条件下，谨慎采取行动以避免环境风险。

综合治理原则要求对于已经造成的环境污染和破坏，要综合采取多种措施防止损失的扩大，同时运用技术手段治理污染、恢复生态，将对环境的影响降到最低限度。

公众参与原则是指在环境保护中，任何公民都享有保护环境的权利，同时也负有保护环境的义务，全体公民都应积极参与环境保护事业。

损害担责原则是指在生产和其他活动中造成环境污染和破坏、损害他人权益或者公共利益的主体，应承担赔偿损害、治理污染、恢复生态的责任。

三、对环境保护法基本原则的理解

在明确环境保护法立法目的的前提下，进一步明确环境保护法的基本原则有助于环境保护法律体系的构建和环境保护法律规范的实施，本条明确环境保护法的基本原则包括保护优先原则、预防为主原则、综合治理原则、公众参与原则、损害担责原则。

（一）保护优先原则

我国环境保护的现实形势严峻，在近年来空气污染、水污染、土壤污染问题集中爆发的背景下，环境保护应当被提到更重要的地位。《1989 年环保法》“使环境保护工作同经济建设和社会发展相协调”的表述一般被总结为协调发展原则，即使环境保护与经济社会发展相协调。协调思路特别符合中庸思想，本质上并无问题，只是其指向和标准都极其含糊，导致随意解释，在发展经济的压力之下牺牲环境保护几乎是必然的。

本条首先明确环境保护应坚持保护优先的原则，是对协调发展思路的调整，要求在环境保护与经济社会发展出现冲突时优先考虑环境目标，是要求“经济社会发展与环境保护相协调”，而不是“环境保护与经济社会发展相协调”，强调的重点和顺序已经发生变化。强调环境保护优先是基于对环境保护重要性的认识，更是对环境哲学的自然价值观的实践。

保护优先原则与一元目的论一脉相承，意在提升环境保护在社会生活和政府管理中的地位，推进环境保护目标的实现，特别是在目前经济发展压倒环境保护的社会背景下，强调环境保护优先尤为必要。保护优先原则承接了本法第 1 条立法目的的规定，回应了理论界的呼声，有明显的进步意义。但是，“保护优先”仍存在歧义，存在解释为“保护”与“治理”等概念并列而只是环境保护内部的问题的可能，即所谓“保护”优先只是相对于环境“治理”的优先，而不是相对于开发利用、发展经济的优先。综合本法关于立法目的、基本国策的规定，本条规定的保护优先应当解释为环境保护相对于经济社会发展的优先，等同于环境保护优先或者环境优先。

在地位上，保护优先原则在沟通立法目的与制度设计中起核心作用，是预防为主、综合治理、公众参与和损害担责原则的上位原则，这些原则关系到保护优先原则的实现方式、途径以及最终可能的实现程度。

（二）预防为主原则

环境问题的产生与经济发展相伴随，西方发达国家在走过了一段“先污染后治理”的弯路后才逐渐认识到：环境问题是在经济发展过程中忽视自然规律的结果。而且，“后治理”成本高昂且所能达到的效果有限。如果能够预先防止或者减少污染，就可以在一定程度上避免“后治理”的被动局面。

预防为主原则是指采取各种预防措施，防止开发和建设活动中产生环境污染和破坏。其基本要求是积极预防环境污染和破坏，即运用已有的知识和经验，对开发和利用环境行为带来的可能的环境危害事前采取措施以避免危害的产生。

预防为主原则要通过落实环境规划制度、环境标准制度、排污总量控制制度、环境影响评价制度等来实现。环境规划的目标是通过对经济发展与环境保护的合理计划和安排，使对自然资源的开发利用符合环境保护的要求，防止不可接受的环境损害和生态退化、环境质量下降。环境标准的意义在于为环境保护提供具体的指标，以限制和规范污染物的排放来达到预防环境损害的目的。实施排污总量控制是达到环境质量标准要求、防止环境损害的根本途径。环境影响评价制度是各国贯彻预防原则的直接手段，它要求对规划和建设项目可能造成的环境影响进行分析、评估和预测，并根据评价结果做出决定，采取事前措施预防环境污染和破坏。

（三）综合治理原则

综合治理原则是指对于已经造成的环境污染和破坏，要采取综合性措施防止损失的扩大，同时运用技术手段恢复生态，将对环境的影响降到最低限度。综合治理原则主要通过环境治理制度实现，即对于已有的环境污染和破坏要积极治理，并注意运用各种手段进行综合整治，针对区域性环境污染和破坏采取重新规划、限制排污、清除污染、恢复生态等各种措施以改善环境质量。

预防当然是应对环境污染和破坏的理想方式，但一方面，目前环境污染和破坏已经比较严重而且有继续发展的趋势；另一方面，预防措施总有失效的可能。因此，不能忽视环境治理。在预防新的环境污染和破坏的同时，根据既成环境污染和破坏的具体情况和自然规律，改变单纯治理的思路采取综合整治措施，从预防和治理两个方面解决环境问题，才能更好地解决环境问题，贯彻保护优先原则。

（四）公众参与原则

公众参与原则是指在环境保护中，任何公民都享有保护环境的权利，同时也负有保护环境的义务，全体公民都应积极参与环境保护事业。环境质量的好坏，直接关系到每个人生活的质量，关系到一个民族的生存和发展。人们既应享有在良好的环境中生活的权利、依法参与环境管理的权利、对污染和破坏环境的行为进行监督的权利，同时，也有保护和改善环境的义务。这种权利和义务，是公民基本权利和义务的一部分，人人都要为保护和改善环境做出应有的贡献。

公众参与原则的价值在于保证有关环境的决策符合广大公众的切身利益和需要。保护环境以保障公众健康、促进可持续发展为目标，是全体公众的根本利益所在，而防治污染、保护环境的内容复杂、涉及面广，每个人和单位都会直接或者间接影响环境质量，也只有依靠广大公众行使相关权利、履行相应义务才能实现环境保护目标。从范围上看，参与环境有关的决策的公众包括有关居民、各类专业人士以及社会团体。

要贯彻公众参与原则，必须提高全民的环境意识和发展观念，加强环境保护宣传教育，普及环境科学知识，公开环境状况和环境管理的信息，建立环境保护的群众监督制度，建立环境保护的公共团体，维持公众意见表达渠道和公众参与环境管理渠道的畅通。具体来说，需要通过贯彻环境信息公开制度、实行环境决策听证制度、开展环境公益诉讼等来实现环境保护的公众参与原则。

（五）损害担责原则

在环境保护特别是污染治理的实践过程中，人们逐渐达成了“污染者治理、损害者赔偿、开发者养护、受益者补偿”等基本共识，这也是权利义务对等原则的基本要求，一般总结为污染者负担或者环境责任原则。本条规定的损害担责原则是新的提法，旨在重点强调环境责任原则中的“污染者治理和损害者赔偿”。之所以如此规定，在当下的中国有其现实的意义。必须承认，污染者治理和损害者赔偿是最为基本的环境责任承担的要求，然而在目前中国的贯彻和落实依然并不彻底，只有真正实现了污染者治理和损害者赔偿，才能再谈及开发者养护和受益者补偿。四者之间层层递进、密切关联、互相成就。

损害担责原则是指在生产和其他活动中造成环境污染和破坏、损害他人权益或者公共利益的主体，应承担赔偿损失、治理污染、恢复生态的责任。相对于环境责任的提法，损害担责原则要求主体对于其行为造成的损害承担责任，指向更加明确。环境保护实践中，由于污染者无法确定、无力承担责任等原因，往往出现企业污染、政府治理的情况，但由政府承担企业造成的污染的治理责任既不现实也不合理，通过明确原则、完善制度以保证环境污染和破坏的成本和治理责任由导致环境污染和破坏的行为人来承担才是遏止环境问题的根本途径，也是环境公平的基本要求。

损害担责原则利用了经济利益调节机制达到治理污染、保护环境的目的。也就是说，如果经济利益的获得是以环境资源的损害为代价，那么环境资源的成本就应当由经济上的受益者进行补偿，以治理污染、恢复生态或者直接的经济补偿方式承担相应的责任。例如，在水污染防治中，排污者获得经济收益，那么就应当承担治理污染以改善水环境、交纳排污费以补偿环境质量下降的损失，通过此类责任的承担促使企业减少污水排放量，收到环境保护的效果。

损害担责原则要通过一系列制度来实现。首先是环境侵权制度。原则上，环境侵权应当由侵权人给予受害人赔偿。相对于一般的侵权赔偿制度，环境侵权赔偿在侵权行为的违法性、损害后果的形态、因果关系的认定、致害人的主观状态以及赔偿的直接承担者等方面都具有特殊性，因此需要相对特殊的规则。现行《侵权责任法》对环境侵权做了专章规定，但其具体适用还需要更明确的解释。其次是环境治理责任制度。环境治理责任是自然资源开发利用者或者环境污染者对环境污染或者破坏的后果所应当承担的整治、恢复责任。要求责任者针对环境利用行为造成的环境污染或者破坏采取技术、工程和管理措施以尽量恢复自然环境的原状，包括环境污染治理和环境破坏整治两方面内容。再次是排污收费和环境税制度。排污收费或者征收环境税是遏止环境污染的有效手段，即向环境排放污染物的单位或者个人按照其排放污染物的种类、数量或者浓度向国家交纳一定的费用，用于处理污染物、治理和恢复污染对环境造成的损害。

第六条　一切单位和个人都有保护环境的义务。

地方各级人民政府应当对本行政区域的环境质量负责。

企业事业单位和其他生产经营者应当防止、减少环境污染和生态破坏，对所造成的损害依法承担责任。

公民应当增强环境保护意识，采取低碳、节俭的生活方式，自觉履行环境保护义务。

【条文释义】

本条是关于法定义务的规定，是修改条文，对应《1989年环保法》的第6条："一切单位和个人都有保护环境的义务，并有权对污染和破坏环境的单位和个人进行检举和控告。"

本条保留了原条文"一切单位和个人都有保护环境的义务"的规定，并作为本条的第1款统领整个条文；第2、3、4款是对不同主体的环境保护义务的具体规定，整体上是充实了《1989年环保法》中关于环境保护义务的规定；另外，原条文中关于举报的制度被修改、充实后规定在本法的第57条。

一、环境保护义务

理论上存在环境保护法应当以权利为本位还是以义务为本位的争论，对于环境保护法律规范以环境权利为主要内容还是以环境义务为主要内容存在不同见解。但从权利义务应当对应和统一的角度来看，该争论对于立法实践的指导意义有限。本条规定从表面上看是强调一切单位和个人的环境保护义务，换一个角度也可以看作是公民环境权实现的保障。

本条规定政府、企事业单位和公民的环境保护义务，第1款规定所有主体的普遍环保义务，第2、3、4款分别规定不同主体的环保义务。总体来看还是比较笼统和抽象，反映了立法的政策导向和基本思路，是具体环境保护法律制度中规定各类主体的具体环境保护义务的基础，更多是起到政策宣示作用，即各类主体都不能仅主张权利而忽视自身应承担的环境保护义务：人民政府享有环境管理权，但应当对所辖行政区域的环境质量负责；企事业单位等经营者有权开发利用自然资源，但应当防止、减少环境污染和生态破坏，并对造成的损害负责；公民个人享有在适宜的环境中生活的权利，但也应当采取低碳、节俭的生活方式，自觉履行环境保护义务。

二、普遍环保义务

普遍环保义务从环境保护是人类共同责任角度提出的，是指人类社会的所有成员都负有保护环境的义务，包括个人和单位在从事各种活动时都应当考虑环境保护要求，履行环境保护义务。所谓普遍，一方面是指该义务由所有人普遍承担，包括人类个体和作为个体之联合的"单位"；另一方面是指环境保护义务涉及政府管理、经营活动、消费活动的各个方面，各类主体在从事各种活动时都应当履行环境保护义务。

三、政府的环境质量负责制

人民政府的环境保护义务集中体现在对其所辖行政区域的环境质量负责，承担执行环境保护法律、推进环境保护工作、保证环境质量维持在一定水平的义务。强化政府的环境监管职责是本次修法的基本着力点之一。针对现实中政府常因工作不力而饱受批评、但难以追责的问题，本条明确了政府的环境质量负责制，明确地方各级人民政府应当对本行政区域内的环境质量负责。

地方各级人民政府对本行政区域的环境质量负责是原则性规定，具体应当从两个层次落实政府的环境质量负责制：一是宏观层次的环境保护目标责任制，明确各级人民政府的环境保护目标责任以及相应的考核评价制度，同时明确人大对政府环境保护工作的质询、监督制度，共同构建政府环境职责履行的政治责任机制，保证环境保护的社会压力可以通过正常途径传导到政府，化解因环境问题而生的社会矛盾，督促政府重视环境保护工作。二是微观层次对政府环境违法的追究制度，明确对政府违法的直接责任人的追责机制，以及政府对违法后果的赔偿等补救制度，以对政府具体执法行为做出约束，促使政府及时、正确执行环境保护法律法规。

四、经营者的环保义务

生产经营活动是环境污染和生态破坏的直接和最主要原因，因此企事业单位等生产经营者应当承担主要的环境保护义务，具体体现在两个方面：

一是生产经营者应当积极预防环境污染和生态破坏。一方面，企事业单位等生产经营者应当依成对自身生产经营活动的环境影响评价等法定义务，从源头上防止环境污染和生态破坏；另一方面，生产经营者在从事生产经营过程中，应当采取管理措施和技术措施减少污染物排放、节约使用能源和自然资源，减少环境污染和生态破坏。

二是对造成的损害承担相应的法律责任和社会责任。生产经营者未能防止环境污染和生态破坏造成他人权益损害或者公共利益损害的，应当依法承担赔偿损失、治理污染、恢复生态等责任。

五、公民的环保义务

环境问题虽然主要由生产经营活动造成，但生产过程的最终产品是用于生活消费，从这个角度来看，对消费行为实施限制、由消费者承担环境保护义务才是解决环境问题的根本。因此，消费者应当履行环境保护义务，此即一般公民的环境保护义务。

公民的环境保护义务主要体现在日常行为中，一方面应当具有保护环境的意识，正确认识自身行为对环境的可能影响；另一方面在生活消费中应当注意节约资源、减少浪费、减少污染，通过个体行动减轻环境负担。具体来说，公民的环境保护义务可以明确为节约资源和能源、选择环保型产品，并遵守包装、旧产品回收的规定和约定等。

相对于经营者的环境保护义务，公民的环境保护义务更难以明确和追责，因此，本条规定的公民环保义务主要还是引导性的。

第七条　国家支持环境保护科学技术研究、开发和应用，鼓励环境保护产业发展，促进环境保护信息化建设，提高环境保护科学技术水平。

【条文释义】

本条是关于技术支持的规定，是修改条文，对应《1989 年环保法》的第 5 条："国家鼓励环境保护科学教育事业的发展，加强环境保护科学技术的研究和开发，提高环境保护科学技术水平，普及环境保护的科学知识。"比较来看，本条的修改主要体现在两个方面：一是改变了"鼓励"和"加强"的表述，明确了国家"支持"环境保护科学技术研究、开发和应用的立场。二是新增了"鼓励环境保护产业发展、促进环境保护信息化建设"的规定，明确了环境保护产业和环境保护信息化两个概念及相应的政策导向，充实了环境保护技术支持制度的内容。

另外，《1989 年环保法》中关于环境保护教育、普及环境保护科学知识的规定被修改、充实后规定在本法的第 9 条，使本条的内容更加集中、明确。

一、发展科技以保护环境的基本思路

环境问题的产生在一定程度上可以归因于科学技术的发展和应用，因此科学技术至少是解决环境问题的关键因素之一，在经济、政策、法律手段之外，发展环境保护科学技术也是保护环境必须依赖的途径。本条规定发展环境保护科学技术的政策支持措施，意在通过发展环境保护科学技术促进环境保护工作、建设生态文明。

科学技术的发展要依靠社会的力量，科学的制度设计可以推进科技发展和进步，目前的专利等法律制度即发挥这方面的作用。由于环境保护目标的公共性，在环境保护科学技术领域仅依靠一般的科技法律制度不足以达到提高环境保护科学技术水平的目标，需要国家的特别政策支持，这也是多数国家支持环境保护工作的通行做法。

本条规定了环境保护科技发展的国家支持制度，明确了提高环境保护科学技术水平的总目标，以及实现这一目标的途径和措施。现代工业体系中，技术在生产过程中具有核心地位，不仅决定着生产经营活动的经济产出，也在很大程度上决定着生产经营活动的环境成本，因此提高环境保护科学技术水平是解决环境问题的直接手段，本条明确了提出了提高环境保护科学技术水平的要求，这是环境保护工作的基本任务之一，也是实现环境保护目标的基本手段。

提高环境保护科学技术水平有赖于三个方面的努力：一是推进环境保护科学技术研究、开发和应用，这是提高环境保护科学技术水平的直接手段，本条明确了对于环境保护科学技术研究、开发和应用的“国家支持”政策立场，非操作性制度但可以发挥政策导向的作用。二是发展环境保护产业，本条明确了政府应当鼓励环境保护产业发展。三是推进环境保护信息化建设，为环境保护信息使用和技术进步提供基础，本条规定了政府应当采取措施促进环境保护信息化建设。

二、环境保护科学技术

环境保护科学技术是有利于保护环境、节约资源、恢复生态的科学技术，表现为一定的技术成果，根据《环境保护科学技术研究成果管理办法》（1992 年原国家环境保护局颁布）的规定，环保科技成果包括：为阐明环境污染、生态破坏及其效应的机理、规律、特征而取得的具有一定学术价值的应用理论研究成果；为解决某一环节问题而取得的具有创造性、先进性和适用性的应用技术成果；对引进的环境保护科学技术进行消化、吸收、创新而取得的具有新颖性、先进性和实用价值的技术成果；应用、推广已有科技成果过程中取得的新的环保科技成果；为环境决策和环境管理提供科学依据，促进环境、经济与社会协调发展而取得的软科学研究成果。

环境保护科学技术大致包括两个类型，一是纯粹为治理污染、恢复生态而发展的技术，例如汽车尾气过滤技术等；二是对一般技术进行有利于环境保护的改进、发展的技术，例如燃烧效能更高的发动机技术等。二者的共同特征在于其应用将有利于保护和改善环境，本条明确要提高环境保护科学技术水平的目标即在于通过科技手段推进环境保护工作。

三、提高环境保护科学技术水平的政策措施

环境保护科学技术的发展要依靠科技法律制度的完善，也有赖于政府的特别政策支持。为实现环境保护的总目标，本条规定了发展环境保护科学技术的政策支持措施。

一是推进环境保护科学技术研究、开发和应用的政策支持措施。本条明确国家支持环境保护科学技术研究、开发和应用，明确了国家对于环境保护科学技术的政策立场。所谓国家支持主要是政策支持，可以在环境保护科学技术的研究、推广和应用上给予一定的税收优惠、财政补贴，建立和完善相关的奖励等制度。例如原国家环境保护总局在2007年出台了《环境保护科学技术奖励办法》。

二是政府鼓励环境保护产业发展。环境保护产业是以防止环境污染、改善生态环境、保护自然资源为目的所进行的技术开发、产品生产、商业流通、资源利用、信息服务、工程承包、自然保护开发等活动的总称。环境保护产业的发展对于环境保护目标的实现具有关键作用，政府鼓励环保产业发展是提高环境保护科学技术水平、推进环境保护工作的重要措施。

三是推进环境保护信息化建设。环境保护信息化建设本身是发展环境保护科学技术的内容，也是发展环境保护科学技术的条件，可以为环境保护科学技术发展提供信息支持。同时，环境保护信息化建设也是促进环保决策科学化的重要手段，对于环境信息的有效收集和使用具有重要意义。本条明确促进环境保护信息化建设的政策立场，意在促使政府采取措施推进环境保护信息化建设，进而促进环境保护科学技术发展。

第八条　各级人民政府应当加大保护和改善环境、防治污染和其他公害的财政投入，提高财政资金的使用效益。

【条文释义】

本条是关于财政支持的规定，是新增条文。

政府承担保护和改善环境的职责需要财政基础，开展环境整治、特殊区域保护、生态恢复等工作都需要财政投入。改革开放以来环境问题的恶化趋势未能得到有效遏制，财政投入不足也是重要原因之一。由于政府财力总体上的有限性，以及政府承担的公共职能的多样性，要保证环境保护的财政投入并非易事。但是近年来，由于污染防治任务的加重，政府的财政投入在环境保护工作中的重要性更加凸显，本次修法新增本条关于财政支持的内容即呼应了这一现实需要，以法律的形式明确政府对环境保护的财政支持义务，以保证政府环境保护工作的有效开展。

一、环境保护的财政支持义务

三十多年来我国重经济发展、轻环境保护的后果是环境问题日益突出、各类环境事件呈现爆发的趋势，环境保护的历史欠账已经到了必须偿还的时候。《宪法》规定的“国家保护和改善生活环境和生态环境，防治污染和其他公害”的义务需要通过政府履行环境保护职责来实现；而且，环境保护作为一项公共事业，除了通过追究开发者、污染者责任、要求消费者承担环境保护义务来推进之外，仍有需要政府做大量工作，依法完善环境保护制度规范、出台和实施环境保护政策措施都是政府应当履行的职责。而投入财政资金推进环境保护工作是政府履行环境保护职责的直接途径，法定的环境整治义务、环境质量改善义务以及建立和管理自然保护区、管理和养护特殊生态区域等都是政府履行环境保护职责的具体方式，也都需要直接的财政资金投入。

本次修法中增加本条关于财政支持的规定，就是将增加环境保护财政投入明确为各级人民政府的法定义务，以加强政府履行环境保护义务的财政保障，督促各级人民政府切实履行环境保护职责。

二、环境保护的财政支持制度

本条规定各级人民政府在保护和改善环境、防治污染和其他公害方面的财政保障义务，是政府环境保护职责的明确化，也是政府履行具体的环境保护职责的保障制度。具体内容分为两个层次：

首先明确各级人民政府加大环境保护财政投入的义务。环境保护在很大程度上一项公共事业，政府在其中应当发挥积极作用，主导环境整治等工作，在当前多年的污染和破坏累积的后果日益凸显之际，各级人民政府投入比以往更多的财力整治环境、还历史旧账十分必要。本条规定了“加大财政投入”的政府义务，需要通过预算制度、政府资金使用制度加以落实。对于环境保护财政资金的投向，本条明确为保护和改善环境、防治污染和其他公害，也是比较抽象的范围，具体应当包括各类污染治理工程和计划、重点区域的环境整治、特定区域的生态恢复、环境保护补贴经费等。中央到地方各级人民政都应当在预算中增加环境保护资金的比重，积极履行保护和改善环境、防治污染和其他公害的政府职责。

其次要求提高财政资金的使用效益。财政资金使用中存在的效率偏低、重复投资建设等问题历来饱受诟病，在加大环境保护财政投入的前提下，必须提高资金的使用效益，以一定的财政投入争取最大的环境治理效果、获取最大的环境收益，避免低效投资和浪费。提高资金使用效益的总要求是，以一定的资金投入取得最大的收益，收益主要体现在环境整治效果、环境质量改善、生态环境恢复、减少的环境损害等方面。应当将财政资金投向急需治理的领域、支持能够取得显著效果的环境保护项目，并且通过制度建设防治污染反弹，保护已经取得的治污和生态建设成果。提高财政资金的使用效益需要建立相应的资金投入评估机制、资金管理机制、效果评估机制等，政府应当通过完善相关管理制度提高财政资金使用效益。

第九条　各级人民政府应当加强环境保护宣传和普及工作。鼓励基层群众性组织、社会组织、环境保护志愿者开展环境保护法律法规和环境保护知识的宣传，营造保护环境的良好风气。

教育行政部门、学校应当将环境保护知识纳入学校教育内容，培养学生的环境保护意识。

新闻媒体应当开展环境保护法律法规和环境保护知识的宣传，对环境违法行为进行舆论监督。

【条文释义】

本条是关于环境保护宣传教育的规定，是修改条文，对应《1989 年环保法》的第 5 条："国家鼓励环境保护科学教育事业的发展，加强环境保护科学技术的研究和开发，提高环境保护科学技术水平，普及环境保护的科学知识。"

相比较原条文，《2014 年环保法》的改动主要有四：一是，更加强调和明确了各级政府在环境保护宣传和普及工作中的职责和义务，此前只是泛泛而谈，说"国家鼓励"，如今是"应当加强"；二是，将原条文中"鼓励环境保护科学教育事业”细化，即将其环境保护知识纳入到学校教育的内容中去；三是，删除了关于“加强环境保护科学的研究和开发”等内容；四是，首次规定了新闻媒体应当进行舆论监督。

之所以如此修改，主要原因有四：首先，在环境保护的宣传和教育中，政府具有不可推卸的责任，并且政府的积极作为可以带来良好的社会效果；其次，不论是从国际上看，还是从国内上说，环境教育对于环保意识的培养、环境保护工作的促进，都是至关重要的；再次，环境保护科学研究和开发已经在《2014 年环保法》的第 7 条予以规定，而且是变“鼓励”为“支持”，力度更大，所以此处无须再次重复；最后，新闻媒体正在演变成“第四种权力”，其所提供的舆论监督的速度、力度和广度，都是很多其他类型的监督所无法企及的。

由此看来，依据本条，各级人民政府有法定的职责和义务，加强环境保护的宣传和普及。并且应当支持、鼓励和引导全社会形成环境保护宣传和普及的良好风气。各级教育行政部门和各类学校，也应将环境教育纳入到教育内容和序列当中。各类新闻媒体也要加强舆论监督，与违法行为做斗争。

一、基层群众自治组织

基层群众性自治组织指的是依照有关法律规定，以城乡居民（村民）一定的居住地为纽带和范围设立，并由居民（村民）选举产生的成员组成的，实行自我管理、自我教育、自我服务的社会组织；主要包括两类，居民委员会和村民委员会；有自治性、群众性和基层性等特点。

二、社会组织

社会组织的界定一直存在争论，与之相近的概念有社会团体、社会群体、非政府组织等等。从社会学上讲，广义的社会组织是指人们从事共同活动的所有群体形式，包括氏族、家庭、政府、军队和学校等；狭义的社会组织是为了实现特定的目标而有意识地组合起来的社会群体，如企业、医院、社会团体等。本条中的社会组织，基本上等同于《社会团体登记条例》中所规定的社会团体，即指中国公民自愿组成，为实现会员共同意愿，按照其章程开展活动的非营利性社会组织。

三、环保志愿者

环保志愿者是指利用自己的个人时间和拥有的学识，不辞辛苦、不计报酬去服务社会、服务需要的人群，为各类公益、环保事业做贡献的一类无私奉献的人群的统称。应当说，环保志愿者基本上涵盖了一切有意从事环境保护事业的人士。

四、学校教育

学校教育是与社会教育相对的概念。专指受教育者在各类学校内所接受的各种教育活动，是教育制度重要组成部分。一般说来，学校教育包括初等教育、中等教育和高等教育。初等教育又称基础教育，包括幼儿和小学教育，是使受教育者打下文化知识基础和作好初步生活准备的教育。中等教育是在初等教育基础上继续实施的中等普通教育和专业教育，这种教育在整个学校教育体系中有承上启下的重要作用。高等教育在完成中等教育的基础上进行的专业教育，是培养高级专门人才的社会活动，包括普通高等教育、成人高等教育、高教自学考试等多种类型。

五、新闻媒体

新闻媒体是以新闻为主要表现形式的大众媒体，大致包括印刷媒体（报纸、杂志等）、广播媒体（广播、电视等）和互联网媒体（互联网、微博、微信等）。

六、立法目的

保护环境，须从宣传教育出发，如此才能做到人人参与、家家重视。特别是由于环境问题具有复杂性、长期性和不可逆转性，贯彻预防为主、风险防范的方针和原则更需要人人知悉环境、爱惜环境；与此同时，人民所公平享有的环境权，即享有在健康和舒适的环境中生存和发展的权利，亦需加强意识、提高保护力度；这些无不需要加强环境保护的宣传和教育。

政府是公共环境利益的当然代表人和维护者，维护公民所享有的环境权，须切实履行期自身关于环境保护宣传和普及这一法定的职责。当然，为了全面贯彻落实环境保护宣传和普及工作，仅靠政府一方的努力远远不够，还需要鼓励社会各个群体积极参与，通过那些与公民联系密切的组织和公民自愿参加的组织推动环保知识的宣传，普及环保意识，从而在全社会营造保护环境的良好风气。

七、环境保护宣传教育的意义

环境保护宣传既是普及环境科学知识，又是一种思想动员。通过报纸、杂志、电影、电视、广播、展览、专题讲座、文艺演出等各种文化形式广泛宣传，使公众了解环境保护的重要意义和内容，提高全民族的环境意识，激发公民保护环境的热情和积极性，把保护环境、热爱大自然、保护大自然变成自觉行动，形成强大的社会舆论，从而制止浪费资源、破坏环境的行为，坚决维护和实现自身的环境权益。

环境教育可以通过专业的环境教育培养各种环境保护的专门人才，提高环境保护人员的业务水平；还可以通过基础的和社会的环境教育提高社会公民的环境意识，来实现科学管理环境以及提倡社会监督的环境管理措施。例如，把环境教育纳入国家教育体系，从幼儿园、中小学抓起加强基础教育，搞好成人教育以及对各高校非环境专业学生普及环境保护基础知识等。

八、新闻媒体监督的价值

新闻媒体监督是指新闻媒体通过报道、评论、讨论、批评、发内参等方式，运用舆论的独特力量，帮助公众了解政府事务、社会事务和一切涉及公共利益的事务，并促使其沿着法治和社会生活公共准则的方向运作的一种社会行为的权利。作为与党内监督、人大监督、司法监督、群众监督等现有的多种监督相并列的一种监督形式，新闻舆论监督不可或缺、极具有战斗力，它以其特有的公开曝光的形式产生的极强的公众震慑力和效果对其他几种监督共同构成我国的监督体系。

环境保护工作需要全社会尤其是舆论的支持。充分发挥新闻舆论的监督作用，有效监督破坏环境的行为，使之得到及时揭露和批评、无所遁形，及时得到查处，有效监督和制约忽视环境、污染环境和破坏环境的行为，才会对环境保护和生态文明建设起到积极的促进作用。比如，2011 年山西省环保厅公布了《山西省环境保护舆论监督制度》，明确了环保舆论监督的意义、重点内容，同时规范了环境保护舆论监督涉及的企业、个人和新闻采编人员的行为。根据这项制度，舆论监督所涉企业，有封锁消息、隐瞒事实或故意拖延推诿，拒绝接受舆论监督的；以行贿、说情等手段对舆论监督进行干预的；对新闻采编人员实施扣压证件和采访设备、限制人身自由、威胁人身安全等行为的；对舆论监督的信息提供者、舆论监督稿件采编者实施打击报复的和有其他干扰舆论监督工作行为的，都将给予批评教育、通报批评，并提交有关部门依法查处。这种做法值得肯定，因为保持新闻媒体对环保舆论监督的独立性非常有必要，如此才能客观、准确、及时地保证公众对环境的知情权、监督权。

第十条 国务院环境保护主管部门，对全国环境保护工作实施统一监督管理；县级以上地方人民政府环境保护主管部门，对本行政区域环境保护工作实施统一监督管理。

县级以上人民政府有关部门和军队环境保护部门，依照有关法律的规定对资源保护和污染防治等环境保护工作实施监督管理。

【条文释义】

本条是关于环境管理体制的规定，是修改条文，对应《1989 年环保法》的第 7 条："国务院环境保护行政主管部门，对全国环境保护工作实施统一监督管理。县级以上地方人民政府环境保护行政主管部门，对本辖区的环境保护工作实施统一监督管理。国家海洋行政主管部门、港务监督、渔政、渔港监督、军队环境保护部门和各级公安、交通、铁道、民航管理部门，依照有关法律的规定对环境污染防治实施监督管理。县级以上人民政府的土地、矿产、林业、农业、水利行政主管部门，依照有关法律的规定对资源的保护实施监督管理。"

相比较原条文，《2014 年环保法》的主要改动有二：一是删除了对于实施环境污染防治和资源保护监督管理机关的列举，即国家海洋行政主管部门、港务监督、渔政、渔港监督、土地、矿产、林业、农业、水利等；二是变"本辖区"为"本行政区域"。

之所以如此改动，主要原因在于：第一，重申了环境保护行政主管部门在本行政区划内对于环境保护工作实施统一的监督管理职权；第二，不再列举具体的对于环境污染防治和自然资源保护等实施监督管理的机关名称，转而只是表述为"县级以上人民政府有关部门和军队环境保护部门"，一来，这些年随着政府的机构改革，机关的名称、事权等方面的调整很大，再沿用以往的表述已经不再科学；二来，"有关部门"可以为接下来的环境保护监管体制的改革埋下重要的伏笔。

由此看来，环境保护行政主管部门，是对环境保护工作实施统一监督和管理的机关。这有两层意义，一是国家环境保护部对全国范围内的环境保护工作统一监督和管理；二是各地环保厅（局）等对本行政区划内的环境保护工作统一监督和管理。与此同时，各级人民政府中的有关行政主管部门，如国土、水利、农业等，以及军队中的环境保护部门，依据法律的规定履行关于生态资源保护和环境污染防治等职权。

一、统一监督管理

追根溯源地看，环境的监督和管理并非一成不变，它随着环境监督和环境管理的内容变化而变迁。最初的环境监管，发端于相对简单的环境问题的应对，故而它更强调环境的直接管理，侧重事后的、消极和被动的环境执法；随后的环境监管，须应对相对复杂的系统的环境问题，开始重视对环境的间接性监督，强调事中的、相对积极和主动的环境规制；正在变革中的环境监管，须应对更为复杂的全球性的环境问题，必须协调环境与发展之间的关系，强调事前的、积极和主动的环境监督和环境管理。

而所谓统一的监督管理，其前提是承认存在分工的差异，否则何来统一之说？事实上，从世界范围看，没有一国的环境保护行政主管部门垄断和独享环境管理的所有职权，因为环境牵涉领域广泛、涉及主体多元。但晚近的趋势是，环境管理权限不再那么分散，而是日益集中。因此，必须强调和保障有一个独立和强势的机关对于复杂和系统的管理问题之统一把握，如此方能在决策、执行和监督等方面预防权力之间的冲突和矛盾等现象，不至于出现问题后缺乏“兜底”和“负责”的机构。

二、本行政区域内

这种规定意味着环境保护行政主管部门在空间上的活动维度基本上局限在本行政区划内，这在一定范围内限制了跨行政区划进行管理的可能性。诚然，地方各级环境保护行政主管部门作为地方政府的组成机构，超越本行政区划进行管理也于法无据。然而，如何应对跨行政区划的环境问题？依据这种规定，目前只能由跨行政区划的共同上级行政区划内的环保行政主管部门负责，比如环境保护部负责跨省的，各省环保厅（局）负责该省内跨市的，各市环保局负责该市内跨县（区）的。

三、政府有关部门和军队环境保护部门

前已述及，与原有的条文不同，本次的条文不再列举具体的关涉机关，而是概括式地谈及“有关部门”，其用意至少有二：一是我国这些年来，行政体制等方面的改革力度越发加大，单从名称上说，越来越多的行政主管部门更换了名称，再采用原有法条的做法已经不再准确；二是正在推进的

生态环境管理体制改革，可能会导致生态环保领域内管理模式的重构，在大的环境保护部呼之欲出的情况下，采用“有关部门”的说法，为日后的改革埋下的伏笔。

本次的条文重申了军队环境保护部门的职权，实属必要。因为，环境要素是统一的、自然生态是系统的；从某种意义上讲，军队更要担负起保护环境的重担，因为某些军事行为对于环境的破坏是巨大的。然而，由于管理模式、涉及领域等因素的不同，在环境保护问题的应对上，军队与地方一直存在着某种差异；此时强调军队环境保护部门的职权以及环境保护行政主管部门的统一监督管理非常必要。

四、立法背景

这次《环境保护法》的修改，环境监管体制无疑是其中的重点环节和关键领域。党的十八大报告和《中共中央关于全面深化改革若干重大问题的决定》无不提及了强调了环境监管体制这一关键性问题。前者首次提出了经济建设、政治建设、文化建设、社会建设和生态文明建设并重的“五位一体”总布局，将生态文明建设提高到了新的高度。后者则指出“建设生态文明，必须建立系统完整的生态文明制度体系，实行最严格的源头保护制度、损害赔偿制度、责任追究制度，完善环境治理和生态修复制度，用制度保护生态环境”；并且强调“改革生态环境保护管理体制。建立和完善严格监管所有污染物排放的环境保护管理制度，独立进行环境监管和行政执法。”

五、环境监管体制的现状

第一，关于事权的设定相对片面。首先，总体上看，当前我国的环境保护仍主要局限在“污染控制”的层面，对于自然生态保护等方面着墨甚少。环境执法仅仅承担着环境保护的末端治理功能，无法从前端入手，真正参与相关政策尤其是经济和社会政策的制定，从而无法应对综合性的环境问题。其次，横向上看，我国环境保护职能部门化、碎片化、条块化问题较为突出。目前，我国的环保职能分割为三大方面：污染防治职能分散在海洋、港务监督、渔政、渔业监督、军队环保、公安、交通、铁道、民航等部门；资源保护职能分散在矿产、林业、农业、水利等部门；综合调控管理职能分散在发展改革、财政、经贸（工信）、国土等部门。

第二，体制运转相对拘束。一是环保部门一直未能摆脱“单打独斗”

的困境。由于环境监管体制的条块化、碎片化，导致各部门各自为政，环保部门监管权力与责任存在严重的不对称和不平衡，“统一监督管理”的职能在很大程度上被肢解和架空。二是环保部门始终未能彻底挣脱地方政府的制约。三是环保部门内部上下级的关系也十分微妙。

第三，实施效果比较乏力。一是环境执法主体地位存在缺陷。环境执法主体的权限不足、身份不明，“小马拉大车”问题突出。二是环境监察队伍能力存在严重不足。三是环境公众参与等相关配套机制不健全。

六、环境监管体制的改革

改革的关键是科学地设定环境事权，力争着眼系统、强调综合决策。首当其冲的就是，当有关部门目前负责的自然生态因素纳入到环境监管职能分配格局。生态系统的整体性决定了对环境问题的监管体制也应该是呈整体性的。然而我国现行的环境监管体制是以行政区划和部门分工为基础的，呈现出分散的“条块状”监管模式。区域分割和部门分割的问题，是“条块状”环境监管模式的主要弊端。其根源在于分散的环境监管职能与统一的环境生态系统的内在的结构性矛盾，由此导致权力之间的重叠、冲突、真空等地带。于是，难免出现争利益、踢皮球、孤军奋战、单打独斗等情况，从而大大降低了行政执法的执行力和公信力。

改革就是要触动既有的权力格局，对于利益进行再分配，要有壮士断腕的决心和勇气。生态系统的整体性要求进一步整合各部门污染防治方面的职能，把目前仍然分散在各部门的环境污染防治的行政监管职能进一步整合到环境保护部门。因此在划分环境监管职能格局时，应遵循环境问题发生和发展的内在规律，按区域、流域生态系统的空间范围确定环保部门的管辖空间。这就意味着不再需要设置对应于某个行政区域的或者按单要素设置的部门性、地方性环境保护机构，而是建立中央直管的、对应具有一定内在生态联系的综合环境监督管理部门。要在治理上达到无监管盲区的目标必须完成两个整合：一是区域环境监督管理体制的整合，即按照建立以内在生态联系为基础的、以重点区域和流域等自然生态功能区划为核心的综合环境监督管理部门的要求，整合原来按行政区域分割的环境监督管理任务和资源，划定并且严守生态红线；二是完成要素环境监督管理职能的整合，即对各部门的环境行政管理的职能进行统一规划和调整，整合到综合环境监督管理部门，解决机构重复设置、公共行政管理资源严重浪费等现象，按照区域生态系统内部要素的关联性进行管理职能的调整。

第十一条　对保护和改善环境有显著成绩的单位和个人，由人民政府给予奖励。

【条文释义】

本条是关于政府奖励的规定，是保留条文，对应《1989 年环保法》的第 8 条："对保护和改善环境有显著成绩的单位和个人，由人民政府给予奖励。"

以法律的形式对于环境保护的奖励作出规定，从而对环境保护有显著成绩和贡献者给予赞许和鼓励，是环境法律后果的形式之一。不同于环境惩戒、环境责任等不利的法律后果，环境奖励可以从正的方面、积极的角度唤起人们的环境法律意识，激励人们积极自觉地参与环境保护、执行和遵守环境法。这是保留关于政府奖励条文规定的重要原因。

一、单位和个人

本条中的单位和个人基本上涵盖了除党政机关以外的所有主体，尽管党政机关也属于广义的单位范畴，但其参与保护和改善环境是其当然之法定义务和职责，故而不必由政府给予奖励。此处的单位和个人是相对应的，前者是集合性的机构，后者是单一性的自然人；前者主要包括企业单位、事业单位以及其他社会组织或机构，而从性质上看，有营利的和非营利的两种。

企业单位多是以盈利为目的独立核算的法人或非法人单位。它的特点是自收自支，通过成本核算，进行盈亏配比，通过自身的盈利解决自身的人员供养，社会服务，创造财富价值。其中，法人单位常见的有限责任公司和股份有限责任公及司，非法人单位如合伙企业、个体工商户、集体经济组织以及家庭承包经营等。

事业单位是以政府职能、公益服务为主要宗旨的一些公益性单位、非公益性职能部门等。它参与社会事务管理，履行管理和服务职能，宗旨是为社会服务，主要从事教育、科技、文化、卫生等活动。不同于企业单位在工商部门的登记，事业单位的登记在编制部门进行。

而其他的社会组织或机构则是除了上述两类之外，非个人的、集合性的机构或组织，比如环保非政府组织等。

二、显著成绩

主要是指在环境保护宣传、污染防治、环境管理、环境执法监督、基础设施建设和城市环境质量综合整治工作以及查处环境违法行为等过程中有突出表现或重大贡献。具体而言，有显著成绩的诸如：排污企业超标完成减排任务、研发或运用清洁生产技术，排放的染物大幅减少；主管单位积极采取措施治理污染，使得湖泊、河流等污染得到有效控制，空气质量得到明显改善；环境监管部门查处环境违法行为的执法效率大幅提高；单位和个人揭发、举报重大环境违法行为的次数较多；科技事业单位研发最新环境监测技术，使得环境监测水平大幅提高；民间环保组织和个人长期从事环保宣传，使得所在地区人们环境保护意识大幅提高等。

三、奖励

包括物质奖励和非物质奖励两种。其中，物质奖励的主要形式有：人民政府按照一定标准对个人或单位给予一定金额的人民币、奖品等实物；对单位给予减免税费、退税、财政补贴等。非物质奖励的主要形式有：人民政府对个人和单位进行表扬、颁发奖状、证书、授予环境保护先进工作者、劳动模范等荣誉称号，记大功、通令嘉奖等，并在一定时期内以某种形式向全社会公告；对于个人和单位给予一定政策性的支持和优待，比如给受奖人以晋级或升职。

第十二条　每年6月5日为环境日。

【条文释义】

本条是关于环境日的规定，是新增条文。

之所以新增关于环境日的规定，是为了加大环境保护的宣传和教育，提高环境保护的意识，使其深入人心。实际上，本条文与本法的第9条密切关联，属于政府加强环境保护宣传和普及工作的重要方式之一。

一、环境日的由来和意义

1972年6月5日联合国在瑞典首都斯德哥尔摩召开了联合国人类环境会议，会议通过了《人类环境宣言》，并提出将每年的6月5日定为“世界环境日”，让世界各国人民永远纪念它。同年10月，第27届联合国大会通过决议接受了该建议。世界环境日（World Environment Day），是联合国促进全球环境意识、提高政府对环境问题的注意并采取行动的主要媒介之一。联合国系统和各国政府，每年都在6月5日的这一天开展各项活动来宣传与强调保护和改善人类环境的重要性。

1973年1月，联合国大会根据人类环境会议的决议，成立了联合国环境规划署（UNEP），设立环境规划理事会（GCEP）和环境基金。环境规划署是常设机构，负责处理联合国在环境方面的日常事务，并作为国际环境活动中心，促进和协调联合国内外的环境保护工作。联合国环境规划署在每年的年初公布当年的世界环境日主题，并在每年的世界环境日发表环境状况的年度报告书。中国也在这期间发布中国环境状况公报。

每年6月5日，联合国环境规划署都会选择一个成员国举行“世界环境日”的纪念活动。活动上，会发表《环境现状的年度报告书》及表彰“全球500佳”，并根据当年的世界主要环境问题及环境热点，有针对性地制定每年的“世界环境日”主题。世界环境日的意义在于提醒全世界注意地球状况和人类活动对环境的危害，要求联合国系统和各国政府在这一天开展各种活动来强调保护和改善人类环境的重要性。中国作为联合国常任理事国之一，必然积极参与世界环境保护，我国设立的环境日与世界环境日一致表明了我国政府和人民为维护和改善人类环境，造福全体人民，造福子孙后代而共同努力的决心和态度。

二、我国确立的环境日的价值

环境日为每年的6月5日，它确立反映了世界各国人民对环境问题的认识和态度，表达了人类对美好环境的向往和追求。它是提高政府对环境问题的注意并采取行动的主要媒介之一。中国从1985年6月5日开始举办纪念世界环境日的活动，以“青年人口，环境”为主题 。自此之后，每年的6月5日全国各地都要举办纪念活动。通过确立环境日等纪念日，可以唤醒、提醒、强调该节日所对应的特殊含义，从而更好地实现该日子所承载的用意。

事实上，确立纪念日并非环境保护法所首创，在这方面，我们已经有了不少的立法经验。截至目前，我国已经通过法定的形式确立了妇女节（3月8日）、植树节（3月12日）、青年节（5月4日）、儿童节（6月1日）、建党节（7月1日）、建军节（8月1日）、教师节（9月10日）、国庆节（10月1日）等诸多纪念日。

第二章 监督管理

第十三条 县级以上人民政府应当将环境保护工作纳入国民经济和社会发展规划。

国务院环境保护主管部门会同有关部门，根据国民经济和社会发展规划编制国家环境保护规划，报国务院批准并公布实施。

县级以上地方人民政府环境保护主管部门会同有关部门，根据国家环境保护规划的要求，编制本行政区域的环境保护规划，报同级人民政府批准并公布实施。

环境保护规划的内容应当包括生态保护和污染防治的目标、任务、保障措施等，并与主体功能区规划、土地利用总体规划和城乡规划等相衔接。

【条文释义】

本条是关于环境规划制度的规定，是修改条文，是在《1989 年环保法》第 4 条和第 12 条的基础上修改而成的。

其中，原条文第 4 条中“国家制定的环境保护规划必须纳入国民经济和社会发展计划”的表述修改为“县级以上人民政府应当将环境保护工作纳入国民经济和社会发展规划”，作为本条第 1 款。原条文第 12 条“县级以上人民政府环境保护行政主管部门，应当会同有关部门对管辖范围内的环境状况进行调查和评价，拟订环境保护规划，经计划部门综合平衡后，报同级人民政府批准实施”修改为本条第 2、3 款。具体而言，本条第 2 款是关于制定国家环境保护规划的规定。在国家环境保护规划的制定过程中，国务院环境保护主管部门会同有关部门依法负有根据国民经济和社会发展规划编制国家环境保护规划的职责，国务院依法负有批准和公布实施国家环境保护规划的职责。本条第 3 款是关于制定地方环境保护规划的规定。依据本款规定，我国地方环境保护规划最低为县级。在地方环境保护规划的制定过程中，县级以上地方人民政府环境保护主管部门会同有关部门，负有根据国家环境保护规划的要求编制本行政区域环境保护规划的职责。同级人民政府依法负有批准和公布本级地方环境保护规划的职责。本条第 4 款是新增加的关于各级环境保护规划内容的规定。一方面，各级环境保护规划依法应当包括生态保护和污染防治的目标、任务、保障措施等内容。另一方面，环境保护规划的内容还应当同主体功能区规划、土地利用总体规划和城乡规划等其他相关规划的内容相衔接，以保证各类相关规划之间的协调性。

一、环境与经济社会发展综合决策

环境保护工作要从源头抓起，从政府的决策做起。因此，要从根本上解决我国的环境问题，必须首先控制环境污染和生态破坏的决策源头，实施环境与经济社会发展综合决策。把经济规律和生态规律结合起来，对环境保护和经济发展、社会发展统筹规划，合理安排，全面考虑，实现最佳的经济效益、社会效应和环境效益。作为行政区域内最核心、最基础的总体发展战略，国民经济和社会发展规划首先应当在制定过程中正确处理环境保护与经济社会发展的关系。为此，本条第 1 款将综合决策作为“监督管理”一章的首项法律制度予以规定，将环境保护工作纳入国民经济和社会发展规划，从宏观战略决策的高度入手贯彻《中共中央关于全面深化改革若干重大问题的决定》“用制度保护生态环境”的总体要求。同时，考虑到国民经济和社会发展规划的制定不限于国家，县级以上各级人民政府均负有制定本行政区域内国民经济和社会发展规划的职能。因此，修订后的本条第 1 款将综合决策的适用范围从《1989 年环保法》第 4 条的“国家”扩大至“县级以上各级人民政府”，以充分保障综合决策制度的适用范围。

以 2005 年《国民经济和社会发展第十一个五年规划》为起点，在我国延续了 50 多年的国民经济和社会发展“计划”开始变成“规划”。这标志着在社会主义市场经济体制下，我国的各级人民政府更加注重对经济社会发展的宏观把握和调控，并进一步强化其在社会发展、公共服务、生态环境等方面的职能。不仅如此，随着环境保护工作日益受到重视，实践中国家和地方各级环境保护规划的相关内容不仅纳入国民经济和社会发展规划，更以《国家环境保护“十二五”规划》、《北京市“十二五”时期环境保护和建设规划》等形式独立出现。为适应上述情况，本条第 1 款对《1989 年环保法》第 4 条“国家制定的环境保护规划必须纳入国民经济和社会发展计划”的相关表述进行了必要的修改。一是将原条文中“计划”修改为“规划”以适应政府职能的转变以及 2005 年以后“规划”称谓的变化；二是将“环境保护工作”而非“环境保护规划”纳入综合决策，在使表述更加全面的同时，又适应了环境保护规划因其重要性而独立存在的现实需求。

二、国家环境保护规划

国家环境保护规划是全国环境保护工作的基础性方案，依法制定国家环境保护规划，有利于环境保护工作在全国范围内有计划、有目的地开展。尽管国务院环境保护主管部门依法对全国环境保护工作实施统一监督管理，但与环境保护相关的职能并非由国务院环境保护主管部门完全承担，国务院所属之水利、林业、农业、交通以及军队环境保护部门等也在各自的职责范围内开展相关的资源环境监管工作。如我国《水法》第12条就规定：“国务院水行政主管部门负责全国水资源的统一管理和监督工作。”因此，国家环境保护规划的编制权也并非由国务院环境保护主管部门单独行使，而是由其作为统管部门在会合有关部门的前提下行使。体现在修订后的《2014年环保法》中，就是本条第2款中“国务院环境保护行政主管部门会同国务院有关部门”的表述。国务院环境保护主管部门会同国务院有关部门依法行使国家环境保护规划的编制权，而国务院则依法行使国家环境保护规划的批准权。批准权由国务院负责行使，既实现了编制主体与批准主体的分离，能够有效避免部门利益对环境规划的影响，更体现出国家对于制定环境保护规划，加强环境保护工作的重视程度。

国家环境保护规划虽然是对全国环境保护工作的总体部署，但相对于事关经济社会发展全局的国民经济和社会发展规划而言，则属于专门适用于环境保护领域的一类规划。也就是说，国家环境保护规划与国民经济和社会发展规划之间是专项规划与综合规划的关系。因此，本条第2款规定国家环境保护规划应当根据国民经济和社会发展规划的总体要求进行编制，这符合专项规划的编制必须依据并服从综合规划的基本原则。不仅如此，与《1989年环保法》相比，《2014年环保法》对有关国家环境保护规划批准权的规定还作出如下两点变化：一是删除了《1989年环保法》第12条中的“经计划部门综合平衡”的规定。“计划部门”是我国计划经济时代的经济行政主管部门，在社会主义市场经济条件下，“计划部门”已经退出历史舞台。因此，删除“经计划部门综合平衡”体现出修订后的《2014年环保法》与我国社会主义市场经济体制相适应。更为重要的是，这反映出我国“把生态文明建设放在突出地位”的背景下，环境保护工作已经成为国家一项独立的、重要的、面向未来的职能。面对资源约束趋紧、环境污染严重、生态系统退化的严峻形势，环境保护已经不再是经济发展的“附庸”，环境保护规划的批准事先也无须再经过经济管理部门的协调。这是从“环境保护工作同经济建设和社会发展相协调”（《1989 年环保法》第4 条）发展为“经济社会发展与环境保护相协调”（《2014 年环保法》第4 条）的重要制度表现。二是在批准的基础上增加了国务院公布国家环境保护规划的职责。国家环境保护规划是在全国范围内适用的指导环境保护工作的方案，具有普遍的指导和约束效力。因此，其批准后对外公布，既有助于进一步提升政府的公信力，也有助于各级政府、企业、公民等充分了解国家环境保护规划，从而促进规划的贯彻实施。

三、地方环境保护规划

县级以上各级地方环境保护规划是对本行政区域内环境保护工作的总体部署。根据国家环境保护规划的要求制定地方环境保护规划，有利于各地区在本行政区域内环境保护工作有计划、有目的地开展。相比《1989 年环保法》的规定，本条第3 款关于地方环境保护规划中县级以上地方人民政府环境保护主管部门“会同”有关部门编制、删除“经计划部门综合平衡”、增加同级人民政府公布环境保护规划的职责等内容的修改，其立法理由与前述第2 款对相关内容进行修改所做的立法说明相同，不再赘述。需要特别说明的是，地方环境保护规划的编制，应当以国家环境保护规划的要求为依据。这是环境问题兼具区域性与整体性在立法中的表现：一方面，环境问题具有区域性。我国幅员辽阔，区域之间的资源禀赋、产业结构、具体存在的环境问题等存在较大差异。因此，在地方环境保护规划的编制需要因地制宜地解决本地区突出的环境问题。另一方面，环境问题还具有整体性。特别是当前环境污染和生态破坏的严重程度已经跨域了行政区域，在进行产业梯度转移的同时也可能带来环境污染、生态破坏的转移。这些都说明环境问题具有整体性，“牵一发而动全身”。因此，各地制定的环境保护规划不能各自为战，需要站在环境问题整体性、系统性的高度进行科学决策。作为对全国环境保护工作的整体部署，国家环境保护规划自然应当作为地方各级环境保护规划编制的基本依据，这是地方环境保护规划实现对环境问题整体考量的主要方式之一。

四、环境保护规划的内容

本条第4款是修订后的《环境保护法》中新增加的关于环境保护规划内容的法律规定。一是明确环境保护规划自身应当包括的内容。《1989年环保法》虽然规定了环境保护规划制度，但法律在实施过程中往往将环境保护规划分成两个规划，即以污染防治为主的环境保护规划和另行制定的生态保护规划，由县级以上人民政府分别批准实施。污染防治与生态保护作为环境问题的两个方面，二者互为因果、相互联系、相互作用。因此，污染防治规划和生态保护规划的分立、脱节不利于实现《环境保护法》全面保护生活环境和生态环境的立法宗旨。为了改变规划层面生态保护和污染防治被人为割裂的局面，本条第4款规定环境保护规划作为应对环境问题的总体部署，必须把生态保护问题和污染防治问题结合起来，其内容应包含生态保护和污染防治两方面的目标、任务、保障措施。二是实现环境保护规划的内容与相关规划内容的衔接。环境保护工作的开展、环境问题的解决不是孤立的，其与经济社会发展的相关领域，如土地、城乡建设等紧密相连。特别是在“五位一体”的总体布局下，环境保护需要同经济发展、城乡建设等相关领域相互协调、共同发展。因此，作为对区域内环境保护工作的总体部署，环境保护规划也需要在内容上与主体功能区规划、土地利用总体规划和城乡规划等经济社会发展相关领域的总体部署相衔接。其意义在于宏观上体现“五位一体”建设全面推进、协调发展的基本定位；中观上保证我国规划体系的协调性，进而实现国家各项职能的协调性；微观上形成相关规划之间的合力，利于相关规划的相互配合、有效实施。

第十四条　国务院有关部门和省、自治区、直辖市人民政府组织制定经济、技术政策，应当充分考虑对环境的影响，听取有关方面和专家的意见。

【条文释义】

本条是关于政策环境影响制度的规定，是新增条文。

随着政府职能的日益扩大，政府行为，特别是政府的决策行为对环境可能造成的影响逐渐受到关注。为此，美国、加拿大、荷兰等国在项目环评的基础上广泛开展战略环境评价（SEA），将政府及政府相关部门制定的公共政策、规划作为环境影响评价的内容。按照我国现行的环境影响评价法律体系，目前仅有部分规划（具体包括“一地三域”、“十个专项”：一地，即土地；三域，即流域、海域、区域；十个专项，即工业、农业、畜牧业、林业、能源、水利、交通、城市建设、旅游、自然资源开发），以及对环境有影响的建设项目纳入了法定评价范围，尚未涉及国家战略、政策等对生态环境影响范围更大、影响程度更深的高层次决策。与分别处于决策链末端和中端的具体建设项目、行业或地区规划相比，处于决策链源头的宏观政策显然对环境更具全局性、持久性的影响，一旦决策失误所造成的环境灾难将不可估量。历史上，我国曾鼓励钢铁、水泥、船舶等高污染高耗能企业的发展，但现在却出现了产能过剩，导致产业结构不合理，大气污染集中。历史教训证明，倘若经济、技术政策的制定过程中再不考量环境影响，将永远无法摆脱环境问题防不胜防、治不胜治的恶性循环。因此，政府在制定技术、经济政策的过程中，不能重蹈过去重产业发展，轻环境资源的覆辙，必须通过充分考量政策对环境可能造成的影响以提高决策的质量，建立起环境、经济、社会综合的决策机制。

考虑到我国经济、技术政策的制定所牵涉的范围很广、不确定性大，政策制定也没有明确的程序，因此我国政策环境影响评价制度的建立和具体实施，目前还存在诸多的困难。因此，本条的表述中并没有提出“政策环评”的概念，对政策环境影响的考虑也并非独立的、前置的政策环境影响评价制度。《2014 年环保法》增设本条规定的意义在于贯彻“保护优先”的法律原则，对政策环境影响作出原则性的法律规定，为进一步实现对政策环评的系统性制度构建提供基本法律依据并留有充分的立法空间。在此基础上，通过《环境影响评价法》等相关立法的完善以及配套法律制度的建立，最终形成由建设项目环评、规划环评渐次向政策环评延伸，覆盖整个环评体系所有环节的层次分明、有机衔接的环评法律体系。

此外，根据本条规定，考虑环境影响的范围限定于国务院所属之有关部门和省级人民政府制定的相关政策。相比高层级的政策，县级以上各级基层政府的政策数量更多，政策对环境的影响也更加直接。因而，未来更有必要将适用范围在现有基础上进一步扩展至基层政府，给予政策环境影响制度更大的适用空间。此外，本条规定听取意见的对象是“有关方面和专家”。“有关方面和专家”具有专业判断、知识能力等方面的优势，能够为相关政策的制定提供科学合理的意见和建议。在此基础上，推进民主决策、科学决策的核心和关键还是在于公众的广泛参与。因此，对政策环境影响的考虑，未来还需要进一步引入公众参与机制，倾听普通民众的环境利益诉求。

第十五条　国务院环境保护主管部门制定国家环境质量标准。

省、自治区、直辖市人民政府对国家环境质量标准中未作规定的项目，可以制定地方环境质量标准；对国家环境质量标准中已作规定的项目，可以制定严于国家环境质量标准的地方环境质量标准。地方环境质量标准应当报国务院环境保护主管部门备案。

国家鼓励开展环境基准研究。

【条文释义】

本条是关于环境质量标准制度的规定，是修改条文，是在《1989 年环保法》第 9 条的基础上修改而成的。

其中，原条文第 9 条第 1 款在去掉“国务院环境保护行政主管部门”中“行政”二字后，作为本条的第 1 款，是关于国家环境质量标准的规定。在原条文第 9 条第 2 款“省、自治区、直辖市人民政府对国家环境质量标准中未作规定的项目，可以制定地方环境质量标准，并报国务院环境保护行政主管部门备案”的基础上，本条第 2 款新增“对国家环境质量标准中已作规定的项目，可以制定严于国家环境质量标准的地方环境质量标准”。本条第 3 款是新增加的关于国家鼓励环境基准研究的规定。

一、环境质量标准

环境质量标准是对一定区域内、在限定时间内各种污染物（或有害因素）容许含量（或要求）所作的规定。环境质量标准体现政府的环境保护政策和要求，是评价环境状况的标尺，是环境监管和制定污染物排放标准的依据。根据本条规定，我国的环境质量标准分为国家和地方（省、自治区、直辖市级）两级。国家环境质量标准由国务院环境保护主管部门制定，在全国范围内执行；地方环境质量标准只能由省级人民政府（省、自治区、直辖市人民政府）制定，且只能在颁布该环境质量标准的省、自治区、直辖市辖区范围内执行。

二、地方环境质量标准的制定

法律之所以授权制定地方环境质量标准，主要是考虑到我国幅员辽阔，经济发展水平、产业机构和构成环境污染的状况、类别、数量等存在差异。因此，各地区对环境质量的要求也不完全相同。为了更好地应对本区域内的环境问题，有必要结合当地的地理特点、资源禀赋、经济技术水平、产业结构和布局、人口密度等因素，设定本地区的环境质量要求。

与《1989 年环保法》的第 9 条第 2 款相比，本条第 2 款在原有“国家环境质量标准中未作规定的项目，可以制定地方环境质量标准”的基础上，对地方环境质量标准增加了“国家环境质量标准中已作规定的项目，可以制定严于国家环境质量标准的地方环境质量标准”的规定。也就是说，省、自治区、直辖市人民政府不仅可以增加或补充国家环境质量标准中未规定的项目及容许浓度，还可以在既有国家环境质量标准的基础之上，为本省、自治区、直辖市设定更为严格的环境质量标准。这主要是考虑到在当前环境矛盾凸显、环保任务繁重庞杂、经济发展方式依然粗放的情况下，以保护和改善本地区优良环境质量为目标导向，授权省、自治区、直辖市（省级）人民政府制定并实施更加严格的环境质量标准，有助于该地区进一步加大保护和改善环境资源的力度。

与此同时，为确保地方环境质量标准制定的科学性，加强对地方环境质量标准的管理，本条第 2 款保留了原条文第 9 条第 2 款所确立的地方环境质量标准备案制度。即国务院环境保护主管部门对省、自治区、直辖市人民政府制定的地方环境质量标准依法实施备案管理。关于备案管理制度的具体实施，环境保护部已于 2009 年公布了修订后的《地方环境质量标准和污染物排放标准备案管理办法》。该办法第 2 条规定：“本办法适用于环境保护部对省、自治区、直辖市人民政府依法制定的地方环境质量标准和污染物排放标准的备案管理。”

三、开展环境基准的研究

本条第 3 款关于环境基准的法律规定是修订后的《环境保护法》中新增的内容。环境基准是“依据科学研究得出的环境介质（水、土和气）中污染物等对生态系统和人群健康不产生不良或有害效应的最大限值”。它强调“以人（生物）为本”及自然和谐的理念，是科学理论上人与自然之间“希望维持的标准”，是环境保护工作的“自然控制标准”。环境基准与环境质量标准之间有密切的关系，环境基准是制定环境质量标准的科学依据，而环境质量标准规定的各种污染物（或有害因素）容许含量（或要求）原则上应小于或等于相应的环境基准值。

正因为环境基准对于环境质量标准的制定具有基础性作用，美国、加拿大、澳大利亚等发达国家投入了大量的人力、物力、财力开展环境基准研究并取得了丰硕的成果。相比之下，我国的环境基准研究与世界上发达国家存在很大的差距。2005 年国务院明确提出“科学确定基准”的国家目标后，国内相继开展了环境基准研究工作，目前在水环境基准领域已取得一定的研究成果，但其他环境介质的环境基准研究尚没有系统开展。作为反映一个国家环境科学研究水平的标志之一，正如《国家环境保护“十二五”科技发展规划》所特别指出的那样，我国的“环境基准研究基本上是空白”。这直接导致符合我国国情的环境基准缺失，现行我国环境质量标准主要是在借鉴发达国家环境基准和标准制度的基础上制定的。在这种情况下，为科学确定符合我国国情的环境基准，《2014 年环保法》增加了本条第 3 款的规定鼓励环境基准的研究。其目的在于为我国环境质量标准的制定提供科学基础，为我国环境标准体系和环境管理体系提供全面有效的科技支撑。

第十六条　国务院环境保护主管部门根据国家环境质量标准和国家经济、技术条件，制定国家污染物排放标准。

省、自治区、直辖市人民政府对国家污染物排放标准中未作规定的项目，可以制定地方污染物排放标准；对国家污染物排放标准中已作规定的项目，可以制定严于国家污染物排放标准的地方污染物排放标准。地方污染物排放标准应当报国务院环境保护主管部门备案。

【条文释义】

本条是关于污染物排放标准制度的规定，是修改条文，是在《1989 年环保法》第 10 条的基础上修改而成的。

其中，原条文第 10 条第 1 款在去掉“国务院环境保护行政主管部门”中“行政”二字后，作为本条第 1 款，是关于国家污染物排放标准的规定。原条文第 10 条第 2 款在去掉“地方污染物排放标准须报国务院环境保护行政主管部门备案”中“行政”二字后，作为本条第2款，是关于地方污染物排放标准的规定。原条文第3款“凡是向已有地方污染物排放标准的区域排放污染物的，应当执行地方污染物排放标准”被删除。

一、污染物排放标准

污染物排放标准是指为了实现环境质量标准，结合技术经济条件和环境特点，对排入环境的有害物质或有害因素所作的控制规定。其是对污染物排放控制的基本要求，是日常环境监管和行政执法的直接依据。依据本条规定，我国的污染物排放标准分为国家和地方（省、自治区、直辖市级）两级。国家污染物排放标准由国务院环境保护主管部门负责制定，在全国范围内执行；地方污染物排放标准只能由省级人民政府（省、自治区、直辖市人民政府）制定，且只在颁布该标准的省、自治区、直辖市辖区范围内执行。

二、国家污染物排放标准的制定

根据本条第1款的规定，国家污染物排放标准由国务院环境保护主管部门负责制定，其制定依据有二：一是国家环境质量标准。为了保护环境，使环境处于一种良好状态，必须首先确定基本的环境质量标准，而保证环境质量标准实现的关键则是把排入环境的各类污染物控制在一定的标准上。因此，在制定国家污染物排放标准的时候，应当将国家环境质量标准作为重要依据之一。二是国家的经济、技术条件。国家经济条件是制定并实施国家污染物排放标准的经济基础，制定国家污染物排放标准必须考虑国家经济的承受能力；国家技术条件，即科学技术发展水平是制定国家污染物排放标准的技术基础和保障，制定国家污染物排放标准，必须考虑本国污染物防治和处理技术的水平。

三、地方污染物排放标准的制定

由于各省、自治区、直辖市的经济发展水平、产业结构与布局、环境中稀释扩散和自净能力等因素各异，执行国家污染物排放标准不一定能够满足和符合本地区污染防治工作的要求。作为对国家污染物排放标准的进一步完善和充实，有必要识别本地区影响环境质量改善的主要污染物及排放源，因地制宜制定地方污染物排放标准。为此，本条第2款保留了第10条第2款的规定，即省、自治区、直辖市人民政府有权对国家污染物排放标准中未作规定的项目，制定地方污染物排放标准；国家污染物排放标准中已有规定的，可以制定严于国家污染物排放标准的地方污染物排放标准。

为确保地方污染物排放标准制定的科学性，加强对地方污染物排放标准的管理，本条第2款也保留了第10条第2款所确定的地方污染物排放标准备案制度。即国务院环境保护主管部门对省、自治区、直辖市人民政府制定的地方污染物排放标准依法实施备案管理。关于地方污染物排放标准备案管理制度的具体实施，同样依据环境保护部于2009年公布的修订后的《地方环境质量标准和污染物排放标准备案管理办法》。

四、原条文第3款删除的原因

之所以将《1989年环保法》第10条的第3款删除，是考虑到目前国务院环境保护主管部门已经开始实施特别排放限值制度。这是在新时期环保工作中贯彻落实科学发展观而采取的重大举措，是国家环保标准工作在排放标准体系和执行方式方面大胆创新的重要成果。即在地方污染物排放标准仍不能保证特定地区环境质量达标的情况下，国务院环境保护主管部门根据环境质量达标的要求在国家污染物排放标准中制定比地方污染物排放标准更加严格的排放限值，并要求相关地区、行业在规定的时间内执行该特别排放限值。通过在国家污染物排放标准中设定特别排放限值，加大了对环境敏感地区污染物排放的控制力度，提高了这些地区的环境准入门槛，可以促进这些重点流域、区域切实削减污染物排放。可见，在存在并执行特别排放限值的情况下，地方污染物排放标准并不当然优先于国家污染物排放标准的适用。

第十七条　国家建立、健全环境监测制度。国务院环境保护主管部门制定监测规范，会同有关部门组织监测网络，统一规划国家环境质量监测站（点）的设置，建立监测数据共享机制，加强对环境监测的管理。

有关行业、专业等各类环境质量监测站（点）的设置应当符合法律法规规定和监测规范的要求。

监测机构应当使用符合国家标准的监测设备，遵守监测规范。监测机构及其负责人对监测数据的真实性和准确性负责。

【条文释义】

本条是关于环境监测制度的规定，是修改条文，是在《1989年环保法》第 11 条的基础上修改而成的。

其中，原条文第 11 条第 1 款“国务院环境保护行政主管部门建立监测制度，制定监测规范，会同有关部门组织监测网络，加强对环境监测的管理”修改为本条第 1 款。在原条文的基础上，本条第 1 款增加了国务院环境保护主管部门的职责，包括统一规划国家环境质量监测站（点）的设置，建立监测数据共享机制，加强对环境监测的管理。由于《2014 年环保法》增加了“第五章　信息公开与公众参与”。故原条文第 11 条第 2 款“国务院和省、自治区、直辖市人民政府的环境保护行政主管部门，应当定期发布环境公报”并入《2014 年环保法》第 54 条，成为第 54 条第 1 款中信息公开的相关内容。本条第 2 款是新增加的关于有关行业、专业等各类环境质量监测站（点）设置的规定。本条第 3 款是新增加的关于环境监测工作的规定。

一、环境监测中国务院环境保护主管部门的职责

环境监测，是指间断或连续地测定环境中污染物的性质、浓度，观察、分析其变化及对环境影响的过程。其基本目的是全面、及时、准确掌握人类活动对环境影响的水平、效应及趋势。一方面，环境监测数据及信息产品是制定环境政策的基本依据，是环境管理的工作基础和技术保障；另一方面，环境监测本身又是环境监督管理的重要手段，是环境监管体系的基本组成部分。依据本条第 1 款的规定，国务院环境保护主管部门在建立、健全环境监测制度中的职责包括：

（一）制定监测规范

经济社会的快速发展和环境管理要求的不断提高，使得环境监测业务大幅增加、监测领域逐步扩大，由此也带来了监测规范标准不一、监测质量参差不齐等隐患。为此，本条第 1 款规定国务院环境保护主管部门依法负责制定环境监测规范，统一的监测规范有利于提高各类机构环境监测的规范性以及监测数据的科学性、可比性。

（二）会同有关部门组织监测网络

环境监测网络是把空间范围内广泛分布、业务功能相似的若干环境监测站（点）按一定组织、程序相互联系，构成相互协调的监测系统。作为开展环境监测的基础性工作，环境监测网络的形成具有涉及面广、专业性强和耗资大等特点。因此，由国务院环境保护主管部门会同有关部门组织监测网络是为了把各有关部门的环境监测力量组织起来，充分发挥各方面技术装备和人才的优势，调动各方面环境监测力量的积极性，密切配合，分工协作，共同做好环境监测工作。

（三）统一规划国家环境质量监测站（点）的设置

环境质量监测站（点）是形成环境监测网络的基本单元。环境质量监测站（点）的科学设置能够优化环境质量监测网络，使环境监测网络获得的数据、信息能够科学全面地反映环境状况。由于此前我国环境监测站（点）的设置缺乏统一的规划，导致实践中存在如下问题：一是相关部门环境质量监测站（点）重复设置。例如，在同一水域出现环保、水利等部门重复建设、重复监测的现象，造成人力、物力、财力的不必要浪费。二是环境监测站（点）设置的随意性较大，容易对环境监测数据的科学性、准确性造成影响。为此，本条第 1 款增加了国务院环境保护主管部门统一规划国家环境质量监测站（点）设置的职能，以进一步优化国家环境质量监测网络，提高对环境监测数据的质量控制能力。

（四）建立监测数据共享机制

由于此前缺乏必要的法律规定和统一的规划设计，加上部门隔阂和数据壁垒，导致环境监测信息和监测数据共享程度低，环境监测信息发布渠道过多。政府相关职能部门以及某些社会监测机构各自发布环境监测信息，导致环境监测信息相互矛盾，有时甚至相同信息内容而评价结论相悖。既不利于科学的环境管理和决策，还造成了政府公信力下降等不良社会影响，甚至影响经济贸易和社会稳定，给人民生活和社会稳定带来了极大困扰。因此，本条第 1 款增加了由国务院环境保护主管部门负责建立环境监测数据共享平台的规定，保证环境监测数据发布的统一性、准确性、权威性。

（五）加强对环境监测的管理

随着对环境监测质量要求的不断提高，对环境监测的管理也提出了更高的要求。作为全国环境保护工作的主管部门，国务院环境保护主管部门有责任加强对环境监测的管理，从而满足环境监管的需要。

二、有关行业、专业等各类环境质量监测站（点）的设置

环境质量的监测涉及环保、水利、林业、军队环保部门在内的诸多部门的职能，如《水污染防治法》第 26 条的规定：“国家确定的重要江河、湖泊流域的水资源保护工作机构负责监测其所在流域的省界水体的水环境

质量状况。”因此，相关环境质量监测站（点）的设置需要依据相关领域法律法规的规定。不仅如此，有关行业、专业因其自身的特点对环境质量监测站（点）的设置还有特殊的要求。如《深圳经济特区环境噪声污染防治条例》第24条规定：“向周围环境排放建筑施工噪声，应当符合国家建筑施工场界噪声排放标准和地方环境噪声技术规范。”考虑到环境监测站（点）设置中的上述具体情况，本条第2款规定有关行业、专业等各类环境质量监测站（点）应当依据有关法律法规规定和监测规范的要求设置。

三、环境监测机构的监测工作

作为评价环境质量的依据，环境监测机构发布的环境监测数据具有权威性和法律效力。因此，监测机构必须保证环境监测数据的真实、准确。但实践中，由于环境监测规范不统一或缺失，监测机构使用的设备、仪器规格不一等问题，导致各监测机构的监测数据不可比较，甚至相互矛盾。为进一步规范环境监测工作，《2014年环保法》特增设本条第3款，对环境监测机构的监测工作作出明确的法律规定。具体包括：1. 从事环境监测工作应当使用符合国家标准的监测设备。监测设备是开展环境监测的必备条件，环境监测机构应当确保其配置的仪器设备符合国家颁布的有关技术指标要求，做到规范化、系列化和标准化。2. 从事环境监测工作应当遵守监测规范，包括环境监测的各项规章制度、技术规范、方法标准等。在此基础上，为防止监测机构弄虚作假，出具虚假检测报告或增加人为干扰因素影响监测数据客观公正等情况的发生，本条第3款还明确规定了监测机构及其负责人对监测数据所应承担的责任。即监测机构及其负责人应当对监测数据的真实性和准确性负责。

第十八条　省级以上人民政府应当组织有关部门或者委托专业机构，对环境状况进行调查、评价，建立环境资源承载能力监测预警机制。

【条文释义】

本条是关于环境资源承载能力监测预警制度的规定，是新增条文。

环境资源承载能力是指在一定的时间和一定的区域范围内，在确保生态环境良性循环和自然资源合理开发利用的前提下，环境资源能够承载的人口数量及相应的经济社会活动总量的能力和容量。我国在实现经济社会快速发展的同时，也给自然资源和生态环境造成不同程度的破坏，自然资源衰退、生态环境污染加剧、生态严重退化等问题凸显。早在2004年，时任国家环境保护总局局长解振华就曾发出警告，我国主要污染物排放量大大超过环境承载能力。另据有关报道，河南省水环境已无容量，深圳市氮氧化物严重超过全市承载力水平，拥堵、缺水、雾霾、垃圾围城等问题则凸显北京市人口增长与环境资源承载能力之间的矛盾。生态环境、自然资源是经济社会发展的必要物质基础，一旦环境资源失去自我恢复的能力将产生不可逆转的严重后果，势必严重制约环境资源的可持续利用和经济社会的永续发展。

为实现经济社会发展匹配环境资源的承载能力，我国环境资源的管理制度日趋严格。2008年，党的十七届三中全会提出坚持最严格的耕地保护制度和节约用地制度，坚决守住18亿亩耕地红线；2010年，《全国主体功能区规划》中提出国土空间开发要坚持根据资源环境承载能力开发；2011年，中央"一号文件"明确要求实行最严格的水资源管理制度，确立水资源开发利用控制、用水效率控制、水功能区限制纳污三条"红线"；2012年，党的十八大报告中更是明确提出，完善最严格的耕地保护制度、水资源管理制度、环境保护制度。可见，严守环境资源承载能力这条"红线"，已经成为我国生态文明建设中环境资源管理制度安排和设计的基调。

环境资源承载能力是一个动态变化过程，受到人口规模、开发程度、城镇化规模、产业发展、基础设施建设、空间布局、气候和自然条件等多重因素的影响。要严守环境资源承载能力这条"红线"，必须首先实现对环境状况进行调查、评价。因此，开展对环境资源承载能力的监测预警有利于及时、准确地掌握区域内的环境资源承载能力，制定符合当前环境资源条件的决策部署和相关政策，及时发现承载能力的制约因素和薄弱环节进行补充强化，避免对环境资源的过度开发，突破环境资源承载能力的底线。虽然目前我国已建立形成较为完备的环境监测评价工作体系，但针对环境资源承载能力的实时动态跟踪能力不足，对环境资源承载能力进行系统准确评估的水平还有待提高，距离科学监测预警还有较大差距。为此，《中共中央关于全面深化改革若干重大问题的决定》提出建立资源环境承载力监测预警机制，对水土资源、环境容量和海洋资源超载区域实行限制性措施。这是对建设美丽中国，实现生态文明的重要改革部署。《2014年环保法》

为贯彻和落实决定的有关精神，加强生态环境的保护、恢复和监管，增设本条建立环境资源承载能力监测预警制度，为环境资源承载能力监测预警机制的建立提供法律保障。

环境资源承载能力不仅是政府及其所属有关部门在环境资源开发利用过程中需要考量的重要指标，也已经纳入相关领域专业机构的科学研究范畴。因此，本条规定对环境状况进行调查、评价，不仅可以由省级以上人民政府组织有关部门开展（如浙江省环保厅承担的“浙江省‘十二五’国民经济和社会发展资源环境承载能力评估”项目），也可以由省级以上人民政府委托专业机构开展（如中国地质环境监测院承担实施的“全国资源环境承载力调查评价”项目）。上述规定有助于充分调动全社会的资源共建环境资源承载能力监测预警机制，在全社会范围内形成对环境状况进行调查、评价的合力。

第十九条　编制有关开发利用规划，建设对环境有影响的项目，应当依法进行环境影响评价。

未依法进行环境影响评价的开发利用规划，不得组织实施；未依法进行环境影响评价的建设项目，不得开工建设。

【条文释义】

本条是关于环境影响评价制度的规定，是修改条文，是在《1989 年环保法》第 13 条的基础上修改而成的。

根据原条文第 13 条的规定，环境影响评价制度的适用对象仅包括“建设污染环境的项目”。本条第 1 款进一步扩大了该制度的适用对象，既包括原条文规定的“建设对环境有影响的项目”，还包括“编制有关开发利用规划”。不仅如此，本条第 2 款在原条文第 13 条第 2 款“环境影响报告书经批准后，计划部门方可批准建设项目设计任务书”的基础上，进一步明确了未依法进行环境影响评价所产生的法律后果。环境影响评价是开发利用规划实施和项目开工建设的前置必经程序。未依法进行环境影响评价，开发利用规划不得组织实施，建设项目不得开工建设。

一、环境影响评价制度

环境影响评价又称环境影响质量预测评价，是指在某一地区进行可能影响环境的重大工程建设、规划或城市建设与发展、区域规划等活动之前，对这一人类活动可能对周围环境地区造成的影响事先进行调查、预测和评价，并提出防止污染和破坏的对策。第二次世界大战以后，全球经济加速发展，由此带来的环境问题也越来越严重，环境公害事件频繁发生。人们开始关注人类活动对环境的影响，并运用相关学科的研究成果，预测和评估拟议中的人类活动可能会给环境带来的影响和危害，并有针对性地提出相应的防治措施。经过一段时间的实践，1964 年在加拿大召开的国际环境质量评价会议上，首次提出了“环境影响评价”的概念。1969 年，美国国会通过了《国家环境政策法》（National Environmental Policy Act，NEPA），首次以法律的形式将环境影响评价作为一项法律制度（Environmental Impact Assessment，EIA）确定下来。由于环境影响评价制度的实施对防止环境受到人类活动的侵害具有科学的预见性，这项制度很快就在世界范围内得到广泛适用，为许多国家和地区的环境立法所确立。如加拿大 1995 年颁布的《环境评价法》、日本 1997 年颁布的《环境影响评价法》等，都对环境影响评价制度作了规定。我国于 1973 年提出环境影响评价的概念，并在《1979 年环保法》中使环境影响评价得以法律化、制度化。此后，《1989 年环保法》第 13 条和其他环境法律法规对环境影响评价制度作了进一步规定。2003 年 9 月 1 日起施行的《环境影响评价法》是我国环境影响评价制度发展史上的里程碑，标志着我国的环境影响评价制度走向完善。

二、我国环境影响评价制度的适用对象

包括我国在内的世界上许多国家和地区均将环境影响评价作为环境保护立法的重要制度加以规定，但各国环境影响评价制度的适用对象并不完全相同。例如，《美国国家环境政策法》要求“对人类环境质量具有重大影响的各项提案或法律草案、建议报告以及其他重大联邦行为”均必须进行环境影响评价；日本的《环境影响评价法》则为包括公路、水坝、铁路、电站等在内的 13 种大型工程项目设定环境影响评价程序。依据本条第 1 款的规定，目前我国环境影响评价制度的适用对象主要有二：

（一）建设对环境有影响的项目，即建设项目的环评

自《1979 年环保法》首次把对建设项目进行环境影响评价作为法律制度确立以来，此后陆续制定的各项环境保护法律法规，普遍包括关于建设项目环境影响评价的法律规定。建设项目环境影响评价制度的建立和实施，

对于推进我国产业结构的合理布局和企业的优化选址，预防开发建设活动可能产生的环境污染和生态破坏，发挥了不可替代的积极作用。因此，本条第1款延续了此前相关立法的规定，继续将建设项目作为环境影响评价制度的适用对象之一。

（二）有关开发利用规划，即规划环评

随着我国经济活动范围和规模的不断扩大，区域开发、产业发展和自然资源开发利用所造成的环境影响越来越突出，特别是因有关开发利用规划所造成的各种环境问题已经成为影响我国可持续发展的重大问题。近几十年我国经济社会发展的历史表明，政府及其有关部门制定的某些开发利用规划，相对于具体的建设项目来说，实施后对环境的负面影响更深、更持久，影响范围也更加广泛。如果政府及政府有关部门在制定有关开发利用规划的过程中能够慎重考虑相关规划对环境可能产生的影响，并采取相应的措施，不仅可以预防其可能带来的环境破坏，还可大大减少事后治理所带来的经济损失和社会矛盾。为此，2003年颁布实施的《环境影响评价法》将我国环境影响评价制度的适用对象，由单纯地评价建设项目，扩大到评价对环境有影响的一些开发利用规划。本条第1款对《环境影响评价法》的相关内容作出了衔接性规定，将有关开发利用规划作为环境影响评价制度的适用对象。

三、未依法进行环境影响评价所产生的法律后果

如上所述，尽管我国环境影响评价的法律体系不断完善，但该制度在实际执行的过程中依然存在某些问题。其中，最为突出的问题有二：

（一）规划环评的执行情况不容乐观

根据环境保护部环境影响评价司相关负责人的介绍，我国规划环评制度建立以来虽然取得了重要进展，但一些部门和地方对规划环评的要求认识依旧不清，积极性不高，导致规划环评工作进展不均衡。部分地区的开发区规划环评执行率不足50%，一些地方中小流域开发处于无序状态，部分重要产业基地建设也没有依法开展规划环评。政府及政府部门制定的开发利用规划，在其所管辖的范围内具有普遍的执行效力或指导作用，把好开发利用规划的环境影响评价关，相较建设项目而言对环境保护更具有全局意义。为解决规划环评执行不力的问题，本条第2款对开发利用规划未依法进行环评的法律后果做出明确规定，即开发利用规划未依法进行环境影响评价不得组织实施。鉴于开发利用规划是具体项目规划和建设的依据，开发利用规划不能组织实施就意味着整个规划区域内的开发利用活动不能进行。这势必对相关政府及政府有关部门产生巨大影响，促使其对开发利用规划进行环评，从而提高规划的科学性，从规划源头预防环境污染和生态破坏。

（二）建设项目环评未做先开工

建设项目环评理论上属于事前预防性措施，应该置于建设项目开工建设之前。但《环境影响评价法》第 31 条要求未依法进行环评而擅自开工建设的单位“限期补办手续”，这给建设项目开通了“先上车，后买票”的后门。不仅如此，该条对于逾期不补办环评手续设定的违法成本也较低（可以处 5 万元以上 20 万元以下的罚款，对建设单位直接负责的主管人员和其他直接责任人员，依法给予行政处分），导致实践中建设项目“未批先建”的情况屡禁不止。为了弥补《环境影响评价法》相关规定存在的缺陷和不足，本条第 2 款进一步明确了建设项目未依法进行环境影响评价的法律后果。即建设项目环境影响评价是项目开工建设的前置必经程序，未依法进行环境影响评价的建设项目，不得开工建设。本款规定及其配套法律责任（《2014 年环保法》第 61 条）的实施，将有效遏制“环评未做先开工”等违法行为，破解建设项目“未批先建”屡禁不止的困局。

第二十条　国家建立跨行政区域的重点区域、流域环境污染和生态破坏联合防治协调机制，实行统一规划、统一标准、统一监测、统一防治的措施。

前款规定以外的跨行政区域的环境污染和生态破坏的防治，由上级人民政府协调解决，或者由有关地方人民政府协商解决。

【条文释义】

本条是关于区域联防的规定，是修改条文，是在《1989 年环保法》第 15 条的基础上修改而成的。原条文是：“跨行政区的环境污染和环境破坏的防治工作，由有关地方人民政府协商解决，或者由上级人民政府协调解决，作出决定。”

本条的主要修改有二：一是增加了关于跨行政区域的重点流域、区域的联防联治的规定，也即在国家划定的重点区域和流域内，其环境监管体制不再以行政区划为基础，而是要强调以跨行政区划的区域或者流域为基础，建立污染防治和生态保护的联合监管机制，而这些机制的核心是统一的规划制度、统一的标准制度、统一的监测制度和统一的防治制度。二是变“环境污染和环境破坏”为“环境污染和生态破坏”。

之所以如此修改，原因也大致有二：第一，在现实的稳定性和未来的改革性之间找到平衡点。当下的环境监管体制依然是以行政区划为核心和基础的属地管理的模式，这种模式存在一定的弊端，比如环保部门受地方政府的干预较强、中立性独立性有限等等；然而，一蹴而就地强调超脱的监管，试图全力摆脱地方政府的干预，又可能会使环境监管失去重要的地方政府支持而使其效果大打折扣。此时，不妨在一些重点领域和关键环节进行改革，坚持属地管理与区域联动相结合、先行先试与整体推进相结合，加快推进区域联防联控新机制，率先在重点区域和流域取得突破。比如以大气为例，就可以珠三角、长三角和京津冀等为重点，尽快建立统一规划、统一监测、统一监管、统一评估、统一协调的区域大气污染联防联控工作机制。第二，变原条文的“环境污染和环境破坏”为新条文的“环境污染和生态破坏”，不仅仅是为了字词之严谨，更是从生态保护的角度，为环境保护主管部门监管权力的再次调整尤其扩充自然生态方面的监管权限埋下了伏笔。

一、联防联治模式的提出

应当说，本条中的环境污染和生态破坏联合防治协调机制，并非首次提出。事实上，在很多早先出台的国务院文件、部委规章等中已经有所涉及，只不过没有上升到基本法律的高度，更为系统的表述。比如2005年《国务院关于落实科学发展观加强环境保护的决定》强调“按照区域生态系统管理方式，逐步理顺部门职责分工，增强环境监管的协调性、整体性。建立健全国家监察、地方监管、单位负责的环境监管体制”；又如2008年环境保护部等《关于加强重点湖泊水环境保护工作的意见》指出“跨省界湖泊地区的省级人民政府要建立联防治污、预警、应急等方面的协调机制”；再如2010年环境保护部等出台了《关于推进大气污染联防联控工作改善区域空气质量的指导意见》；还如2011年国务院《关于加强环境保护重点工作的意见》提出“完善跨行政区域环境执法合作机制和部门联动执法机制。”

二、重点区域和流域

法律上并未明确重点区域和流域的内涵和外延，需要依赖相关的规范性文件予以明晰，这种立法技巧也为划定和重新划定重点区域、流域提供了可能。根据2012年环保部、国家发展改革委、财政部的《重点区域大气污染防治“十二五”规划》，重点区域包括：京津冀、长江三角洲、珠江三角洲地区，以及辽宁中部、山东、武汉及其周边、长株潭、成渝、海峡西岸、山西中北部、陕西关中、甘宁、新疆乌鲁木齐城市群，共涉及19个省、自治区、直辖市，面积约132.56万平方公里，占国土面积的13.81%。而根据环保部、国家发展改革委、财政部、水利部的《重点流域水污染防治规划（2011－2015年）》，重点流域包括松花江、淮河、海河、辽河、黄河中上游、太湖、巢湖、滇池、三峡库区及其上游、丹江口库区及上游等10个流域，共涉及23个省（自治区、直辖市），254个市（州、盟），1578个县（市、区、旗）。

三、联合防治协调机制

建立联合防治协调机制，有两大要素需要强调：一是要打破传统的条块分割、部门分割等环境管理的格局，尽可能地在环境保护行政主管部门的统一监督管理之下，强调各部门之间的有效衔接、配合与沟通；二是要信息共享和资源共享，通过规划、监测、标准等方面的统一设置，避免多头治理、各自为政，节约执法和监管的成本。目前来看，环境保护部设立的华东、华南、西北、西南、东北、华北六个环境保护督查中心，正是这种尝试。因为按照它们的职能定位，各个督查中心的一项重要工作就是承办跨省区域、流域、海域重大环境纠纷的协调处理以及承担或参与跨省区域、流域、海域环境污染与生态破坏案件的来访投诉受理和协调工作。

四、协调解决与协商解决

对于重点区域和流域以外的跨行政区划的纠纷，因为并不存在一个超脱的机构，故而依然要依赖于这些性质区域内的环境行政主管部门的努力。不同于原条文的做法，即先由相关的地方政府协商解决，再或由他们共同的上级政府协调解决；如今规定的机制是先由共同的上级政府协调解决，抑或由相关的地方政府自行协商解决。虽然只是顺序的差异，但侧重点不同。事实上，发生纠纷的双方很难较好地协商解决，尤其是因为各自是本身利益的当然代表人，大都从本行政区域这一局部出发，很少会考虑到跨行政区域的全局问题。在这种情况下，强调共同上级政府协调解决的“优先性”非常必要，一来可以站在更为宏观的角度考量和维护生态环境利益；二来作出来的决定和解决方案更可能为相关的利益主体所接收。尤其值得强调的是，上级政府协调解决，在一定程度上摆脱了相关地方政府的干预色彩，为从更加宏观和高级别的层面建立跨行政区划的环境监管机制奠定了基础。

第二十一条　国家采取财政、税收、价格、政府采购等方面的政策和措施，鼓励和支持环境保护技术装备、资源综合利用和环境服务等环境保护产业的发展。

【条文释义】

本条是关于环境保护产业的规定，是新增条文。

依据本条，国家可以也应当采取多种政策和措施，切实鼓励和实际支持环境保护产业的发展。其中，政策和措施包括但不限于财政的方法、税收的手段、价格的工具以及政府采购等途径，而环保产业亦包括但并不局限于环保技术装备、资源综合利用、环境服务等方面。

之所以新增本条，主要是因为：《1989 年环保法》中没有关于环保产业等方面的规定，当时的环境管理举措相对呆板，强调命令和服从式的、单一的、硬性的行政管理，而缺乏从市场的角度、利用间接的经济刺激等手段去发挥市场主观能动性的举措。这次关于鼓励和支持环保产业的规定，恰恰正是在弥补《1989 年环保法》的缺憾，真正发挥市场在资源配置中的决定性作用。

事实上，关于环保产业的发展，这些年来，有关部门相继出台了不少规范性的文件，比如 1997 年原国家环保总局《关于环境科学技术和环保产业若干问题的决定》，1999 年原国家经贸委《关于做好环保产业发展工作的通知》，2001 年原国家经贸委、国家计委、科技部、财政部、建设部、中国人民银行、国家税务总局、国家质检总局等《关于加快发展环保产业的意见》，以及 2011 年环境保护部《关于环保系统进一步推动环保产业发展的指导意见》。

一、环保产业的界定

根据 1999 年原国家经贸委《关于做好环保产业发展工作的通知》，环保产业是以防治污染、改善环境为目的所进行的各种生产经营活动。环保产业包括三个方面：一是环保设备（产品）生产与经营，主要指水污染治理设备、大气污染治理设备、固体废弃物处理处置设备、噪声控制设备、放射性与电磁波污染防护设备、环保监测分析仪器、环保药剂等的生产经营。二是资源综合利用，指利用废弃资源回收的各种产品，废渣综合利用，废液（水）综合利用，废气综合利用，废旧物资回收利用。三是环境服务，指为环境保护提供技术、管理与工程设计和施工等各种服务。

二、发展环保产业的意义

环保产业是具有高增长性、吸纳就业能力强、综合效益好的战略性新兴产业。环保产业是为社会生产和生活提供环境产品和服务活动，为防治污染、改善生态环境、保护资源提供物质基础和技术保障的产业。发展环保产业一方面为污染防治提供先进的技术、装备和产品；另一方面可以有效地启动国内市场，拉动需求，促进经济的快速发展。加快发展环保产业，是节能减排、改善民生的现实需求，是全面建设小康社会、实现可持续发展的必然选择，是提升传统产业、促进结构调整、加快经济发展方式转变的重大举措，是发展绿色经济、抢占后金融危机时代国际竞争制高点的战略选择。

三、环保产业发展的现状

经过多年发展，我国环保产业领域不断拓展，已经形成具有一定规模、门类基本齐全的产业体系。但环保产业对国民经济的贡献率低、对环境保护事业的支撑能力不足、环境服务业发育不良、产业层次不高、市场规范不够、参与国际竞争能力不强，影响和制约我国环保产业健康发展的一些深层次因素尚未根本解决，与经济社会、环境保护不相适应的状况仍然突出，亟待着力培育发展。

四、“十二五”期间环保产业的重点发展方向

根据2011年环境保护部《关于环保系统进一步推动环保产业发展的指导意见》，“十二五”期间，要将污水处理厂脱氮除磷等升级改造和中小城镇污水处理，高浓度难降解工业废水处理，氮氧化物、微颗粒物和大气复合污染防治，污泥处置，重金属污染防治，大型城市垃圾焚烧处理，危险废物处理处置，电子废物拆解处理，农村和农业面源污染综合防治，污染场地与生态修复，环境监测与预警等作为产业发展的重点领域。着重发展环境服务总包、专业化运营服务、咨询服务、工程技术服务等环境服务业。

五、财政的方法

财政的方法是对政府财政收入和支出水平所作的决策，其主要的手段包括预算、国债、购买性支出和财政转移支付等手段。从其功能性的类型来看，大致包括扩张性的财政、中性的财政和紧缩性的财政等三种类型。其中，扩张性的财政主要是通过财政的收入和支出来增加和刺激社会的总需求，比如增加国债、提高政府购买和转移支付等；紧缩性的财政主要是通过财政的收入和支出来减少和抑制社会的总需求，比如减少国债、减少政府购买和转移支付；中性的财政则是指财政的收入和支出保持中性，不刻意对社会造成影响。

因此，欲支持和鼓励环保产业的发展，政府可以综合运用扩张性和紧缩性的财政方法：引导环保资金的投入，完善相关金融政策，形成节能减排的激励和约束机制，对从事环保产品生产的企业提供财政补贴；加大对民营环保企业的无偿资金援助，采取财政贴息、财政担保等形式，支持民营环保企业的发展；发行国债增加对环保产业的投入，发行中长期环保建设债券；鼓励外资企业、地方政府、民营企业进入环保产业，使投资主体逐渐多元化，扩大环保产业融资渠道；等等。

六、税收的手段

税收是以实现国家公共财政职能为目的，基于政治权力和法律规定，由政府专门机构向居民和非居民就其财产或特定行为实施强制、非罚与不直接偿还的金钱或实物课征，是国家最主要的一种财政收入形式。税收具有无偿性、强制性和固定性等特征。从税收的功能上看，除了组织财政收入这一基本职能外，还有调控社会经济、监督经济活动等职能，这就是税收中性和税收调控这两大基本原则的反映。

利用税收的手段支持和鼓励环保产业的发展，至少有如下的做法：对环保企业免征或减征营业税、增值税和城市维护建设税等；推进和深化营业税改增值税的改革；对固定资产调节税等实行减免税优惠；对环保产业中某些不易盈利或盈利甚微的行业，以及收益较慢的项目，可以设立较长的特许期和宽限期，在宽限期内免征或减征所得税等；积极推进环境费税的改革，对于可能造成污染和消耗自然资源的产品征收环境税，从而刺激和促进节能环保产品与新型生产加工技术的研究开发，达到推动环保产业发展的目的。

七、价格的工具

价格一般是指进行交易时，买方所需要付出的代价，它是价值的货币体现。因为价格具有标度、调节、信息和分配等多种功能，所以价格可以发挥多重作用：在市场经济中反映商品供求关系的变化；国家通过价格而实施宏观调控，以此来影响和调节市场中对于某类商品的需求量。

由此，国家可以通过制定价格政策，对某些商品价格进行干预，以此参与国民收入的分配和再分配，从而鼓励和支持环保产业的发展：提高资源购买的价格，从源头上抑制资源的购买数量，并制定鼓励人们减少资源消费的价格政策；制定鼓励企业投资环保的价格政策；制定减少废弃物排放的价格政策，对超额的排放予以重罚；等等。

八、政府采购

政府采购指各级国家机关、事业单位和团体组织，为了从事日常的政务活动或者为了满足公共服务的目的，使用财政性资金采购依法制定的集中采购目录以内的或者采购限额标准以上的货物、工程和服务的行为。在政府采购中推行“环保优先”，实施“绿色采购”，是鼓励环保产业的重要举措和途径，更可以带动整个市场形成环境友好、资源节约的良好风气。事实上，早在2006年10月，财政部和原国家环保总局就联合印发了《关于环境标志产品政府采购实施的意见》，规定各级国家机关、事业单位和团体组织用财政性资金进行采购的，要优先采购环境标志产品，不得采购危害环境及人体健康的产品。同时，以“环境标志产品政府采购清单”的形式，按类别确定优先采购的范围。现行的《政府采购法》规定了政府采购应当遵循公开透明原则、公平竞争原则、公正原则和诚实信用原则，从理论上讲，其中所内含的诚实信用原则，理应包含环境友好和资源节约等内容，因为这是新的文明形态——生态文明的必然要求。

九、环保技术装备

环境保护技术装备是环境污染防治专用设备、环境监测专用仪器、防治污染的专用材料和资源综合利用设备的总称，包括但不限于反渗透膜技术装备，渗滤液处理技术装备，污泥干化和污泥焚烧技术装备，污水处理高效节能曝气设备，耐高温大容量布袋除尘器，烟气脱硫大型氧化风机、除雾器、循环泵，机动车尾气净化技术与装备，电袋复合除尘技术装备，便携式污染事故应急监测仪器等。为满足“十二五”期间环境保护对环保技术装备的需求，加强技术研发与产业化对接，提高环保技术装备水平，引导环保装备产业发展，工业和信息化部和科学技术部联合于2011年发布了《国家鼓励发展的重大环保技术装备目录（2011年版）》。

十、资源综合利用

资源综合利用主要包括：对生产过程中产生的废渣、废水（液）、废气、余热、余压等进行回收和合理利用；对社会生产、流通和消费过程中产生的各种废旧物资以及生活垃圾、建筑垃圾、农林水产废弃物等进行回收和合理利用；在矿产资源开采过程中对共生、伴生矿产进行综合开发与合理利用以及对尾矿的再次开发利用。

事实上，早在1996年，原国家经贸委、国家计委、财政部和国家税务总局就联合印发了《资源综合利用目录》，要求各部门针对相应的产品和工艺落实各种优惠政策。后来，各地陆续出台了地方性的法规和规章，比如《湖北省资源综合利用条例》、《山东省资源综合利用条例》、《江西省资源综合利用条例》、《广东省资源综合利用管理办法》等。

十一、环境服务

环境服务是指与环境相关的服务贸易活动，是现代服务业的重要分支，不仅在生产性服务业中占有很大比例，同时在消费性服务业中占有很重要的地位，具体包括环境技术服务、环境咨询服务、污染治理设施运营管理、废旧资源回收处置、环境贸易与金融服务、环境功能及其他环境服务六类。我国的环境服务业虽然起步较晚，但经过一段时间的发展，环境服务业的内涵也从单一的环境技术服务延伸到环境决策、管理、投资和融资等领域。这些对于新型环保产业的发展非常重要，因为环保产业需要大量的高科技手段，而环保技术咨询服务、信息与技术服务、环保培训与教育、环境核算与法律服务、污染防治设施运营与承包服务、环境监测自动化工程以及其他以环境保护为目的的服务业恰恰可以提供这方面的智力支持和帮助。

第二十二条　企业事业单位和其他经营者，在污染物排放符合法定要求的基础上，进一步减少污染物排放的，人民政府应当依法采取财政、税收、价格、政府采购等方面的政策和措施予以激励和支持。

【条文释义】

本条是对相关环保主体进行经济激励的规定，是新增条文。

依据本条的规定，各级人民政府应当广泛采取财政、税收、价格、政府采购等多种举措，对于那些不仅仅满足达标排放，并且更加严于律己的企事业单位和其他经营者，进行基于市场手段的经济刺激。

之所以新增本条文，主要是因为：与前面的第21条一样，本条的立法目的依然是尽可能地多发挥市场在资源配置中的决定性作用，科学化和合理化地定位在环保领域中政府与市场之间的关系，丰富政府进行环境监管的工具箱，摆脱传统的、刚性单一的行政管理模式。

事实上，这些年尤其是从2007年开始，国务院和相关部委不断地强调财政、税收、价格等在节能减排等方面的关键性作用，反映在规范性文件上，至少包括：2007年国务院《关于印发节能减排综合性工作方案的通知》、2007年国家发展改革委《关于做好中小企业节能减排工作的通知》、2010年国务院《关于进一步加大工作力度确保实现"十一五"节能减排目标的通知》、2010年国家税务总局《关于进一步做好税收促进节能减排工作的通知》、2010年中国人民银行、中国银行业监督委员会《关于进一步做好支持节能减排和淘汰落后产能金融服务工作的意见》、2011年财政部、国家发展改革委《关于开展节能减排财政政策综合示范工作的通知》。

一、经济刺激的理论基础

在经济学看来，环境污染问题是典型的负的外部性的行为，也即环境污染不可避免地会对其他利益相关者、社会公众产生不利的影响。而减弱或者消除其负面影响需要采取环境问题内部化的策略，即生产者或消费者产生的外部性效应进入它们的生产和消费决策，由它们自己承担，从而解决污染外部性问题。外部性的内部化主要有四种途径：一是来自于政府的直接管制；二是基于市场的经济激励手段；三是厂商的自愿协商；四是依靠社会准则或良心效应。在具体实施过程中，这四种途径大致可以分为两类方法：命令控制的方法和经济刺激的方法。

经济刺激方法是指利用经济手段，间接作用于政策对象，刺激其改变行为的方法。经济刺激的方法是典型的市场机制发挥作用的发放，尽管其中政府的宏观调控和干预色彩依然很重，但关键是不再仰仗直接的命令和控制的模式，转而采用间接的刺激和诱导的路径。当前，在很多国家，特别是在发展中国家，命令控制型环境政策仍然是环境管理的主要手段，但是命令控制型政策需要庞大的执行队伍和高额的执行成本。为了降低环境政策的执行成本，同时获得理想的环境效果，许多国家在环境管理实践中，更加注重运用以市场为基础的经济手段，因此形成了一系列有利于环境保护的经济政策和手段。实践证明，这些间接的刺激手段与直接的管制方法结合起来使用，收效良好。一方面，通过市场传达了有益的和良好的信号，促使生产者和经营者主动的内部化自身的成本；另外一方面，通过政府的强制力保障市场主体行为的边界和底线，不至于伤及环境等公共利益。

二、企业事业单位和其他经营者

企业单位是以营利为目的独立核算的法人或非法人单位，它一般是自负盈亏的生产性单位。事业单位是以政府职能、公益服务为主要宗旨的一些公益性单位、非公益性职能部门等。其他经营者是除了企业和事业单位以外的，向消费者提供其生产、销售的商品或者提供服务的公民、法人或者其他经济组织，一般来说，经营者与消费者相对应，本质上依然以营利为目的从事生产经营活动。

三、污染物排放符合法定要求

满足法定的排放要求，也即通常所说的达标排放，一般也是最低的排放要求。具言之，污染物排放符合法定要求，是指污染物排放符合国家或地方的排放标准。而排放标准则是国家为实现环境质量标准或环境目标，对人为污染源排入环境的污染物的浓度或数量所作出的限量规定，目的是控制污染源的排放量。

按照按污染物形态，排放标准可以分为：气态污染物排放标准，规定二氧化硫、氮氧化物、一氧化碳、硫化氢、氯、氟以及颗粒物等的容许排放量；液态污染物排放标准，规定废水（废液）中所含的油类、需氧有机物、有毒金属化合物、放射性物质和病原体等的容许排放量；固态污染物排放标准，规定填埋、堆存和进入农田等处的固体废物中的有害物质的容许含量，此外，还有物理性污染物排放标准如噪声标准等。

若按照适用范围，排放标准则可以分为：通用排放标准和行业排放标准。前者是规定一定范围（全国或一个区域）内普遍存在或危害较大的各种污染物的容许排放量，适用于各个行业，有的通用排放标准按不同排向（如水污染物按排入下水道、河流、湖泊、海域）分别规定容许排放量。而后者则规定某一行业所排放的各种污染物的容许排放量，只对该行业有约束力，因此，同一污染物在不同行业中的容许排放量可能不同，而行业的污染物排放标准还可能按不同生产工序规定污染物容许排放量，如钢铁工业的废水排放标准可按炼焦、烧结、炼铁、炼钢、酸洗等工序分别规定废水中 pH 值、悬浮物总量和油等的容许排放量。

但不论如何，满足法定的排放标准是问题之关键。需要强调的是，当有地方标准与国家标准同时存在的时候，必须达到地方标准之要求，因为一般来说，地方标准要么是国家标准之补充，要么则是国家标准之提升，即更为严格。

四、进一步减少污染物排放的

判断“进一步”的前提和基础是首先满足“达标排放”，即首先满足法定的和最低的排放要求之后，若还能更为严格地减少污染物的排放，抑或是总量，抑或是浓度，皆可以认为是进一步减少了污染物的排放。实践中，尤其是要注意，不同排放标准之间的适用问题。若该区域本来就有更为严格的地方标准，而位于该区域内的企业达标排放只是遵循的国家标准，而非地方标准，那么，待其达标排放后，再去执行地方标准，虽然更为严格，但依然不能认为其是“进一步减少污染物排放的”，因为执行本就严格的地方标准本来就是当然的法定义务。若某企业从标准较低的区域搬迁至标准较高的区域后，执行后来较高的排放标准的，也不能认为是进一步的减少，因为同样，这依然是法定的义务。

五、财政、税收、价格、政府采购等方面的政策和措施

前文中（关于第 21 条的释义），已经谈及了财政、税收、价格、政府采购等具体的工具手段之功能、作用以及适用等情况，这里不再赘述。只是需要强调的是，与第 21 条一样，本条的立法亦采用了概况加列举式的立法模式，其目的在于财政、税收、价格、政府采购等四个方面并未穷尽经济刺激的政策和措施，不过这四大方面应当是中坚力量。

第二十三条　企业事业单位和其他生产经营者，为改善环境，依照有关规定转产、搬迁、关闭的，人民政府应当予以支持。

【条文释义】

这条是关于对相关环保主体予以政府支持的规定，是新增条文。

依据本条，各级人民政府应当对企事业单位和其他生产经营者进行转产、搬迁或关闭的行为，提供一定的支持，但前提有二：一是其主观目的是为了改善环境，而非基于其他目的，比如合理避税、产业转移等；二是必须有相应的法律、法规或规定予以支持，也就是说转产、搬迁、关闭不能是于法无据，随意而为。

之所以新增本条文，主要是因为：本条与前面的第 21 条、第 22 条一脉相承，都是政府在运用经济等间接的手段，激励和促使相关的市场主体从事环境友好的行为，只不过本条侧重的不是市场主体的正常生产经营行为，而是它们的末端和变更行为——转产、搬迁和关闭。需要注意的是，为了环境友好，针对企事业单位和其他生产经营者，可以规定强制性的转产、搬迁和关闭，当下法律中规定的强制淘汰制度即是例证，比如《大气污染防治法》第 19 条规定："企业应当优先采用能源利用效率高、污染物排放量少的清洁生产工艺，减少大气污染物的产生。国家对严重污染大气环境的落后生产工艺和严重污染大气环境的落后设备实行淘汰制度。"与此同时，也可以规定诱导性的转产、搬迁和关闭，即通过一定的激励措施，促使市场主体主动地放弃某些环境非友好的行为，一方面预防了可能性的损害后果的发生，另外一方面降低了执行的难度，保证了执行的实施。

一、政府支持的理论基础

企业是典型的"理性经济人"，是经济利益最大化的追求者。有学者指出，企业唯一的社会责任就是在国家法律框架和伦理习惯下实现股东利益最大化。从传统的观点来看，利益主要是指经济利益，而不包括其他利益。所以，在企业等追逐经济利益的时候，不可避免地产生了负的外部性，从而可能戕害到环境、生态等社会公共利益，这个时候，主动考量和内化外部性，承担企业的环境社会责任就提到了日程上来。所谓企业的环境社会责任，是指企业在追求自身营利最大化和股东利益最大化的过程中，对生态环境保护和社会可持续发展所承担的社会责任，企业环境责任包括企业在保护环境方面所承担的法律责任和道德责任。事实上，企业的生存和发展离不开生态环境提供的物质、信息和能量，生态环境的持续发展是企业发展的物质基础。企业承担环境责任不仅关系到企业自身的发展，而且关系到生态环境和社会的可持续发展问题。能否承担环境责任决定了企业自身的利益，还决定社会和生态环境的利益。从长期看，企业通过承担环境责任，可以实现经济利益、社会利益和环境利益的多赢，而不是对企业利益的伤害；是效率和公平的统一，是“义”和“利”的有机结合。

因此，从政府的角度看，一方面应当严格要求企业承担相应的环境社会责任，适应循环经济发展的模式之需，防止企业向社会外化其环境成本；另外一方面，要通过财政、税收、信贷等多种手段，鼓励和支持企业主动和积极地承担环境社会责任，培养良好的社会风气。

二、企业事业单位和其他生产经营者

本条中，企业事业单位和其他生产经营者的概念，其内涵和外延与《2014 年环保法》第 22 条中的并不二致，此处不再赘述。从排除法的角度看，除了党政机关、公益性的非政府组织和社会团体等，一切参与到生产经营活动、对环境有可能产生负的外部性的组织皆属于企业事业单位和其他生产经营者之列。

三、转产、搬迁、关闭

本条中的转产、搬迁和关闭应当有几个前提：一是自愿的主动的行为，而非依照法律的强行性规定，非自愿的被动的行为，若是因为淘汰落后的产能和技术、承担相应的法律责任等情形，而必须予以转产、搬迁和关闭的，则不应当得到政府之支持。二是主观目的是为了改善环境，而非商业、生产经营等其他目的，尽管可能也会基于一定的商业等因素的考量，但绝非主要因素。三是须依照相应的规定而进行，而不能随意地转产、搬迁和关闭，这又包括两个方面，一方面要遵循企业事业单位和其他生产经营者在注册、登记、变更、注销等方面的规定，使这些行为于法有据；另外一方面是这些转产、搬迁和关闭往往急于某项特殊的规定，不单单是主体资格方面的规定。比如 2011 年《太湖流域管理条例》第 51 条规定“对为减少水污染物排放自愿关闭、搬迁、转产以及进行技术改造的企业，两省一市人民政府应当通过财政、信贷、政府采购等措施予以鼓励和扶持”，而早在 2007 年，《国务院关于促进资源型城市可持续发展的若干意见》中亦有关于转产、搬迁和关闭等方面的类似规定。

四、支持

针对符合上述条件的行为，政府有职责和义务提供相应的支持。按理说，这里的支持包括物质上和非物质上的支持两大类，具体有财政、税收、价格、信贷、政府采购等多种举措。

第二十四条　县级以上人民政府环境保护主管部门及其委托的环境监察机构和其他负有环境保护监督管理职责的部门，有权对排放污染物的企业事业单位和其他生产经营者进行现场检查。被检查者应当如实反映情况，提供必要的资料。实施现场检查的部门、机构及其工作人员应当为被检查者保守商业秘密。

【条文释义】

本条是关于现场检查的规定，是修改条文，对应《1989 年环保法》第 14 条："县级以上人民政府环境保护行政主管部门或者其他依照法律规定行使环境监督管理权的部门，有权对管辖范围内的排污单位进行现场检查。被检查的单位应当如实反映情况，提供必要的资料。检查机关应当为被检查的单位保守技术秘密和业务秘密。"与原条文相比，主要修改之处有三：第一，明确规定受县级以上人民政府环境保护主管部门委托的环境监察机构有权开展现场检查工作；第二，将原条文规定的"排污单位"修改为"排放污染物的企业事业单位和其他生产经营者"，从而将个体经营者、未依法登记的单位都纳入到被现场检查的主体范围之内；第三，将原条文规定的"技术秘密和业务秘密"修改为"商业秘密"，并且将负有保密义务的主体从"检查机关"扩大为"实施现场检查的部门、机构及其工作人员"。

现场检查的行政主体，为县级以上人民政府环境保护主管部门及其委托的环境监察机构和其他负有环境保护监督管理职责的部门。接受现场检查的行政相对人，为排放污染物的企业事业单位和其他生产经营者。行政相对人有义务如实反映情况，提供必要的资料。检查机关有义务为被检查者保守商业秘密。

一、现场检查的法律性质及意义

从行政行为的性质上看，现场检查是一种具体行政行为，属于行政检查行为或者行政调查行为。在环境保护工作中，现场检查是环境监察的一种重要方式。

现场检查通过查看排放污染物的企业事业单位和其他生产经营者的生产场所、生产设施、环境保护设施以及污染物排放设施，以了解和掌握行政相对人的守法情况，督促其履行义务。

现场检查具有辅助性和保障性。现场检查的目的主要在于收集信息，了解行政相对人的守法状态。现场检查会对行政相对人的实体权利和义务产生影响，但现场检查行为本身并不直接决定行政相对人的实体权利和义务。现场检查的结果，存在两种可能性：一是未发现相对人违法或者不履行法律义务，二是发现相对人存在违法或者不履行法律义务的情况。如果是前者，现场检查就此结束。如果是后者，尽管会引起行政强制、行政处罚等后续行为，但是仍然应注意现场检查与后续行为之间的区别。

现场检查具有单方面性的特点，是行政主体依职权实施的行政行为，不以行政相对人的申请为必要。现场检查具有一定的强制性，应当接受现场检查的行政相对人不得拒绝依法进行的检查。

二、现场检查的分类

现场检查可以分为例行检查和突击检查，定期检查和不定期检查，对辖区内所有排放污染物的企业事业单位和其他生产经营者的普遍检查和针对特定的排放污染物的企业事业单位和其他生产经营者的个别检查。

三、实施现场检查的行政主体及其权力、义务和法律责任

有权实施现场检查的行政主体是县级以上人民政府环境保护主管部门及其委托的环境监察机构和其他负有环境保护监督管理职责的部门。县级以上人民政府环境保护主管部门和依法负有环境保护监督管理职责的其他部门，系因法律规定取得该项权力，环境监察机构系因委托取得该项权力。环境监察机构可以根据委托实施现场检查，是根据环境管理的需要，结合国家关于机构编制管理的精神，综合考虑后作出的规定。

实施现场检查的执法人员有进入现场、调取资料、收集证据的权力。根据环境保护部2012年7月25日发布的《环境监察办法》（部令第21号）第13条以及环境保护部2013年12月26日发布的《环境监察执法证件管理办法》（部令第23号）第6条，从事现场执法工作的环境监察执法人员进行现场检查时，有权依法采取以下措施：（1）进入有关场所进行勘察、采样、监测、拍照、录音、录像、制作笔录；（2）查阅、复制相关资料；（3）约见、询问有关人员，要求说明相关事项，提供相关材料。

实施现场检查的执法人员有义务如实记录并报告现场检查情况。实施现场检查的执法人员负有表明身份、尊重相对人合法权益、保守商业秘密等义务。根据环境保护部2012年7月25日发布的《环境监察办法》（部令第21号）第13条以及环境保护部2013年12月26日发布的《环境监察执法证件管理办法》（部令第23号）第6条，实施现场检查时，从事现场执法工作的环境监察人员不得少于两人，并出示《中国环境监察执法证》等行政执法证件，表明身份，说明执法事项。

本条特别强调了行政主体及行政主体工作人员保守商业秘密的义务，规定实施现场检查的部门、机构及其工作人员应当为被检查者保守商业秘密。即使没有直接实施现场检查的工作人员，如果因为本部门、机构的其他工作人员实施了现场检查，并因此知悉被检查的行政相对人的商业秘密，也应当承担保密义务。

根据行政法的一般性要求，如果实施现场检查的执法人员有违法行为的，应当依法承担法律责任。

四、行政相对人的权利、义务和法律责任

行政相对人具有程序性的协助义务和如实陈述的义务。行政相对人应当允许实施现场检查的执法人员进入其相关场所和设施进行勘察、采样、监测、拍照、录音、录像、制作笔录，如实陈述相关情况，提供相关文书、资料或物品，并安排相关工作人员解释、说明现场检查执法人员提出的问题。

拒绝、阻挠现场检查或者在接受现场检查时弄虚作假的，依法应当承担法律责任。《1989年环保法》第35条规定，违反本法规定，拒绝环境保护行政主管部门或者其他依照法律规定行使环境监督管理权的部门现场检查或者在被检查时弄虚作假的，环境保护行政主管部门或者其他依照法律规定行使环境监督管理权的部门可以根据不同情节，给予警告或者处以罚款。本次修订时，删掉了该条。《水污染防治法》第70条、《大气污染防治法》第46条、《固体废物污染环境防治法》第70条、《噪声污染防治法》第55条等对违反接受现场检查的义务规定了法律责任。

行政相对人有权表明商业秘密的范围，要求保守商业秘密。

第二十五条　企业事业单位和其他生产经营者违反法律法规规定排放污染物，造成或者可能造成严重污染的，县级以上人民政府环境保护主管部门和其他负有环境保护监督管理职责的部门，可以查封、扣押造成污染物排放的设施、设备。

【条文释义】

本条是关于查封、扣押的规定，系新增条文，系与《行政强制法》有关查封、扣押的相关条文相衔接的规定，强化了环境行政执法权。

实施查封、扣押的行政主体，是县级以上人民政府环境保护主管部门和其他负有环境保护监督管理职责的部门。查封、扣押的行政相对人，是企业事业单位和其他生产经营者。适用查封、扣押的情形，是污染者违反法律法规规定排放污染物，造成或者可能造成严重污染。查封、扣押的对象，是造成污染物排放的设施、设备。

一、查封、扣押的含义及法律性质

查封，是指行政机关对某些动产或者不动产实施就地封存，不允许财产所有权人、使用权人使用或处分的行政强制措施。扣押，是指行政机关将有关财产置于自己控制之下，以防止当事人毁损或转移的行政强制措施。

查封、扣押至少有三个共同特征。第一，查封、扣押具有明显的预防性和强制性，目的在于预防、制止或者控制危害社会行为的发生，防止证据灭失。第二，查封、扣押具有明显的即时性和中间性，是在行政处理决定作出前的调查阶段，为保全证据或者保持一定状态而采取的措施。第三，具有强制性，都是对行政相对人的财产采取的强力行为。

查封、扣押的区别主要在于三点。第一，占有主体不同。查封不转移占有，扣押转移占有。第二，处理方式不同。查封时执法机关和当事人都不得对财产的封存状态进行改变，而扣押时执法机关可以对涉案财产作进一步调查了解。第三，适用对象不完全一样。对于场所，只能适用查封。对于大型设施，由于不便拆卸、搬运，一般也只能适用查封。

二、设定查封、扣押的立法权限

根据《行政强制法》第10条，查封、扣押一般由法律设定；尚未制定法律，且属于国务院行政管理职权事项的，行政法规可以设定查封、扣押行政强制措施；尚未制定法律、行政法规，且属于地方性事务的，地方性法规可以设定查封、扣押行政强制措施。法律、法规以外的其他规范性文件不得设定行政强制措施。

本条为环境行政执法中采取查封、扣押行政强制措施提供了法律依据，行政法规、地方性法规可以在此基础上进一步细化，但是不得超出本条的范围设定查封、扣押行政强制措施。

三、实施查封、扣押应当遵守的原则

查封、扣押作为行政强制措施，应当遵守《行政强制法》所规定的合法性原则、适当性原则、教育与强制相结合原则。合法性原则，要求在实施查封、扣押时，应当依照法定的权限、范围、条件和程序。适当性原则，要求采用非强制手段可以达到环境保护行政管理目的的，不得实施查封、扣押。教育与强制相结合原则，要求在实施查封、扣押时一般应先教育后强制，必要时边强制边教育。

四、实施查封、扣押的行政主体

《行政强制法》第17条规定，行政强制措施由法律、法规规定的行政机关在法定职权范围内实施。行政强制措施权不得委托。依据《行政处罚法》的规定行使相对集中行政处罚权的行政机关，可以实施法律、法规规定的与行政处罚权有关的行政强制措施。行政强制措施应当由行政机关具备资格的行政执法人员实施，其他人员不得实施。

本条规定的实施查封、扣押的行政主体为县级以上人民政府环境保护主管部门和其他负有环境保护监督管理职责的部门。由于行政强制措施权不得委托，因此县级以上人民政府环境保护主管部门和其他负有环境保护监督管理职责的部门不得委托其他机构、组织或人员实施查封、扣押。

五、查封、扣押的对象范围

根据《行政强制法》第9条，查封的对象为场所、设施或者财物，扣押的对象为财物。本条规定查封、扣押的对象为造成污染物排放的设施、设备。对于本条规定的查封、扣押对象，应当结合《行政强制法》第9条理解。

本条没有明确规定对场所实施查封。考虑到对排放污染物的设施所在的场所实施查封能够整体性地停止相对人的违法行为、固定相关证据，结合《行政强制法》第9条的规定，应当对本条规定的作为查封对象的“设施”做扩张解释，场所、设施、设备和其他相关财物都包括在内，或者直接适用《行政强制法》第9条的规定。

对于设施、设备之外的其他财物能否适用扣押，也需要结合《行政强制法》第9条加以理解。除了设施、设备之外，生产投入品也是产生污染的重要财物。在企业事业单位和其他生产经营者违反法律法规规定排放污染物，造成或者可能造成严重污染时，不仅有必要扣押造成污染物排放的设施、设备，也有必要扣押相关生产投入品，因此也有必要对设施、设备做扩张解释，将生产投入品纳入扣押对象，或者直接适用《行政强制法》第9条的规定。

行政主体不得非法扩大查封、扣押的范围，应以避免、控制造成或可能造成严重污染为标准。根据《行政强制法》第5条所规定的适当性原则，采用非强制手段可以控制和避免严重污染的，不得实施查封、扣押。

六、实施查封、扣押应当遵守的程序性要求

实施查封、扣押时，应遵守实施行政强制的一般性程序要求，主要是《行政强制法》第18条和19条的规定。该法第18条规定，行政机关实施行政强制措施应当遵守下列规定：（1）实施前须向行政机关负责人报告并经批准；（2）由两名以上行政执法人员实施；（3）出示执法身份证件；（4）通知当事人到场；（5）当场告知当事人采取行政强制措施的理由、依据以及当事人依法享有的权利、救济途径；（6）听取当事人的陈述和申辩；（7）制作现场笔录；（8）现场笔录由当事人和行政执法人员签名或者盖章，当事人拒绝的，在笔录中予以注明；（9）当事人不到场的，邀请见证人到场，由见证人和行政执法人员在现场笔录上签名或者盖章；（10）法律、法规规定的其他程序。该法第19条规定，情况紧急，需要当场实施行政强制措施的，行政执法人员应当在二十四小时内向行政机关负责人报告，并补办批准手续。行政机关负责人认为不应当采取行政强制措施的，应当立即解除。

第二十六条　国家实行环境保护目标责任制和考核评价制度。县级以上人民政府应当将环境保护目标完成情况纳入对本级人民政府负有环境保护监督管理职责的部门及其负责人和下级人民政府及其负责人的考核内容，作为对其考核评价的重要依据。考核结果应当向社会公开。

【条文释义】

本条是关于目标考核的规定，系新增条文，并与本法第6条、第10条、第13条、第15条、第28条等条文相关联和照应。

本条规定国家在环境行政管理工作中建立和实施目标责任制和考核评价制度。目标考核包括上级人民政府对下级人民政府的考核，以及县级以上人民政府对其相关职能部门的考核。接受考核的不仅包括下级人民政府或职能部门，而且包括其负责人。有关环境保护目标实现情况的考核，应在考核评价中占较大的分值。考核结果应当向社会公开。

一、环境目标责任制度和考核评价制度的含义

目标责任制和考核评价是一体两面、互相关联的两个制度。目标责任制是通过工作目标设计，将组织的整体目标逐级分解，转换为组成部分的目标，并最终落实到个人的目标。在目标分解过程中，环环相扣，相互配合，形成协调统一的目标体系。每个个体目标的完成，是组织完成整体目标的前提。考核评价制度在于检查目标的实现情况，并据此给予奖惩。目标责任制与评价考核结合，具有设定工作目标、明确工作方向、发挥激励效果的优势。

环境保护目标责任制以签订责任书等形式设定环境保护目标，具体规定各级政府、主管部门及其负责人在一定期限内应达到的环境目标，并将目标完成情况作为政绩考核的内容的一项管理制度。其特点是：①有明确的时间和空间界限；②有明确的环境质量目标和定量要求、指标；③有明确的年度工作指标或阶段性工作指标；④以责任制形式层层落实；⑤有配套的措施、支持系统和考核、奖罚办法。环境保护目标责任制，有利于激励环境保护积极性，构建责任政府。

二、环境目标责任制度和考核评价制度的宪法基础

目标责任制和评价考核制度的宪法基础主要是宪法所规定的行政领导权和公务员管理权。

《宪法》第89条第3项规定，国务院有权规定各部、各委员会的任务和职责，统一领导各部、各委员会的工作，并且领导不属于各部和各委员会的全国性的行政工作；第4项规定国务院统一领导全国地方各级国家行政机关的工作，规定中央和省、自治区、直辖市的国家行政机关的职权的具体划分。《宪法》第108条规定，县级以上的地方各级人民政府领导所属各工作部门和下级人民政府的工作。相应地，《地方各级人民代表大会和地方各级人民政府组织法》（2004年）第55条规定，地方各级人民政府对本级人民代表大会和上一级国家行政机关负责并报告工作，全国地方各级人民政府都是国务院统一领导下的国家行政机关，都服从国务院。有关领导权的这些规定，自然包含了为被领导的下级人民政府和所属工作部门设定工作目标和进行评价考核的内容。

对公务员进行评价考核，是公务员管理权的重要内容。《宪法》第89条第17项规定，国务院审定行政机构的编制，依照法律规定任免、培训、考核和奖惩行政人员。首长负责制，为对各级人民政府及其负有环境保护监督管理职责的部门的负责人进行环境保护目标实现情况的评价考核，提供了依据。

本条的规定，体现了宪法的相关内容，明确将目标责任制和考核评价制度适用于环境行政管理。

三、环境目标责任制度和考核评价制度在中国的发展

《1989年环保法》第16条规定，地方各级人民政府，应当对本辖区的环境质量负责，采取措施改善环境质量。该规定较为笼统，难以量化操作。以该条规定为基础，结合政府目标责任制和考核评价制度，我国逐渐探索、发展了环境目标责任制和考核评价制度。2007年制定的《节约能源法》首次在全国人大常委会环境立法中规定了环境保护目标责任制。该法第6条规定，国家实行节能目标责任制和节能考核评价制度，将节能目标完成情况作为对地方人民政府及其负责人考核评价的内容。此后，《水污染防治法》（2008年）第5条、《循环经济促进法》（2008年）第8条、《水土保持法》（2010年）第4条等都规定了环境目标责任制。

有些地方立法也规定了环境保护目标责任制和考核评价制度。比如，《湖北省水污染防治条例》（2014年）第51条规定，上级人民政府对下级人民政府的水污染防治工作目标实施年度考核，向社会公布考核办法和结果，考核结果作为对县级以上人民政府主要负责人考核评价的内容。

本次修订，将环境保护工作实践经验和单行环境立法、地方立法的规定，上升到环境保护基本法规定的高度。

四、环境保护目标的设定

目标设定是目标责任制和考核评价的关键环节。环境保护目标的表现形式主要包括下级政府与上级政府签订的目标责任书、有关主管部门与所属人民政府签订的目标责任书、国民经济发展规划中的相关内容、专项环境保护规划等。

五、环境保护目标责任制和评价考核制度与本法其他条文的关系

《2014年环保法》第6条、第10条、第13条、第28条等条文都与环境保护目标责任制、评价考核制度具有密切联系。

第6条规定地方各级人民政府对本行政区域的环境质量负责，担负责任的重要表现形式就是完成环境保护目标。

第10条规定县级以上人民政府环境保护主管部门对环境保护工作实施统一监督管理，其他有关部门和军队环境保护部门依照有关法律的规定对资源保护和污染防治等环境保护工作实施监督管理。这为对环境保护主管部门以及其他相关部门实施环境保护目标责任制和评价考核提供了直接基础。

第13条要求将环境保护纳入国民经济和社会发展规划，要求制定环境保护专项规划。环境保护目标责任制和考核评价制度所针对的目标，就包括这些规划中提出的环境保护目标。

第28条明确规定，地方各级人民政府应当根据环境保护目标和治理任务，采取有效措施，改善环境质量。未达到国家环境质量标准的重点区域、流域的有关地方人民政府，应当制定限期达标规划，并采取措施按期达标。该条所规定的目标和任务，也是环境保护目标责任制和考核评价制度所针对的环境保护目标。

第15条有关环境质量标准的规定，将抽象的环境质量转变为具体的环境质量指标，从而使对环境质量负责的抽象要求在很大程度上转化为达到具体的环境质量指标。比如，环境空气质量标准中的二级标准以及纳入环境空气质量标准的各污染物的二级标准。环境质量标准的提高，会使环境保护目标更加难以实现，影响评价考核的结果。

六、考核方式

就评价考核的周期而言，包括年度考核和领导人任期考核等。就考核的内容而言，包括环境保护目标专项考核，也包括综合考核中对环境保护目标实现情况的考核。

七、考核结果公开

本条明确要求公开考核结果，提高考核的透明度，接受社会监督。

第二十七条　县级以上人民政府应当每年向本级人民代表大会或者人民代表大会常务委员会报告环境状况和环境保护目标完成情况，对发生的重大环境事件应当及时向本级人民代表大会常务委员会报告，依法接受监督。

【条文释义】

本条是关于人大监督的规定，系新增条文，目的在于增强权力机关对执法机关的监督。

县级以上人民政府应当接受同级人民代表大会或人民代表大会常务委员会对其环境保护工作的监督。县级以上人民政府应当在向同级人大所作的年度综合性政府工作报告中报告环境状况和环境保护目标完成情况，或者向同级人大常务委员会就环境质量和环境保护目标完成情况作专项工作报告。在发生重大环境事件后，县级以上人民政府还应当及时向本级人大常务委员会作专项工作报告。

一、权力机关的监督

我国的权力机关由全国人民代表大会和地方各级人民代表大会及其常务委员会组成。根据宪法，行政机关由人民代表大会产生，是权力机关的执行机关，向人民代表大会负责并接受人民代表大会的监督。权力机关对行政机关的监督具有民主性、权威性和全局性。

人民代表大会及其常务委员会对行政机关的监督主要包括四个方面的内容：①对行政机关实施宪法、法律和法规的监督；②对行政法规、规章、决定和命令的监督；③对国民经济社会发展计划和财政预算的编制和执行情况的监督；④各级政府的组成人员的重要人事任免。前三项内容都与环境保护工作相关。

人民代表大会及其常务委员会对行政机关监督的方式主要包括：①听取和审议政府工作报告；②审查和批准政府国民经济社会发展计划和财政预算决算；③质询和询问；④视察和调查；⑤人大代表的建议、批评和意见；⑥处理公民的申诉和控告；⑦审查政府的行政法规、规章、决定和命令；⑧任免政府组成人员。听取和审议政府工作报告是人大监督的主要最重要形式。政府工作报告又可以分为综合性的政府工作报告、专项工作报告和专题汇报三种主要形式，其中综合性工作报告仅针对本级人民代表大会。

二、权力机关监督环境保护工作的立法实践

在修改《环境保护法》之前，有些地方立法已经规定了人大对环境保护工作的监督。比如，《湖北省水污染防治条例》（2014）第52条规定，县级以上人民代表大会常务委员会应当通过听取和审议专项工作报告、组织执法检查、开展专题询问、质询等方式，对本级人民政府水污染防治工作依法履行监督职责；必要时可以依法组织关于特定问题的调查。

三、应报告事项和报告方式

监督执行机关的环境保护工作，是权力机关职责范围内的事项。本条的规定进一步强调了应报告事项，明确了报告方式。需要注意的是，对于本条没有明确规定的事项，权力机关仍然可以直接根据《宪法》以及《地方各级人民代表大会和地方各级人民政府组织法》（2004 年）、《各级人民代表大会常务委员会监督法》（2006 年）等法律的规定，行使监督权。

本条规定的应报告事项为环境状况、环境保护目标完成情况、重大环境事件。

环境状况和环境保护目标完成情况，是县级以上人民政府的年度报告事项。本条没有限制政府是以专项工作报告的形式报告，或者将环境状况和环境目标完成情况作为综合性政府工作报告的一个组成部分。如果政府以综合性政府工作报告的形式报告，则仅可向同级人民代表大会报告并接受审议。政府也可将环境状况和环境保护目标完成情况，作为专项工作报告，向同级人民代表大会常务委员会报告并接受审议。

对于突发环境事件，县级以上人民政府应及时向同级人民代表大会常务委员会，以专项工作报告的形式，及时报告。对于具体的突发环境事件，需要向同级人民代表大会常务委员会作出专项工作报告的人民政府的层级，根据《突发事件应对法》确定。

第三章　保护和改善环境

第二十八条　地方各级人民政府应当根据环境保护目标和治理任务，采取有效措施，改善环境质量。

未达到国家环境质量标准的重点区域、流域的有关地方人民政府，应当制定限期达标规划，并采取措施按期达标。

【条文释义】

本条是关于地方人民政府承担保护和改善环境义务制度的规定，是修改条文，是对《1989 年环保法》第 16 条的修改。

本条第1款，是对原条文第16条的修改，原条文第16条的规定是："地方各级人民政府，应当对本辖区的环境质量负责，采取措施改善环境质量。"本款规定对于原条文规定的修改之处在于：①新增了地方各级人民"采取有效措施，改善环境质量"的依据是"根据环境保护目标和治理任务"；②将原条文中地方各级人民政府承担的"对本辖区的环境质量负责"的概括义务具体化，即为本条第2款的规定。其意义在于，将原来所强调各级人民政府在环境保护中所承担的政治责任与道义责任具体化为可操作执行的法定义务，规定了政府责任的具体落实措施。

本条第2款是新增条款，在内容上是进一步解释和规定第1款规定的地方各级人民"采取有效措施"以改善环境质量中"采取有效措施"的具体内容。第2款规定的制度性质是限期达标制度。

第2款与第1款的关系是，限期达标制度是地方人民政府承担保护与改善环境责任的重要制度工具。未达到国家环境质量标准的重点区域、流域的有关地方人民政府，应当制定限期达标规划，并采取措施按期达标。

一、国家环境质量标准

环境质量标准是为保护自然环境、人体健康和社会物质财富，限制环境中的有害物质和因素所作的控制性规定。在我国环境标准体系中，环境质量标准属于必须执行的强制性标准。国家环境质量标准是由环境保护部提出编制计划，经国家质检总局下达计划后由环境保护部制定，并经环保部、国家质检总局联合发布。在我国，环境质量标准是以环境要素为依据进行的标准种类划分，有《环境空气质量标准》、《海水水质标准》、《地面水环境质量标准》、《土壤环境治理标准》、《渔业水质标准》、《景观娱乐用水水质标准》等。

二、重点区域、流域的界定

若单纯从语义上分析，适用文义解释方法，则"重点区域"与"重点流域"并不是一个严格的法律概念，其本身没有确定的内涵和指涉，必须适用体系解释的方法，在法律文本系统中探寻该法律用语的真实内涵。质言之，将哪些区域和流域划定为适用本条规定的"重点区域、流域"，需要结合其他的国家相关区域和流域规划，在现阶段，有一些规定可以用于确定适用本条的"重点区域、流域"：

（一）重点区域

根据环境保护部、国家发展和改革委员会、财政部于2012年10月29日联合发布的文件《关于印发〈重点区域大气污染防治“十二五”规划〉的通知》（环发［2012］130号）之附件《重点区域大气污染防治“十二五”规划》，规划范围为京津冀、长江三角洲、珠江三角洲地区，以及辽宁中部、山东、武汉及其周边、长株潭、成渝、海峡西岸、山西中北部、陕西关中、甘宁、新疆乌鲁木齐城市群，共涉及19个省、自治区、直辖市，面积约132.56万平方公里，占国土面积的13.81%。具体而言：京津冀地区重点控制区为北京、天津、石家庄、唐山、保定、廊坊6个城市；长三角地区重点控制区为上海、南京、无锡、常州、苏州、南通、扬州、镇江、泰州、杭州、宁波、嘉兴、湖州、绍兴14个城市；珠三角地区重点控制区为辖区内所有9个城市。辽宁中部城市群重点控制区为沈阳市；山东城市群重点控制区为济南市、青岛市、淄博市、潍坊市、日照市；武汉及其周边城市群重点控制区为武汉市；长株潭城市群重点控制区为长沙市；成渝城市群重点控制区为重庆市主城区、成都市；海峡西岸城市群重点控制区为福州市、三明市；山西中北部城市群重点控制区为太原市；陕西关中城市群重点控制区为西安市、咸阳市；甘宁城市群重点控制区为兰州市、银川市；新疆乌鲁木齐城市群重点控制区为乌鲁木齐市。

（二）重点流域

环境保护部、发展改革委、财政部、水利部2012年5月16日联合发布的《关于印发〈重点流域水污染防治规划（2011－2015年）〉的通知》之附件《重点流域水污染防治规划（2011－2015年）》，重点流域水污染防治“十二五”规划范围包括松花江、淮河、海河、辽河、黄河中上游、太湖、巢湖、滇池、三峡库区及其上游、丹江口库区及上游等10个流域，共涉及23个省（自治区、直辖市），254个市（州、盟），1578个县（市、区、旗）。

三、具体化地方人民政府承担保护与改善环境的责任

我国1979年颁布《环境保护法（试行）》，1989年正式颁布实施了《环境保护法》。之后的20多年来，我国陆续颁布实施了三十部环境保护单行法，并且其中的不少法律经过了数次修订，初步构成了一个体系庞大的环境法律体系。但是，一方面环境法制不断完善，一方面环境状况持续恶化，这表明我国以《环境保护法》为统领的环境法制体系执法力度和效力不强，其原因固然可以从多个方面去总结，但这与我国当前的环境法制的理念、逻辑与路径密不可分。

我国的《环境保护法》一直被定位于“监管者监管之法”，其内容主要是赋予各级政府及其职能部门监管企业的权力，但对政府自身的行为规范不够。我国的环境保护实践充分表明：不仅企业行为影响环境质量，政府行为对环境质量具有更加重大的影响，两者的行为都需要通过法律予以严格规范。事实上，政府是环境保护的主要责任主体，政府履行环境保护责任的优劣直接关系到政府所辖区域环境质量的好坏。当前，地方政府不履行环境保护责任以及履行环境保护责任不到位已成为制约我国环境保护事业发展的严重障碍。许多地方环境污染问题之所以长期得不到根本解决，除了需负直接责任的企业外，还有应在根源上负最终责任的地方人民政府。《环境保护法》还应成为“监管环境监管者之法”，在继续完善调整企业环境行为法律规范的同时，加快建立、健全规范政府行为的法律规范，完善政府环境责任制度，建立监管监管者的法律机制，是突破现行环境保护法律机制困境的重要路径转向。与此同时，《中共中央关于全面深化改革若干重大问题的决定》专门对政府职能进行了定位，明确政府的主要职能是宏观调控。地方政府不得直接配置资源或者干预配置资源，而是要加强公共服务、市场监管、社会管理、环境保护等职责。此前，我国在《2014年环保法》中规定了政府的环境保护责任，地方各级人民政府要“对本辖区的环境质量负责，采取措施改善环境质量”，但该规定等同于宣示性规定，没有规定其“改善环境质量”的目标、任务、依据、措施和考核标准，本条的规定从上述几个层面具体化了地方各级人民的环境保护责任。

四、“限期达标”制度是对“限期治理”制度的提升

本条第 2 款规定，地方人民政府“应当制定限期达标规划，并采取措施按期达标”。这一规定将地方人民政府保护与改善环境责任细化，为其环境质量改善提出了制度目标，并要求地方人民政府为实现这一制度目标制定时间表和路线图以具体落实。该制度在具体制度措施上是借鉴并提升了《1989 年环保法》原有的限期治理制度。

《1989 年环保法》第 18 条规定：“在国务院、国务院有关主管部门和

省、自治区、直辖市人民政府划定的风景名胜区、自然保护区和其他需要特别保护的区域内，不得建设污染环境的工业生产设施；建设其他设施，其污染物排放不得超过规定的排放标准。已经建成的设施，其污染物排放超过规定的排放标准的，限期治理。”该条规定的是“限期治理”制度，限期治理制度是指对现已存在的危害环境的污染源和污染严重的区域环境，依法限定其在一定期限内治理并达到规定要求的一系列措施。该制度是我国环境法律制度体系中一项非常重要的制度，在《水污染防治法》、《大气污染防治法》、《固体废物污染环境防治法》等重要的单行法中大多有规定，在现实环境执法中也普遍适用。该制度适用的对象主要是两大种类：位于特别保护区域内的超标排污的污染源和造成严重环境污染的污染源。

限制治理制度的适用，在环境保护与污染防治中逐渐呈现出诸多弊端：

（1）限期治理决定权规定上的混乱。我国现有的环境法律体系对于限期治理制度决定权的主体存在着多种规定，《1989 年环保法》将限期治理的决定权赋予给了各级人民政府，《环境噪声污染防治法》（1997 年）除了规定各级人民政府可以行使决定权之外，还在第 17 条第 3 款规定了：“……对小型企业事业单位的限期治理，可以由县级以上人民政府在国务院规定的权限内授权其环境保护行政主管部门决定。”

（2）程序漏洞导致制度弊端。“规定期限”（法律规定最长不得超过 3 年）这种过于宽松的自由裁量权恰恰留下了违背该制度的初衷、污染破坏环境的空间，污染者钻空子、地方保护主义甚至是权力寻租都可以利用这一规定的模糊性来规避法律。

（3）限期治理制度是一种典型的“末端控制”制度，其制度逻辑并不注重过程控制，其复杂程序使得在实践中，污染企业面对政府或者政府授权环境行政主管部门作出的限期治理的决定总能找出多种借口拒绝履行或者不当履行，至于延迟履行则最为经常发生，即使在最为理想的状况下走完一系列繁杂的法定程序，经常是污染者在接受处罚之时已经对环境造成了难以逆转的污染或破坏。

第 28 条规定的“限期达标”制度是对限期治理制度的一种矫正和提升：第一，制度实施的主体以及相应的责任主体是地方人民政府；第二，制度实施的依据由污染物排放标准转换为环境质量标准；第三，制度理念从结果控制转向为兼重过程控制，通过制定限期达标规划来遵循时间表和路线图；第四，制度后果由法律规定必须“按期达标”。

第二十九条　国家在重点生态功能区、生态环境敏感区和脆弱区等区域划定生态保护红线，实行严格保护。

各级人民政府对具有代表性的各种类型的自然生态系统区域，珍稀、濒危的野生动植物自然分布区域，重要的水源涵养区域，具有重大科学文化价值的地质构造、著名溶洞和化石分布区、冰川、火山、温泉等自然遗迹，以及人文遗迹、古树名木，应当采取措施予以保护，严禁破坏。

【条文释义】

本条分为两款，第1款是关于“生态保护红线”制度的规定，是新增条款。国家在“重点生态功能区、生态环境敏感区和脆弱区等区域”划定生态保护红线，实行严格保护，体现了“保护优先”的立法价值。

第2款是关于特殊区域环境保护的规定。本条第2款沿用的是《1989年环保法》第17条的规定，没有作任何的修改，即“各级人民政府对具有代表性的各种类型的自然生态系统区域，珍稀、濒危的野生动植物自然分布区域，重要的水源涵养区域，具有重大科学文化价值的地质构造、著名溶洞和化石分布区、冰川、火山、温泉等自然遗迹，以及人文遗迹、古树名木，应当采取措施加以保护，严禁破坏”。

一、生态红线

环境保护部2014年印发了我国首个生态保护红线划定的纲领性技术指导文件《国家生态保护红线——生态功能基线划定技术指南（试行）》（环发〔2014〕10号）。根据该文件规定，生态保护红线是指对维护国家和区域生态安全及经济社会可持续发展，保障人民群众健康具有关键作用，在提升生态功能、改善环境质量、促进资源高效利用等方面必须严格保护的最小空间范围与最高或最低数量限值，具体包括生态功能保障基线、环境质量安全底线和自然资源利用上线，可简称为生态功能红线、环境质量红线和资源利用红线。

生态功能红线是指对维护自然生态系统服务，保障国家和区域生态安全具有关键作用，在重要生态功能区、生态敏感区、脆弱区等区域划定的最小生态保护空间；环境质量红线是指为维护人居环境与人体健康的基本需要，必须严格执行的最低环境管理限值；资源利用红线是指为促进资源能源节约，保障能源、水、土地等资源安全利用和高效利用的最高或最低要求。

二、特殊区域

特殊区域是指占有一个特定的地域空间的自然环境或人为环境。特殊区域的环境保护是针对不同结构和特征的特殊区域环境所采取的较之于一般区域环境更为严格的保护措施。

特殊区域包括的类型及其内涵主要有：

（1）自然保护区。根据《自然保护区条例》（1994 年）第 2 条规定："本条例所称自然保护区，是指对有代表性的自然生态系统、珍稀濒危野生动植物物种的天然集中分布区、有特殊意义的自然遗迹等保护对象所在的陆地、陆地水体或者海域，依法划出一定面积予以特殊保护和管理的区域。"

（2）风景名胜区。根据《风景名胜区条例》（2006 年）第 2 条第 2 款规定："本条例所称风景名胜区，是指具有观赏、文化或者科学价值，自然景观、人文景观比较集中，环境优美，可供人们游览或者进行科学、文化活动的区域。"

（3）国家公园。国家公园一般是既保护自然生态系统和自然景观的原始状态，同时又作为科学研究、科学普及和供公众娱乐、了解和观赏大自然奇特景观的场所。我国现阶段建立的森林公园属于国家公园的一种类型，因为国家公园还包括国家自然公园、国家历史公园、国家海岸公园和国家湖岸公园等。

三、"应当采取措施加以保护，严禁破坏"的界定

对上述多种类型的特殊区域的环境保护，必须"采取措施加以保护，严禁破坏"，这一规定要求对所有的特殊区域"严禁破坏"，但并没有统一的保护措施的具体内涵和外延，基于特殊区域的多种性和不同的环境保护规则需求，分别指引了不同的保护制度。概括总结其共性有：

（1）采取的保护措施更加严格。对不可替代的区域，保护重于开发利用，有时甚至根本不允许进行开发。

（2）对特殊区域的保护，往往需要一套专门的管理机构，并建立专门的程序和制度，按照保护对象的特性设定专门的标准，建立档案，这种管理与对一般区域的管理有明显区别。

（3）特殊区域自身价值的独特和不可替代，也使得法律的规定因不同的区域而有所区别，即使在法律上同属一类的立法，也可能因为保护对象的差异而有所区别。

四、新设了“生态保护红线”制度

2013 年《中共中央关于全面深化改革若干重大问题的决定》的“十四、加快生态文明制度建设”进行了系列的生态文明制度创新，包括第（52）“划定生态保护红线”。从该规定的制度框架可知，“划定生态保护红线”不仅是一种环境保护的理念、方式和单一制度，也是一种框架类型，其将很多环境法律制度统摄其中，需要由一系列的制度、体制和机制予以保障，具体包括“坚定不移实施主体功能区制度，建立国土空间开发保护制度，严格按照主体功能区定位推动发展，建立国家公园体制。建立资源环境承载能力监测预警机制，对水土资源、环境容量和海洋资源超载区域实行限制性措施。对限制开发区域和生态脆弱的国家扶贫开发工作重点县取消地区生产总值考核。探索编制自然资源资产负债表，对领导干部实行自然资源资产离任审计。建立生态环境损害责任终身追究制”。本条是对该决定作为中央宏观环境政策的直接回应和环境法律制度的表达。

从理论上而言，系统的生态保护红线应当包括生态功能红线、环境质量红线和资源利用红线这三类构成的完整系统。但是，本条第 1 款实际上将生态保护红线通过立法限缩为“生态功能红线”，也即“国家在重点生态功能区、生态环境敏感区和脆弱区等区域划定生态保护红线”。《国家生态保护红线——生态功能基线划定技术指南（试行）》（环发〔2014〕10 号）提出了划定生态功能红线需要遵循的六条基本原则：重要性原则、系统性原则、等级性、协调性原则、可控性原则和动态性原则。所谓的“严格保护”是指禁止大规模高强度的工业化城镇化开发。

（1）重点生态功能区的生态保护红线划定。重点生态功能区的具体内容可参照国务院 2010 年 12 月 21 日引发的《全国主体功能区规划》，包括大小兴安岭森林生态功能区等 25 个地区（附件 1：国家重点生态功能区名录）。总面积约 386 万平方公里，占全国陆地国土面积的 40.2%，国家重点生态功能区分为水源涵养型、水土保持型、防风固沙型和生物多样性维护型四种类型。通过生态服务功能重要性评价，将重要性等级高、人为干扰小的核心区域划定在重要生态功能区红线范围内。

（2）生态环境敏感区和脆弱区的生态保护红线划定。生态环境敏感区和脆弱区红线划定范围可主要包括生态系统结构稳定性较差、对环境变化反应相对敏感、容易受到外界干扰而发生退化、自然灾害多发的生态环境敏感和脆弱区。通过对区域生态环境敏感性进行等级划分，将敏感性等级高、人为干扰强烈的核心区域划定为生态保护红线的管控范围。

五、生态红线制度的统领作用

从《国家生态保护红线——生态功能基线划定技术指南（试行）》（环发〔2014〕10 号）的规定以及规律总结而言，完整的“生态保护红线”是由生态功能红线、环境质量红线和资源利用红线构成的系统。但是，本条第 1 款仅规定了“在重点生态功能区、生态环境敏感区和脆弱区等区域划定生态保护红线”，在立法形式上将“生态保护红线”等同于“生态功能红线”。实际上，这样的规定，并不代表《环境保护法》只重视生态功能红线，而忽视环境质量红线和资源利用红线，其内在的逻辑关系解读如下：在这三类生态保护红线中，三者之间并不是平行并列的关系，“生态功能红线”是宏观层面的生态保护红线，“环境质量红线”和“资源利用红线”则是相对微观或具体的生态保护红线，质言之，“环境质量红线”和“资源利用红线”是在“生态功能红线”划定之后，其已经划定的区域中所进行的生态保护红线控制。后两类红线的划定需要以“生态功能红线”的划定作为前提和依据，要符合各类环境要素达到环境功能区的要求。同时，相对而言，“环境质量红线”和“资源利用红线”的划定已经有具体的依据，“环境质量红线”划定的依据是国家环境质量标准和污染物排放标准；自然资源利用上线应符合经济社会发展的基本需求，与现阶段资源环境承载能力相适应。

六、原则规定特殊区域环境保护的意义与作用

本条第 2 款沿用了《1989 年环保法》第 17 条规定，仅用一个条款规定了类型众多的特殊区域环境保护，这是因为《环境保护法》是我国的环境保护基本法，是我国全面调整环境社会关系的法律文件，其具体制度的适用还有赖于其他单行法的具体适用。所以，对于该条款的具体适用还需要结合《自然保护区条例》（1994 年）、《风景名胜区条例》（2006 年）等具体法律规范。

第三十条　开发利用自然资源，应当合理开发，保护生物多样性，保障生态安全，依法制定有关生态保护和恢复治理方案并予以实施。

引进外来物种以及研究、开发和利用生物技术，应当采取措施，防止对生物多样性的破坏。

【条文释义】

本条规定的是保障生态安全和保护生物多样性制度，有两个条款。

第1款规定的是自然资源开发利用中的生态安全保障制度，第2款规定的是生物多样性保护制度。从逻辑上看，本条第1款和第2款应当是总与分、一般和特殊的关系。第1款规定的是总体的生物多样性保护和生态安全保障，第2款规定的是重点规制破坏生物多样性的两种特殊行为类型：引进外来物种，研究、开发和利用生物技术。

其中，第1款的规定是对原条文的修改。《1989年环保法》第19条规定："开发利用自然资源，必须采取措施保护生态环境。"修改之处在于，原条文规定的是开发利用自然资源过程中，要"采取措施保护生态环境"，本款的修改在于，不但将"保护生态环境"的具体要求细化为"保护生物多样性，保障生态安全"，因为生态安全指称的是"生态环境处于不受或少受破坏与威胁的状态"，这是对"保护生态环境"规定了制度目标、具体要求和考量标准，而且，还规定了实现该制度目标的制度措施，即"依法制定有关生态保护和恢复治理方案并予以实施"。

自然资源是自然界中能被人类用于生产和生活的物质和能量的总称。自然资源为人类的生产生活提供了基本的物质基础，开发利用自然资源是经济发展和社会进步的必需；同时，自然资源系统又构成了人类的基本生存环境，且大多数自然资源具有不可再生性，开发利用自然资源必然会对生态环境造成影响，无度的、不合理的开发利用将会导致自然资源的浪费和生态环境的恶化。因此，自然资源的开发利用必须与环境保护并重，这是贯彻可持续发展理念和落实科学发展观的需要。具体而言：

（1）在理念上，要求开发利用自然资源必须合理开发，这强调的是在价值衡量上需要并重自然资源对于人类并存的经济功能与生态功能，二者不可偏废。

（2）具体而言，在开发利用自然资源过程中，要保护生物多样性，严格控制自然资源的开发利用而导致遗传多样性、物种多样性和生态系统多样性的破坏。

（3）在自然资源开发利用过程中，还要保障生态安全。我国首次在《全国生态环境保护纲要》（国发［2000］38号）中明确提出了“维护国家生态环境安全”的目标，所谓国家生态安全，是指一个国家生存和发展所需的生态环境处于不受或少受破坏与威胁的状态，生态安全是国家安全和社会稳定的一个重要组成部分。“维护生态安全”作为立法目的也被规定在《防沙治沙法》和《固体废物污染环境防治法》等立法中。生态安全是对生态环境保护的目的和价值追求。

（4）开发利用自然资源中的环境保护，具体还需要通过依法制定有关生态保护和恢复治理方案并予以实施。这些生态保护和恢复整治的方案的法律依据是根据其他的法律规定和相关规范。比如，在开发利用土地资源中，要综合根据《土地管理法》中关于土地保护的制度和措施、《水土保持法》中土地保护和水土保持规范以及《防沙治沙法》中关于土地保护的规定来综合制定生态保护和恢复整治方案。除此之外，《矿山生态环境保护与恢复治理方案（规划）编制规范（试行）》（HJ 652—2013）等国家环境标准也是重要依据。

第2款规定的是生物多样性保护制度，是新增条款。第2款是对当前社会新出现的可能破坏生物多样性的现象的规制，要求采取措施防止引进外来物种以及研究、开发和利用生物技术可能导致的对生物多样性的破坏。

外来物种是指那些出现在其过去或现在的自然分布范围及扩散潜力以外（即在其自然分布范围以外或在没有直接或间接引入或人类照顾之下而不能存在）的物种、亚种或以下的分类单元，包括其所有可能存活、继而繁殖的部分配子或繁殖体。外来物种引入一般指在一定地域范围内原本不存在的某些物种，当因人类活动从外地引入外来物种后在自然条件下建立种群并对本地性质相异的生态系统造成不良影响或者对生物多样性构成威胁。

生物技术是指应用生命科学研究成果，以人们意志设计，对生物或生物的成分进行改造和利用的技术。生物技术对遗传多样性、物种多样性和生态系统多样性都存在着潜在的威胁，需要特别措施予以防治。

一、首次在环境基本法的层面规定了要保障生态安全

生态安全虽然已经陆续规定在《防沙治沙法》和《固体废物污染环境

防治法》等单行法以及《全国生态环境保护纲要》（国发［2000］38 号）中，但规定于单行法中，则难有普遍适用的效力，规定于正常文件中，效力层次不高。本条文的规定正式在基本法中确立了保障生态安全价值。

生态安全是一个国家生存和发展所需的生态环境处于不受或少受破坏与威胁的状态，构成生态安全的内在要素包括：充足的资源和能源、稳定与发达的生物种群、健康的环境因素和食品。如果在一个国家，其各种生物种群系统多样稳定、资源与能源充足、空气新鲜、水体洁净、近海无污染、土地肥沃、食品无公害，那么该国家的生态环境是安全的。反之，该国的生态环境就是受到了威胁。从战略意义上来看，生态安全包括两层基本含义：一是防止由于生态环境的退化对经济基础构成威胁，主要指环境质量状况低劣和自然资源的减少和退化削弱了经济可持续发展的支撑能力；二是防止由于环境破坏和自然资源短缺引发人民群众的不满，从而导致国家的动荡。

二、从多个层面和角度重视了生物多样性的保护

1992 年 6 月 5 日在联合国环境与发展大会上签署的《生物多样性公约》对生物多样性下的定义是：生物多样性是指所有来源的形形色色的生物体，这些来源除包括陆地、海洋和其他水生生态系统及其所构成的生态综合体外，还包括物种内部、物种之间和生态系统的多样性。生物多样性的内容包括三个基本方面：

（1）遗传多样性，种内基因变化的多样性；

（2）物种多样性，是指一定空间范围内的物种数量及其分布保持在较高水平和较为均匀的程度；

（3）生态系统多样性，是指生物圈内生境、生物群落和生态过程的多样化以及生态系统内生境、生态过程变化的多样性。

我国的生物多样性也受到了严重威胁，主要表现在以下几个方面：第一，森林的消失、生境的破碎化；第二，草场的退化；第三，沙漠的扩展；第四，水体污染；第五，湿地的消失；第六，外来物种的威胁。

中国政府积极参加了《生物多样性公约》的起草、讨论和谈判，为《公约》文本的最终通过发挥了积极的作用。中国政府于 1992 年 6 月 11 日在联合国环发大会上签署了《生物多样性公约》，并于 1993 年 1 月 5 日批准了《公约》，成为世界上率先批准《公约》的少数几个国家之一。但是，我国的生物多样性保护法律制度也存在不少缺陷，概括为以下几个方面：

（1）立法目的的缺失，就已有的相关生物多样性保护法律法规而言，许多仅为开发利用生物资源，非以保护和改善生态环境为目的，这与当前可持续发展战略理念显得格格不入；

（2）相关领域立法的空白，生物多样性包括遗传、物种和生态系统多样性，但我国此前尚未有法律规范对此有所涉及；

（3）立法系统性和完整性的缺乏；

（4）立法效力层次偏低，我国有关生物多样性保护的规则，属国家政策和行政法规居多，且不能适应新形势发展的需要。因此，《2014年环保法》第30条的规定，确立了保障生态安全的价值目标，并且专门重点突出了生物多样性保护中的新问题的应对。

三、重点规制了引入外来物种和开发和利用生物技术对生物多样性的破坏

外来物种入侵和开发利用生物技术可能对生物多样性的破坏，是近些年来出现的新的生物多样性保护需要面临的挑战。

外来物种入侵已成为危害人类健康、造成各国经济巨大损失以及对国家生物安全带来重大威胁的现象。目前我国的入侵外来物种有400多种，其中有50余种属于世界自然保护联盟公布的全球100种最具威胁的外来物种。事实证明，我国已成为遭受外来入侵生物危害最严重的国家之一。

我国目前主要采取国务院和各部门制定条例或者部门规章的方式对防治外来物种入侵予以规范。20世纪末以后，全国人大常委会陆续通过制定或者修订国家单行法律规定了防治外来物种入侵的条款，对从境外引入外来物种或者在国内异地引入物种的行为确立了审批制度，要求在经过检疫或科学论证后才准予引入，并且应当采取相应的安全措施。其缺陷：第一，规定散见于各单行法，尚未形成统一的规范；第二，各立法目的与防治外来物种入侵无关的上述法律只对防治外来物种入侵作出原则性规定，未能实质上对外来物种入侵管制的法定职权关系作出明晰的规定；第三，因外来物种防治所涉及的事项领域非常广泛，各部门只能在权限范围内通过制定部门规章或者决定的方式。因此，迫切需要在国家环境保护基本法中予以规定，以提升其法律位阶和统一适用性，这也是本条规定采取措施防治引入外来物种导致生物多样性破坏的原因。

第三十一条　国家建立、健全生态保护补偿制度。

国家加大对生态保护地区的财政转移支付力度。有关地方人民政府应当落实生态保护补偿资金，确保其用于生态保护补偿。

国家指导受益地区和生态保护地区人民政府通过协商或者按照市场规则进行生态保护补偿。

【条文释义】

本条是关于生态保护补偿制度的规定，是新增条文，本条分为3款。

第1款规定国家建立和健全生态保护补偿制度。生态保护补偿制度是以保护生态环境、促进人与自然和谐为目的，根据生态系统服务价值、生态保护成本、发展机会成本，综合运用行政和市场手段，调整生态环境保护和建设相关各方之间利益关系的环境法律制度。

第2款规定了生态保护补偿中的国家财政补偿制度。本款规定进一步可以细分为两个内容：①“国家加大对生态保护地区的财政转移支付力度”，这一内容实际上规定的是生态保护补偿的国家责任，该制度的内涵是，国家按照《全国主体功能区划》，划定出一些生态保护地区，这些地区被限制或禁止大规模高强度的工业化城镇化开发，国家将通过加大中央财政支付力度满足这些更多承载生态环境保护地区的基本支出需求，以遏制经济发展驱动下的盲目开发和破坏性能够开发。②“有关地方人民政府应当落实生态保护补偿资金，确保其用于生态保护补偿。”这一内容实际上规定的是生态保护补偿的地方政府责任，该制度要求有关地方人民政府（主要是生态受益地方人民政府）要设立和具体落实生态保护补偿专项资金，并专用于生态保护补偿。

第3款规定的是生态保护补偿的协商制度。这是环境保护中运用市场机制的具体体现，即要国家引导、指导通过构建完善的市场机制、运用市场手段来推行生态保护补偿制度与实践，受益地区与生态保护地区作为双方主体在市场机制中适用生态保护补偿制度。

一、首次在《环境保护法》中确立生态保护补偿制度

生态保护补偿制度是《2014年环保法》的制度创新，虽然此前多有讨论以及一些地方实践试点，但在本条规定之前，尚无明确的、系统的法律规定。2013年《中共中央关于全面深化改革若干重大问题的决定》的“十

四、加快生态文明制度建设”之“（53）实行资源有偿使用制度和生态补偿制度”明确规定，“坚持谁受益、谁补偿原则，完善对重点生态功能区的生态补偿机制，推动地区间建立横向生态补偿制度”。我国自2010年开始启动《生态补偿条例》立法，至今还在起草阶段。《中共中央关于全面深化改革若干重大问题的决定》已经初步规定了生态保护补偿制度，《2014年环保法》对于本条的规定将生态保护补偿制度入法，也将在生态补偿专门立法中得以更加细化。

根据原环境保护总局（现环境保护部）2007年发布的《关于开展生态补偿试点工作的指导意见》（环发［2007］130号），我国积极推行生态保护补偿制度的意义和预期在于：①建立生态补偿机制是贯彻落实科学发展观的重要举措。建立和完善生态补偿机制，有利于推动环境保护工作实现从以行政手段为主向综合运用法律、经济、技术和行政手段的转变，有利于推进资源的可持续利用，加快环境友好型社会建设，实现不同地区、不同利益群体的和谐发展。②建立生态补偿机制是落实新时期环保工作任务的迫切要求。党中央、国务院对建立生态补偿机制提出明确要求，并将其作为加强环境保护的重要内容。《国务院关于落实科学发展观加强环境保护的决定》要求“要完善生态补偿政策，尽快建立生态补偿机制。中央和地方财政转移支付应考虑生态补偿因素，国家和地方可分别开展生态补偿试点”。《国务院2007年工作要点》（国发［2007］8号）将“加快建立生态环境补偿机制”列为抓好节能减排工作的重要任务。国家《节能减排综合性工作方案》（国发［2007］15号）也明确要求改进和完善资源开发生态补偿机制，开展跨流域生态补偿试点工作。

生态保护补偿制度的适用从内容上分可以归纳为以下两个方面：①在资源开发利用过程中对资源环境的生态功能的保护和补偿，这类的实例有国家对实施退耕还林的补偿政策等；②对生态安全重要的区域或自然客体采取绝对保护时对利益牺牲者的补偿，如对自然保护区周围的群众为保护自然保护区而牺牲自己的财产和人参利益所进行的补偿。《关于开展生态补偿试点工作的指导意见》提出我国在重点领域建设的生态保护补偿制度的区域有：自然保护区生态补偿机制、重要生态功能区生态补偿机制、矿产资源开发的生态补偿机制、流域水环境保护的生态补偿机制。

二、生态保护补偿制度的体系化构建

本条实现了对生态保护补偿制度的体系化构建，其内容实际上规定是两类生态保护补偿制度：

（一）国家对生态保护地区的生态保护补偿

“国家加大对生态保护地区的财政转移支付力度。”其制度功能是适用于资源开发利用的生态补偿，其制度价值在于保障可持续发展理念的实现。

制度制定及其适用的关键在于对“生态保护地区”的界定与功能划定。根据我国国务院于2010年12月21日公布的《全国主体功能区规划》，我国国土空间分为以下主体功能区：按开发方式，分为优化开发区域、重点开发区域、限制开发区域和禁止开发区域；按开发内容，分为城市化地区、农产品主产区和重点生态功能区。限制开发区域分为农产品主产区和重点生态功能区两类。禁止开发区域是依法设立的各级各类自然文化资源保护区域，以及其他禁止进行工业化城镇化开发、需要特殊保护的重点生态功能区。可见，限制开发和禁止开发区域与国家重点生态功能区的范围重合。

重点生态功能区即生态系统脆弱或生态功能重要，资源环境承载能力较低，不具备大规模高强度工业化城镇化开发的条件，必须把增强生态产品生产能力作为首要任务，从而应该限制进行大规模高强度工业化城镇化开发的地区。

国家重点生态功能区的禁限规定，基本上体现在三个方面：一是对国家重点生态功能区的生态环境实行封育，禁止任何人为活动，实现污染物零排放；二是对国家重点生态功能区的生态环境实行人工修复，恢复国家重点生态功能区的生态系统功能；三是对国家重点生态功能区进行环境治理，控制和减少污染程度。国家重点生态功能区的居民和政府因执行国家的禁限规定，保护与建设规定要求国家重点生态功能区内的居民和政府，只能进行对于生态效益或生态功能有益的行为，而不能损害生态环境，必然会带来发展机会成本的损失和保护生态环境投入的压力。对这些损失（机会成本）与投入（直接成本）进行充分补偿，是国家重点生态功能区禁限规定的政策有效执行的保障。

国家重点生态功能区转移支付是目前唯一的直接针对国家重点生态功能区的生态环境保护和生态建设的补偿政策。根据财政部公布的《2012年中央对地方国家重点生态功能区转移支付办法》，其规定的中央财政设立国家重点生态功能区转移支付的范围包括：①《全国主体功能区规划》中限制开发的国家重点生态功能区所属县（县级市、市辖区、旗）和禁止开发区域。②青海三江源自然保护区、南水北调中线水源地保护区、海南国际旅游岛中部山区生态保护核心区等生态功能重要区域所属县。对环境保护部制定的《全国生态功能区划》中不在上述范围的其他重要生态功能区域所属县给予引导性补助，对开展生态文明示范工程试点的市、县给予工作经费补助，对生态环境保护较好的地区给予奖励性补助。

（二）上下游之间的生态保护补偿制度

"有关地方人民政府应当落实生态保护补偿资金，确保其用于生态保护补偿。"其制度功能是适用于上下游地区之间的生态保护补偿，其制度价值在于保障公平价值的实现。

对比于上述中央财政转移支付，该制度规定的是地方横向转移支付。该制度的核心是通过经济发达地区向欠发达或贫困地区转移一部分财政资金，在生态关系密切的区域或流域建立起生态服务的市场交换关系，从而使生态服务的外部效应内在化。

三、生态保护补偿制度市场机制的运用

本条第3款规定的是国家鼓励和"指导"地方人民政府之间通过市场机制来落实生态保护补偿制度。市场机制可以充分发挥多方主体的积极主动性，提供多方主体利益表达通道，利用协商方式和市场规则形成最佳的生态保护补偿协议。在市场机制中必须明确的问题有：

（1）参与主体，主体主要包括受益地区（生态服务需求者）和生态保护地区（生态服务供给者）。

（2）市场机制中补偿对象：第一，减少生态破坏者，如牺牲发展机会的农民、地方政府和企业，包括：流域居民退耕还林、退牧还草承担的机会成本，为保护流域所进行的生态移民，为保护流域环境被迫"关、停、转"的企业承担的机会成本，为保护水源地方政府工业发展权受限导致税收减少的损失等；第二，为生态效益或生态功能的支出，包括封山育林、还林还草、治理沙化、保证绿色空间面积不减少等保护、建设措施导致国家重点生态功能区生态保护与建设成本的支出。

（3）市场机制中补偿标准，确定合理的生态补偿标准也即对生态服务进行合理定价，是生态服务市场补偿模式能够有效实施的关键。根据供给方的补偿标准和受益方的支付标准两个关键指标衡量，建立流域生态服务价格机制，在生态服务价值基础上，综合考虑支付者的支付能力，针对不同类型的生态服务，采用不同的定价方法，从而使补偿能够起到协调供需双方间的关系，实现生态服务供求均衡的作用。

第三十二条　国家加强对大气、水、土壤等的保护，建立和完善相应的调查、监测、评估和修复制度。

【条文释义】

本条是关于环境要素调查、监测、评估和修复制度的规定，是新增条文。

依据本条，国家要切实加强对于大气、水、土壤等各种环境要素的保护，并从制度建构的角度，尤其是调查、监测、评估和修复等制度的建立和完善，从事前、事中和事后全方位的角度加强保护。

之所以新增本条文，并且将大气、水和土壤等三大环境要素单列出来予以明确，主要是因为大气、水和土壤在环境要素中之重要地位以及异常严峻的现状。近年来，随着经济的发展以及工业化、城镇化进程的推进，我国空气污染加剧，雾霾遍布全国，温室气体排放不断上升；水污染日益严重，几近"有河即干、有水即污"；土壤污染惊人，尤其是重金属污染令人恐慌。因此，选择这三个要素作为重点领域，着重加强保护非常关键。

在条文的表述上，本条采取了概况加列举的立法表述方法，表面原因有二：一是环境要素包含的范围很广，并不限于大气、水、土壤这三种；二是因为大气、水、土壤是其中最为关键的三类，毕竟植物、岩石等基本上附着在土壤之上，而动物等则生活在大气和水之中。而究其实质，则是由于我国当下严重的大气、水、土壤等问题而决定的。

这些年来，我国的大气污染日益严重，空气质量每况愈下。目前来看，至少有悬浮颗粒物污染、氮氧化物污染、二氧化硫污染、一氧化碳污染、光化学烟雾污染等众多情形；由于我国的能源结构相对比较单一、森林覆盖率较低等众多原因，除了上述污染之外，二氧化碳等气体的排放也带来了诸多的气候变化等方面的环境问题。

中国是一个水资源短缺、水灾害频繁的国家，水资源总量居世界第六位，人均占有量却只有2500立方米，约为世界人均水量的1/4，在世界排第110位。多年来，中国水资源质量不断下降，水环境持续恶化，由于污染所导致的缺水和事故不断发生，严重地威胁了社会的可持续发展，威胁了人类的生存。综合考虑中国地表水资源质量现状，符合《地面水环境质量标准》的Ⅰ、Ⅱ类标准只占32.2%（河段统计），符合Ⅲ类标准的占28.9%，属于Ⅳ、Ⅴ类标准的占38.9%，如果将Ⅲ类标准也作为污染统计，则中国河流长度有67.8%被污染，约占监测河流长度的2/3，可见中国地表水资源污染非常严重 。此外，我国的地下水也污染严重，中国北方五省区和海河流域地下水资源，无论是农村（包括牧区）还是城市，浅层水或深层水均遭到不同程度的污染，局部地区（主要是城市周围、排污河两侧及污水灌区）和部分城市的地下水污染比较严重，污染呈上升趋势。

全国土壤情况同样不容乐观。2014年4月17日，我国环保部和国土资源部首次发布《全国土壤污染状况调查公报》，报告显示：我国的土地污染程度已经相当严重，19.4%的耕地土壤点位超标，以18亿亩耕地面积计算，中国约3.49亿亩耕地被污染。为保护有限的土地资源，保障农产品质量安全和人居环境安全，加快土壤环境保护立法刻不容缓。因此，必须针对我国土壤资源、土壤肥力、土壤生态和土壤环境中的突出问题和重大需求，防治土壤污染、加强土壤保护力度具有重大战略意义。

在前述背景之下，《2014年环保法》作出有关国家加强大气、水、土壤等的保护的规定，并提出建立和完善相应的调查、监测、评估和修复制度，表明国家全力推进大气、水、土壤污染治理三项重点工作，毫不放松抓好主要污染物总量减排的决心。目前，在贯彻落实“大气十条”的同时，我国环境保护部正抓紧编制《水污染防治行动计划》和《土壤环境保护和污染治理行动计划》。

一、环境要素调查制度

环境调查是利用科学的方法，有目的、有系统地收集能够反映与组织有关的环境在时间上的变化和空间上的分布状况的信息，研究环境变化规律，预测未来环境变化趋势，为进行组织活动的决策提供依据。对大气、水、土壤进行环境调查，可以采用野外调查、样品采集、样品分析测试与综合研究相结合等科学方法，选择特定调查区域对环境状况进行调查。对大气、水、土壤进行全面可靠的环境调查，其目的是为了了解真实的环境状况以便有效防治大气、水和土壤污染。目前，我国有关大气、水、土壤的环境调查还很不系统，具体的大气、水、土壤的环境调查制度还需要行政法规、地方性法规和规章的进一步规定，明确调查主体、调查方法、调查程序等具体内容。

二、环境要素监测制度

环境监测是指在一定时间和空间范围内，运用物理、化学、生物等方法，间断或不间断地对影响环境质量因素的代表值进行测定，确定环境质量或污染程度及其变化趋势。对大气、水体、土壤等环境因素的质量状况进行监测是环境监测的重要内容。只有围绕大气、水、土壤污染防治三大战役，全面做好大气、水、土壤的环境监测工作，才能客观准确地反映环境质量状况，全力改善我国环境质量。

三、环境要素评估制度

环境评估也叫环境质量评价，是指按照一定的评价标准和评价方法对一定区域范围内的环境质量进行说明、评定和预测。大气、水、土壤的环境评估的目的，一是按一定的原则、标准和方法，对大气、水、土壤的污染程度进行评定，或者说是对土壤环境质量的高低和优劣作出定性或者定量的评判。二是提高和改善大气、水、土壤的环境质量，并提出控制和减缓大气、水、土壤的环境不利变化的对策和措施。

四、环境要素修复制度

环境修复，就是借助外界的作用力，使环境的某个受损的特定对象的部分或全部恢复成为原来初始的状态。严格说来，修复包括恢复、重建、改建等三个方面的活动。恢复是指使部分受损的对象向原初状态发生改变；重建是指使完全丧失功能的对象恢复至原初水平；改建则是指使部分受损的对象进行改善，增加人类所期望的“人造”特点，减小人类不希望的自然特点。环境意义上的修复是指对被污染的大气、水、土壤环境采取物理、化学和生物学技术措施，是存在于大气、水、土壤环境中的污染物质浓度减少或毒性降低或完全无害化。

五、环境要素调查、监测、评估和修复制度之间的关联

大气、水、土壤环境的调查、监测、评估和修复是大气、水、土壤环境保护工作的四个阶段。应当说，大气、水、土壤的调查是对大气、水、土壤进行环境监测的基础，而对大气、水、土壤进行环境监测又是做好环

境评估的前提，而修复与否以及采取何种修复方法又必须根据管理部门对大气、水、土壤环境所作的评估。这四个具体的制度构成了一套完备的大气、水、土壤环境保护制度。只有认真落实好具体的调查、监测、评估和修复制度，依法执行好各项具体措施，才会达到立法目的。

第三十三条　各级人民政府应当加强对农业环境的保护，促进农业环境保护新技术的使用，加强对农业污染源的监测预警，统筹有关部门采取措施，防治土壤污染和土地沙化、盐渍化、贫瘠化、石漠化、地面沉降以及防治植被破坏、水土流失、水体富营养化、水源枯竭、种源灭绝等生态失调现象，推广植物病虫害的综合防治。

县级、乡级人民政府应当提高农村环境保护公共服务水平，推动农村环境综合整治。

【条文释义】

本条是关于农业环境保护的规定，是修改条文，是在《1989 年环保法》第 20 条的基础上修改而成："各级人民政府应当加强对农业环境的保护，防治土壤污染、土地沙化、盐渍化、贫瘠化、沼泽化、地面沉降和防治植被破坏、水土流失、水源枯竭、种源灭绝以及其他生态失调现象的发生和发展，推广植物病虫害的综合防治，合理使用化肥、农药及植物生长激素。"

相比较原条文，本条增加了三方面的内容：促进农业环境保护新技术的使用；加强对农业污染源的监测预警；县级、乡级人民政府应当提高农村环境保护公共服务的水平，推动农村环境综合整治。与此同时，本条删减了一个方面的内容：合理使用化肥、农药及植物生长激素。

第一，增加环保新技术方面的规定，目的在于强调科学技术的支撑作用。特别是要推动农村环境保护科技创新，大力研究、开发和推广农村生活污水和垃圾处理、农业面源污染防治、农业废弃物综合利用以及农村健康危害评价等方面的环保实用技术。建立农村环保适用技术发布制度，加快科研成果转化，通过试点示范、教育培训等方式，促进农村环保适用技术的应用。

第二，2007 年《关于加强农村环境保护工作的意见》指出：综合采取技术、工程措施，控制农业面源污染。在做好农业污染源普查工作的基础上，着力提高农业面源污染的监测能力。建立和完善农村环境监测体系，定期公布全国和区域农村环境状况。加强农村饮用水水源地、自然保护区和基本农田等重点区域的环境监测。

第三，至于农村环境保护公共服务、环境综合整治等，前已述及，这里不再赘述。需要强调的是，之所以删除关于“合理使用化肥、农药及植物生长激素”的规定，大致原因如下：其一，这些年来，农业的面源污染严重，即非点源污染，是指液体的和固体的污染物从非特定的地点，以不同的形式对大气、土壤和水体（包括河流、湖泊、水库和海湾等）等环境形成污染；而面源污染的主要源头就是化肥、农药等。其二，何为“合理使用”？委实难以界定。如此，不妨删去，以表达立法者的倾向和态度。事实上，即便使用农药，也应当是往生物农药或高效、低毒、低残留农药等方面靠，并且大力推广病虫草害综合防治、生物防治和精准施药等技术；进行种植业结构调整与布局优化，在高污染风险区优先种植需肥量低、环境效益突出的农作物。

一、立法目的

近年来，随着我国农业的迅速发展和集约化程度的提高，粗放型的农业方式和传统的农村生活方式使得农业污染日益突出。由于化肥农药施用不合理，耕作管理不合理，以及随意堆放畜禽粪便等原因，使农业污染已由原来的局部水体、土壤本身点污染源，向生态系统各层面的土壤、水体、生物、大气等区域发展，形成了“水，陆，空”三位一体的，互为关联的农业立体污染。它不仅会影响到农业生态安全，人体健康和农产品质量，而且也会影响到农业，农村的可持续发展和农民收入的提高，甚至还会影响到我国的环境外交和国际贸易。

而从法律的规制来看，原有的环境保护方面的法律，包括《1989 年环保法》以及在此基础上建立的各项制度，主要针对的都是城市环境污染问题、考虑和保护的都是城市环境，而大大忽视了对农村环境的保护。这种状况亟须改变！这次环境保护法中加大了这方面的着墨，正是出于这个考虑。

二、政府的职责

各级人民政府及其环境保护部门要切实提高对农村环境保护工作认识，加强领导，协调配合，将农业生产污染和农村生活污染纳入环境保护工作重点范围。由于关涉的部门较多，相关的职能部门不能各自为战，而应该通过相互协作、科学合理运用各自职权；各级人民政府理应根据实际情况做出统筹安排，采取有效措施保护土壤、水体、种群和植被等，维护生态平衡。尤其是要防止土壤污染、土地沙化、盐渍化、贫瘠化、石漠化、地面沉降、植被破坏、水土流失、水体富营养化、水源枯竭、种源灭绝等情况的出现。

三、促进农业环境保护新技术

这是新加的内容，强调科学技术在农业保护中的地位和作用，有利于农业环境保护的推进。问题的关键有二：一是如何促进？二是何为新技术？对于如何促进，从政府的角度看，可以综合运用财政、税收、政府采购等手段，加强农村环保适用技术研究、开发和推广，充分发挥科技支撑作用，以技术创新促进农村环境问题的解决。对于“新”的界定，一定要通过科学的评价标准和方法予以评判，坚决防止“新瓶装旧酒”的情况发生，杜绝只是表面上的“改头换面”，而并没有从方法、工艺、效果等方面推陈出新。

四、加强农业污染源的监测预警

是指按照农业污染源的严重性、紧急程度和可能涉及的范围，规定对应的预警级别和所应该采取的具体措施。加强农业污染源的监测预警，目的是为了掌握农业污染的第一手数据，有针对性地制定防治办法，当某些地方的农业污染达到一定程度时，分析其所属的预警级别并采取相应措施。这样可以有效控制农业污染源的扩大，保护农业环境。

五、公共服务

公共服务是21世纪公共行政和政府改革的核心理念，包括加强城乡公共设施建设，发展教育、科技、文化、卫生、体育等公共事业，为社会公众参与社会经济、政治、文化活动等提供保障。众所周知，相对于农村，城市环境的公共服务相对比较完善，比如保持城市公共区域卫生，包括社区、街道、市场等；保证市内的暂存垃圾能够及时清理，及时外运；城市垃圾外运后能够进行无害化、减量化、资源化处理；工业园区各类事故处理有预案及相应的处理措施；保护城市地下水不受污染；对城市空气质量进行及时监测。一直以来，由于国家的财政投入的结构性问题，农村环境保护的公共服务水平很低，缺乏防治环境污染、破坏的基础设施建设和管理体制设计。当前，农村的环境污染问题日益严重，作为我国的基层公共服务机关，县、乡两级政府对农村的环境保护工作责无旁贷。农村环境污染呈现面源污染的特点，蜻蜓点水式的治理根本于事无补，需要协调各方力量整合各种资源综合治理环境污染。需要强调的是，强调县级政府农村环境保护公共服务中的义务和职责非常必要，因为相对于乡级政府而言，它在事权的履行、财权的分享等方面具备更多的权威和可能性。

六、农村环境综合整治

农村环境综合整治是解决当下农村环境问题的重要手段。当前，我国农村环境形势非常严峻，点源污染与面源污染共存，生活污染和工业污染叠加，各种新旧污染相互交织；工业及城市污染向农村转移，危及农村饮水安全和农产品安全；农村环境保护的政策、法规、标准体系不健全；一些农村环境问题已经成为危害农民身体健康和财产安全的重要因素，制约了农村经济社会的可持续发展。为此，须统筹规划、突出重点，同时也要因地制宜、分类指导，综合整治恰恰可以发挥全局考量、局部切入的功能。

第三十四条　国务院和沿海地方各级人民政府应当加强对海洋环境的保护。向海洋排放污染物、倾倒废弃物，进行海岸工程和海洋工程建设，应当符合法律法规规定和有关标准，防止和减少对海洋环境的污染损害。

【条文释义】

本条是关于海洋环境保护的规定，是修改条文，在《1989 年环保法》第 21 条的基础上修改而成："国务院和沿海地方各级人民政府应当加强对海洋环境的保护。向海洋排放污染物、倾倒废弃物，进行海岸工程建设和海洋石油勘探开发，应当依照法律规定防止对海洋环境的污染损害。"

相对于《1989 年环保法》第 21 条，本条的改动幅度较小，将原来的"海洋石油勘探开发"改为"海洋工程建设"，"必须依照法律的规定防止对海洋环境的污染损害"改为"应当符合法律法规规定和有关标准，防止和减少对海洋环境的污染损害"。

之所以如此修改，主要原因在于原条文的个别用语并不妥帖，需要规范化和严谨化。首先，变"海洋石油勘探开发"为"海洋工程建设"，因为前者过于狭窄，并不能涵盖所有的海洋工程建设的情形，特别是这些年来，围绕着海洋的开发、利用和保护等新建、改建和扩建了一大批工程。其次，将“必须依照法律的规定防止对海洋环境的污染损害”修改为“应当符合法律法规规定和有关标准，防止和减少对海洋环境的污染损害”，一来，单单依照“法律”的规定，范围有限，尽管广义的法律也包含了法规和有关的标准，但容易造成误解，尤其是在条文的表述中既有“法律”又有“法律法规”的情形之下；二来，“防止和减少”更为准确，因为事实上，并不存在一种过程可以完全停止对于海洋的损害，理性的作为只能是最大限度地降低和尽可能地防止。

一、海洋环境保护的责任主体

与其他条文中大多将责任主体规定为“各级人民政府”不同，在海洋环境保护上，强调了其责任主体是“国务院和沿海各级人民政府”，特别是明确指出“国务院”，这是由于海洋保护具备统一性、全局性和主权性等特点。至于非沿海的各地方政府，尽管其行为也间接与海洋环境保护有一定的关联，但毕竟不是直接关系，所以无须强调，只要沿海地方政府等做好相应的工作，完全可以避免非沿海地方政府之可能造成污染的行为。

二、海洋环境污染防治的几种主要类型

（一）防止陆源污染物对海洋环境污染的损害

陆地污染源，简称陆源，是指从陆地向海域排放污染物，造成或者可能造成海洋环境污染损害的场所、设施等；陆源污染物则是指由前述陆地污染源所排放的污染物，主要包括石油、重金属、农药、有机污染物、放射性物质、废热水、固体废弃物以及传染病原体等。陆源污染物可能具有毒性、扩散性、积累性、活性、持久性和生物可降解性等特征，多种污染物之间还有拮抗和协同作用。陆源污染物通过大气、河流、运河、地下水道和排水口，最终进入海洋。随着经济的发展，陆地向海洋排放的污染物种类越来越多，数量也在不断增大，对近岸海域环境造成了极大的不利影响。排放陆源污染物应当遵守申报登记、入海污染物总量控制、缴纳排污费、采用清洁生产工艺、对超标排放或者在规定的期限内未完成污染物排放削减任务的限期治理等规定。同时，排放陆源污染物应当严格执行国家或地方指定的污染物排放标准。

（二）防止倾倒废弃物对海洋环境的污染损害

“倾倒”是指通过船舶、航空器、平台及其他载运工具，向海洋处置废弃物和其他物质；向海洋弃置船舶、航空器、平台和其他海上人工构造物，以及向海洋处置由于海底矿物资源的勘探开发及与勘探开发相关的海上加工所产生的废弃物和其他物质。“倾倒”不包括船舶、航空器及其他载运工具和设施正常操作产生的废弃物的排放。废弃物根据有毒性、有害物质含量和对海洋环境的影响等因素，分为以下三类：禁止倾倒的物质、需要获得特别许可证才能倾倒的物质、低毒或无毒的废弃物。

（三）防止海岸工程建设项目对海洋环境污染损害

海岸工程是人们在海岸带上建设的各种工程，包括港口码头工程、入海河口水利工程、海涂围垦工程、潮汐发电工程等与海洋资源开发利用有关的各种工程，也包括一切在海岸带兴建的并可能对海洋环境产生影响的其他工程建设项目。在海岸建设港口、油码头、围海造地和兴建入海口水利工程等，规定必须采取相应措施，防止污染损害海洋环境。

（四）防止海洋工程建设项目对海洋环境的污染损害

海洋工程，是指以开发、利用、保护、恢复海洋资源为目的，并且工程主体位于海岸线向海一侧的新建、改建、扩建工程。具体包括：①围填海、海上堤坝工程；②人工岛、海上和海底物资储藏设施、跨海桥梁、海底隧道工程；③海底管道、海底电（光）缆工程；④海洋矿产资源勘探开发及其附属工程；⑤海上潮汐电站、波浪电站、温差电站等海洋能源开发利用工程；⑥大型海水养殖场、人工鱼礁工程；⑦盐田、海水淡化等海水综合利用工程；⑧海上娱乐及运动、景观开发工程；⑨国家海洋主管部门会同国务院环境保护主管部门规定的其他海洋工程。目前我国的海洋工程以海洋石油勘探和开发建设工程为主。

三、符合法律法规规定和有关标准

从法理上说，广义的法律包括了法规和标准，但当把法律法规和标准并列提出来的时候，是在强调它们三者的不同位阶和效力。因此，这里的符合法律法规和有关标准，包括了全国人大及其常委会制定的法律、国务院制定的行政法规和地方各级人大及其常委会制定的地方性法规、国家性的标准和地方性的标准等等。至于部委规章和地方规章等是否包含其中，从本条的变化所反映出来的目的和宗旨来看，当在此列，尽管没有单独列出来。

第三十五条　城乡建设应当结合当地自然环境的特点，保护植被、水域和自然景观，加强城市园林、绿地和风景名胜区的建设。

【条文释义】

本条是关于城乡建设环境保护的规定，是保留条文，即保留了《1989年环保法》第23条的规定。

依据本条，城市和乡村的建设应当实事求是、因地制宜，必须要综合考虑到该地区的自然生态环境的特点，进行符合当地环境资源禀赋的规划、开发和利用。不能单方面的讲速度、进度和尺度，极力避免同质化、模板化的城乡建设之出现。建设之前、之中和之后，皆要采取有效措施保护当地的植被、水域和自然的景观，并做好城乡园林、绿地和风景名胜区的建设。实际上，做好这些，有赖于明确城市环境保护与乡村环境保护的内涵和外延。

此处保留原法条的内容，其原因在于《1989年环保法》第23条基本上涵盖了城乡建设环境保护的相关原则性规定，且内容并未过时。从维护法律的稳定性的角度看，理应予以保留。进入21世纪以来，我国经济正在迅速的发展，大大改善了城乡居民生活水平，在社会主义现代化建设中城乡建设环境保护工作作为一个很重要的组成部分，与国民经济的发展、城乡人民物质文化生活水平有着直接的影响。近年来，伴随着缺乏有效的规划和管理等各种环境问题产生，使得城乡环境在一定程度上遭到破坏，环境污染现象日趋严重，城乡环境无法进入良性发展的轨道。撇开环境污染不谈，城乡建设过于呆板，缺乏地方特色，趋同化、同质化现象非常严重。因此，应该高度重视城乡建设中的环境保护问题以及如何因地制宜地在当地自然环境禀赋的基础之上进行开发和利用的问题。如此，方能在一个健康、舒适和优美的环境中生存与发展。

当然，一切的根源在于人。因为城乡规划、环境保护等问题归结起来都是相关于“人”的问题，对于人类自身的思考是这些问题最根本的出发点，在城乡规划中研究环境保护问题，就是要寻求人与自然环境的和谐，为人类自身聚落环境的发展提供可持续的路线。最终，实现时间与空间的、历史与地理的、城市与环境的和谐与可持续发展。不过略有遗憾的是，本条只是强调了加强城市的园林、绿地和风景名胜区的建设与管理，丝毫没有提及农村。事实上，相对于城市，农村承担了更多的生态功能并且相关的环保公共服务等非常滞后，在园林、绿地等方面的建设与管理上做到一视同仁会更加有益于城乡建设的和睦、人与自然的和谐。

一、城市建设中的环境保护

（一）城市环境综合整治

城市环境综合整治是在党和政府的领导下，强化政府环保部门的职权，依靠政府其他部门的分工配合，运用各种手段，组织和监督各单位和市民，从各方面防治环境污染的管理过程。城市环境综合整治的目的是提高城市基础设施的布局水平，改善经济发展中对环境产生有害影响的不合理经济结构，在不断消除和降低污染的同时，逐渐恢复城市生态系统的良性循环，争取以现代化的科技和知识把城市建设成生态良性循环、清洁优美的现代化城市。城市环境质量的提高不仅对居民生活具有重要的意义，良好的生态环境也是社会再生产得以顺利进行的重要前提，而城市环境综合整治是改善和维护城市环境质量的有效举措，既是我们发展经济的客观要求，同时也是经济发展的重要目的之一。

（二）城市环境规划

城市环境规划作为调控人们生产生活活动，减少污染，防止资源破坏，保护人类生存、经济和社会持续稳定发展所依赖的基础，它担负着从整体上、战略上和统筹规划上来研究和解决环境问题的任务，对于可持续发展战略的顺利实施起着十分重要的作用。

（三）城市绿化

城市绿化是栽种植物以改善城市环境的活动，城市绿化作为城市生态系统中的还原组织，使城市生态系统具有受到外来干扰和破坏而恢复原状的能力，就是通常所说的城市生态系统的还原功能。城市生态系统具有还原功能的主要原因是由于城市中绿化生态环境的作用，就是要充分利用城市绿化生态环境使城市生态系统具有还原功能，能够改善城市居民生活环境质量这一重要性质，也影响一个城市的名誉。

（四）城市环境污染防治

由于人口不断向城市集中、产业不断向城市集聚，相应的人流、物流、能流、信息流等更加频繁，城市环境污染问题发生的概率逐渐增大。对城市建设和发展可能产生的各种环境污染问题的全过程应该进行同期跟踪，及时应对污染影响扩散过程中的关键因素，并对污染治理的效果及时进行检验、反馈和改进，减缓或消除次生环境污染影响。尤其应强化对建设项目环境影响评价中的跟踪评价和规划环评中的后评价机制的监督和管理。在生产领域，重视对生产全过程的环境污染跟踪监测和污染控制；在生活领域，关注对环境敏感区（点）的环境质量监测和对环境保护对象的跟踪调查。

二、乡村建设中的环境保护

（一）乡村建设用地的划拨和审批

在集体所有的土地上设立的建设用地使用权，根据我国物权法的规定，集体所有的土地作为建设用地的，应当依照土地管理法等法律规定办理。主要包括乡（镇）村公益用地使用权、企业建设用地。需要使用土地的，经乡（镇）人民政府审核，向县级以上地方人民政府土地行政主管部门提出申请，按照省、自治区、直辖市规定的批准权限，由县级以上地方人民政府批准。人民政府在批准乡村建设用地方案时，应该考虑乡村环境容量、环境规划及环境保护政策。

（二）村镇规划建设

应该加强村、镇（乡）规划建设管理和生态环境保护，为改善人居环境提供服务。村镇规划是村镇建设的龙头，是村镇建设管理的依据，应该充分发挥规划对于村镇建设和环境保护的作用，依法制定和实施环保规划和国土规划，严格执行生态分级控制，优化区域生态格局。通过高起点规划、高标准建设、高效能管理，引领村镇建设的发展，实现社会经济持续发展、生态环境良性循环、村镇环境整洁优美、人与自然和谐相处的目标。让人民群众喝上干净的水，呼吸上新鲜的空气，吃上安全卫生的食物，在良好的环境中生活和工作。

（三）乡村环境卫生管理

加强乡村环境卫生管理是促进乡村经济可持续发展的重要保证。加强环境卫生管理可以提高农村人居生存质量，满足人们不断提高的物质文化生活需求，促进农村社会的可持续发展。由于我国城市化进程的不断加快，农村人民生活水平不断提高，环境卫生与经济、社会发展、与人民日益增长的物质文化生活的需要的差距不断扩大。切实提高农村的环境卫生水平，提高人居环境质量对建设农村生态文明具有重要的意义。

（四）乡镇企业环境管理

提高乡镇企业的环境管理水平已成为我国环境保护工作的重要任务，也是我国进行小城镇建设的可持续发展不可回避的问题，必须把乡镇企业环境管理放在战略的高度上予以重视。由于我国广大农村交通不便、通信手段落后、布局分散、规模较小，许多管理城市环境的成熟办法难以实施。目前乡镇企业普遍是中小工业企业，有的甚至是家庭手工作坊式生产，遍布全国各地，不可能普遍实施环境影响评价制度和“三同时”制度或直接监测为依据执行排污收费制度。而且许多县乡、镇的环境保护主管部门人员素质、技术设备等不满足要求，传统的依靠环保部门直接监控的环境管理体系对乡镇企业也收效甚微，面对严重的环境问题和管理环境的压力，乡镇企业建立自己的环境管理体系是一明智之举，也有着其必然性。

第三十六条　国家鼓励和引导公民、法人和其他组织使用有利于保护环境的产品和再生产品，减少废弃物的产生。

国家机关和使用财政资金的其他组织应当优先采购和使用节能、节水、节材等有利于保护环境的产品、设备和设施。

【条文释义】

本条是关于循环经济制度的规定和环境保护政府示范制度的规定，是新增条文。本条的两个条款均来源于我国《循环经济促进法》（2009 年 1 月 1 日起施行）的规定，并且，对《循环经济促进法》的规定而言，是修改条文。

本条第 1 款的规定来源于《循环经济促进法》（2009 年）第 10 条第 2 款的规定：“国家鼓励和引导公民使用节能、节水、节材和有利于保护环境的产品及再生产品，减少废物的产生量和排放量。”这一款规定在《循环经济促进法》中是对公民发展循环经济的要求。本款重要修改之处在于制度适用主体的拓展，也即发展循环经济的要求从《循环经济促进法》中规定的“公民”拓展到本款规定的“公民、法人和其他组织”，其意义在于，强调所有类型社会主体均要承担发展循环经济的义务。本款规定的有利于环境的产品，又可以称为“环境友好产品”。环境友好型产品是指在产品生命周期内对环境有益、友好的产品，也称为环境无害化产品或低公害产品。

它包括低毒涂料、节水、节能设备，生态纺织服装，无污染建筑装饰材料，可降解塑料包装材料，低排放污染物的汽车、摩托车、绿色食品、有机食品等。这类产品与传统产品的本质区别在于不仅能满足消费者的需求，而且符合环境保护的要求。“再生产品”，是指用回收利用的原料加工成的产品。

本条第2款的规定来源于《循环经济促进法》（2009年）第25条和第47条。该法第25条规定：“国家机关及使用财政性资金的其他组织应当厉行节约、杜绝浪费，带头使用节能、节水、节地、节材和有利于保护环境的产品、设备和设施，节约使用办公用品……”这一规定在《循环经济促进法》中是关于国家机关及其他组织的资源节约的规定。《循环经济促进法》第47条规定：“国家实行有利于循环经济发展的政府采购政策。使用财政性资金进行采购的，应当优先采购节能、节水、节材和有利于保护环境的产品及再生产品。”这一条规定在《循环经济促进法》中是对政府采购制度的规定。本条第2款规定的是政府在环境保护中的示范作用，“国家机关和使用财政资金的其他组织应当优先采购和使用节能、节水、节材等有利于保护环境的产品、设备和设施”。这一规定要求只要是使用财政资金采购的，应当优先采购和使用节能、节水、节材等有利于保护环境的产品、设备和设施。

一、提升促进循环经济对保护和改善的源头控制与治理意义

保护和改善环境必须重视源头控制与治理，而促进发展循环经济是一种重要的保护和改善环境的理念与方式。循环经济是指在生产、流通和消费等过程中进行的减量化、再利用、资源化活动的总称，也是资源节约和循环利用活动的总称。循环经济作为一种新的发展模式，是在我国传统的高消耗、高排放、低利用的经济增长模式所带来的资源约束和环境压力背景下提出来的。“减量化、再利用、资源化”是作为循环经济的重要理念和主要内容。“国家鼓励和引导公民、法人和其他组织使用有利于保护环境的产品和再生产品”，其中，使用“有利于环境保护的产品”是建设环境友好型社会的需要，使用“再生产品”体现了循环经济发展所要求的“再利用”的价值和行为方式，“减少废弃物的产生”则是“减量化”的典型体现。“减量化”是循环经济的第一原则，是指在生产、流通和消费等过程中通过优化经济布局、产业结构升级、清洁生产、绿色消费等措施，最大限

度地减少对原生资源的消耗，降低废物的产出。

二、凸显环境保护政府示范的重要意义

本条的规定是在对《循环经济促进法》第25条和第47条的规定结合的基础上进行的制度拓展。《循环经济促进法》第25条是国家机关及其他组织的使用“节能、节水、节材等有利于保护环境的产品、设备和设施”和资源节约的规定；第47条是关于政府采购制度规定：“国家实行有利于循环经济发展的政府采购政策。使用财政性资金进行采购的，应当优先采购节能、节水、节材和有利于保护环境的产品及再生产品。”

除了合并之外，本条的重要创新还在于该制度适用主体的拓展，即将《循环经济促进法》中的制度适用的主体从第25条的“国家机关及其他组织”和第47条规定的“国家”上升和拓展为“国家机关和使用财政资金的其他组织”。这一主体范围的拓展扩大了既有规定关于“绿色采购”的适用范围。这一规定直接针对的是当前大量的环境污染与生态破坏但难以治理的情形，构建的是一种源头控制制度。

第三十七条　地方各级人民政府应当采取措施，组织对生活废弃物的分类处置、回收利用。

【条文释义】

本条是关于地方各级人民政府承担的生活废弃物的分类处置、回收利用制度的规定，是新增条文。

本条规定的是地方各级人民政府承担的生活废弃物的分类处置和回收利用的责任，要求地方各级人民政府采取措施，组织对生活废弃物的分类处置、回收利用。“生活废弃物”是指在日常生活和其他社会活动中产生的，社会主体为满足自身发展需要，利用物质条件在生产、生活过程中产生的被弃置的附属物。生活废弃物包括居民生活垃圾、单位生活垃圾、道路清扫垃圾、公共场所垃圾、商业摊点垃圾、集贸市场垃圾、餐饮垃圾、建筑垃圾等废弃物。“分类处置”是指根据生活废弃物的成分、属性的不同，利用价值及对环境影响的大小，而对其进行的不同种类的划分，进而进行不同用途和功能的处理。“回收利用”是指将生活废弃物转变成新的产品，以防止浪费潜在的可用的材料，降低全新原材料的消耗，降低能源的使用。

一、明确责任：规定地方人民政府应承担生活废弃物处理的主要责任

生活废弃物危害严重，会对土壤、大气、水体和人体健康造成多重危害，应当有政府、社会及其他类型社会主体综合参与共治，但地方各级人民政府应当发挥主导作用，提供有效的充足的政策、制度和措施供给，这也是国外环境法治发达供给提供的先进经验。

二、创新理念：本条不再沿用“生活垃圾”而是“生活废弃物”

我国现行的环境法律体系中有关于生活废弃物的规定的立法已有不少，包括《固体废物污染环境防治法》、《循环经济促进法》、《城市生活垃圾管理办法》、《再生资源回收管理办法》等。这些法律法规为促进生活废弃物的有效处置提供了法律依据，但在立法理念上应有所更新。也即是说，现有立法应当重视从循环经济的“3R”原则（减量化、再利用、再循环）的角度规范生活废弃物处理，而现行立法将其视为“生活垃圾”。比如，《固体废物污染环境防治法》（2005 年）第 88 条规定：“生活垃圾，是指在日常生活中或者为日常生活提供服务的活动中产生的固体废物以及法律、行政法规规定视为生活垃圾的固体废物。”还有专门制定的《城市生活垃圾管理办法》，均应当从思路上将“生活垃圾”转换为“生活废弃物”。

三、明晰路径：生活废弃物的分类处置、回收利用

我国现行的法律体系中有关于生活废弃物分类处置的规定，《城市生活垃圾分类及其评价标准》（CJJ/T102－2004（3））等也对“生活垃圾”进行了具体的规定。因此，当前生活废弃物处理的困境除了现行的规范冲突之外，最大的困境在于生活废弃物分类制度实施的困境，生活废弃物分类制度的实施是后续的处置与回收利用的前提。因此，需要地方各级人民政府积极采取措施承担组织作用，包括：第一，积极的宣传教育活动；第二，对生活废弃物分类处理的全过程进行合理分配和充分的监管；第三，扶持和鼓励民间资本进入生活废弃物回收处理领域，培育市场，最后才能有效促进生活废弃物的处置与回收利用。

第三十八条　公民应当遵守环境保护法律法规，配合实施环境保护措施，按照规定对生活废弃物进行分类放置，减少日常生活对环境造成的损害。

【条文释义】

本条规定的是公民承担的生活废弃物分类放置的法定义务，是新增条文。

本条具体规定的是公民需要承担的生活废弃物分类放置法定义务的具体内容。公民应当遵守环境保护法律法规体系对于生活废弃物分类处置的相关规定，配合地方各级人民政府采取的环境保护措施，按照法律法规和地方制度措施的规定分类放置生活废弃物，从而实现减少日常生活对环境造成损害的目标。

本条规定的重要亮点和意义在于，通过制度规范将保护与改善环境的责任落实到公民个人应当承担的具体义务。

生活废弃物指公民在生活活动中产生的废弃物。我们现行的法律体系和制度实施均重视经济发展、自然资源开发利用中产生的环境污染与破坏，但公民日常生活排放的生活废弃物所造成的环境损害同样不可忽视。环境污染分为点源污染和面源污染，点源污染因其有固定排放点故相当较为容易监管和控制，但是，面源污染因为没有固定污染排放点而较难受到监管和控制。面源污染分为城市面源污染和农村面源污染。在传统环境立法秉持的监管－遵守、命令－服从的关系模式下，通过监管的方式预期实现的生活废弃物排污控制的难度较大，因为每个公民均要排放生活废弃物，而生活废弃物排污者人数广泛、分散，监管成本过高，这使得对于生活废弃物的控制与治理需要改变思路，重视每个个体公民的积极性与防治作用的发挥。通过公民自己去履行生活废弃物分类处置的义务，才能实现制度预期效果。

在我国，规范生活废弃物的法律依据散见于其他法律法规、规章制度、环境标准和地方立法之中。我国还制定了《城市生活垃圾分类及其评价标准》（CJJ/T102－2004（3））以对生活废弃物进行细致分类。因此，我国的生活废弃物处理所折射的制度实施问题核心症结不在于没有专门立法或制度缺失，而是政府主导下的生活废弃物防治制度根本上难以落实于每个个体。因此，规定公民“遵守环境保护法律法规，配合实施环境保护措施，按照规定对生活废弃物进行分类放置”的责任，这样才能调动每个公民积极性，按照现行的相关规定建立生态补偿制度，以减少日常生活对环境造成的损害。

第三十九条　国家建立、健全环境与健康监测、调查和风险评估制度；鼓励和组织开展环境质量对公众健康影响的研究，采取措施预防和控制与环境污染有关的疾病。

【条文释义】

本条是关于加强环境与健康工作的规定，是新增条文。

一、立法目的

经过改革开放30多年的迅猛发展，我国已经步入了工业化中期阶段，发达国家上百年工业化过程中分阶段出现的环境问题在我国集中出现，环境污染导致健康损害的问题近年来频繁发生。据统计，在“十一五”期间发生的232起较大（Ⅲ级以上）环境事件中，56起为环境污染导致健康损害事件；37起环境事件发展为群体性事件，涉及环境与健康问题的就有19起。陕西省凤翔县、河南省济源市和湖南省武冈市等31起重特大重金属污染事件，对群众健康和社会稳定都造成了严重威胁，在国内外产生了恶劣影响。

当前我国环境与健康问题呈现如下特点：一是复合型污染严重，污染范围广，暴露人口多；二是人群暴露时间长，污染物暴露水平高，历史累积污染对健康影响短时间内难以消除；三是城乡差异显著，大气污染是我国城市地区、水污染和土壤污染是农村地区面临的主要环境与健康问题；四是由于基础卫生设施不足导致的传统环境与健康问题还没有得到妥善解决的同时，由工业化、城市化进程带来的环境污染与健康风险逐步增强。从发展趋势看，上述四个方面的问题短期内难以解决，未来环境污染的健康风险逐步增强，环境与健康工作形势严峻。

我国政府已开始着手化解环境与健康风险。原国家环保总局与原卫生部于2006年确立了《卫生部、国家环保总局环境与健康工作协作机制》，建立了国家环境与健康工作领导小组、联合办公室、专家咨询委员会、主题工作组等4个层面的组织机制，负责研究、出台若干重大调整的对环境与健康工作的作用，指导环境与健康工作的发展。2007年11月，18个部委又联合出台了《国家环境与健康行动计划（2007－2015）》，这也是中国环境与健康领域的第一个纲领性文件。根据该计划，国家成立了由原卫生部、原环保总局为牵头部门，发展改革委、教育部、科技部、财政部、国土资源部、建设部、交通部、水利部、农业部、商务部、广电总局、统计局、安全监管总局、国务院法制办、气象局、中医药局等部门参加的国家环境与健康工作领导小组，并成立国家环境与健康专家咨询委员会，实行领导小组例会制度、联合办公室工作制度、共同协调地方工作制度等。云南、湖南、广东、黑龙江等省份也通过了本省的环境与健康行动计划。2011 年 8 月，环境保护部又公布了《国家环境保护“十二五”环境与健康工作规划》，进一步明确了“十二五”期间环境与健康工作的重点领域和主要任务。

但是，尽管由于环境立法受到中国发展阶段的客观局限，以及中国实际上存在的“部门立法”体制，导致环境与健康工作没有得到应有的重视，环境与健康监管并未真正进入法律制度安排。当中国进入环境污染危害人群健康的集中爆发期时，“监管缺位”、“法律失语”严重。在儿童血铅事件、镉大米事件、锰三角事件频繁见诸媒体的情况下，政府被迫采取应对措施。中国现行环境立法并未建立在“风险预防”理念之上，并未将环境与健康问题纳入统一立法，缺乏环境与健康立法的“顶层设计”，因而环境与健康工作迟迟进展不大。具体表现为：一是环境与健康工作体制尚未制度化。双牵头部门的设置存在有牵头无统筹、有分工无责任、有信息无共享的悖论，环境与健康工作在环保系统和卫生系统都有明显的边缘化趋势；省级以下基本没有环境与健康工作的安排。二是现行环境管理手段不能满足环境与健康风险管理的需求。现行环境标准体系未能以人体健康保障为核心；环境影响评价制度也缺乏健康风险评价的内容；常规的环境监测并未覆盖全部污染物，与人体健康关系密切的重金属、有机污染物等指标的监测过去基本没有纳入监测范围，以疾病为中心的卫生监测不能及时揭示健康风险及环境疾病负担，且监测指标之间不衔接、监测环节不对接、监测结果不共享等。

有鉴于此，草案在第三次审议时，有代表提出，环境污染对人体健康危害很大，当前已进入集中爆发期，立法应关注环境与健康问题，草案已将保障人体健康作为立法宗旨，国家也专门出台了“环境与健康行动计划”，建议进一步完善有关环境与健康保护的制度。法律委员会经研究，在第四次审议草稿中新增第 39 条“国家鼓励和组织环境质量对公众健康影响的研究，采取措施预防和控制与环境污染有关的疾病”。在第四次审议时，有委员指出，重视环境对人体健康影响的理念应该贯穿于本法始终，建议将第 39 条调整至总则；也有委员指出，政府有责任对可能存在的环境与健康问题开展常规性的调查、监测工作，不能等到群众反响强烈了再来做工作，且环境与健康问题一旦产生，后果就很严重且很难消除，需要制度性地开展环境与健康风险评估工作以落实预防原则，故建议将草案建议第 17 条“国家建立、健全环境监测制度”修改为“国家建立、健全环境与健康调查、监测与风险评估制度”。本法通过时吸收了委员的相关意见，将之统合为第 39 条。

二、国家建立、健全环境与健康工作制度

环境与健康监测、调查是开展环境与健康工作的基础。不同于单纯的环境监测，环境与健康监测是一种综合监测，不仅要求在各相关部门尤其是环保部门与卫生部门之间建立监测数据交换和信息共享机制，同时要求在“污染源—环境介质—人体负荷—健康效应”完整的环境与健康因果关系链上进行全面监测。

环境与健康调查主要是要解决底数不清给环境与健康工作带来的瓶颈问题。目的是识别主要环境危险因子、提出有效应对措施，并为开展环境健康风险评估提供支撑。

环境健康风险评估是（Environmental Health Risk Assessment，EHRA）是环境与健康工作的基本工具，是指利用现有的毒理学、流行病学及实验研究等最新成果，按一定准则，对有害环境因素作用于特定人群的有害健康效应（病、伤、残、出生缺陷、死亡等）进行综合定性与定量评估的过程。美国国家科学院和国家研究委员会于 1983 年在《联邦政府关于风险评价程序的报告》中将健康风险评估过程分为危害识别（Hazard Identification）、暴露评估（exposure assessment）、剂量 - 反应关系（dose - response assessment）、和风险表征分析（Risk characterization analysis）四个步骤，并得到世界许多国家的认可。

三、国家开展环境与健康科学研究以及防控环境健康损害

科研能力薄弱是我国推进环境与健康工作面临的一大障碍，长期的系统化基础研究不足，缺少规范的环境与健康调查技术方法，一些重要的领域如环境污染导致人体健康损害的致病机理、暴露途径、暴露生物标识物的确定，有害污染物的健康危害评价指标和分析测试技术，以及环境与健康风险评价等方面研究明显不足，研究成果对管理决策的支持不够，不能为有效应对环境健康事件、开展环境与健康风险管理提供技术支撑。因而，本条规定国家应鼓励和组织开展环境质量对公众健康影响的研究。

环境污染引发的人群健康危害具有复杂、不确定与不可逆等特性，但现行环境法律法规中有关环境与健康工作的内容过于原则化，缺乏真正符合环境与健康工作需要的法律制度和标准体系，许多环境管理制度及管理目标大多缺乏与健康问题的衔接，一些与环境与健康问题密切相关的重要环境管理制度尚未建立起来，要达到预防和控制与环境污染有关的疾病，需要国家建立健全环境与健康管理的体制机制和工作手段。

四、未来加强环境与健康工作的基本方向

本条是环境与健康工作的纲领性条款，标志着环境与健康工作的法制化，为未来进一步加强环境与健康工作提供了法律依据，具有重要意义。本法生效后，环境与健康工作需重点围绕以下领域进行开展：

（一）健全环境与健康管理体制

需要改变目前环境与健康管理存在的科技与法律断裂、权力与权力断裂、政府与社会断裂的现状，建立系统思维，建立高效运转的协同机制。为此，需要强化政府环境与健康职能，建立整合、协调的环境与健康管理体制，进一步完善和强化协作机制，推动地方成立环境与健康工作领导小组，逐步建立监测网络互联、信息共享、危机处理责任共担为核心的部门协作机制。推动地方人民政府逐步建立和完善环境与健康的专门管理机构，并将环境与健康工作的落实情况纳入目标责任制和考核评价系统。

（二）加强环境与健康问题调查

针对环境健康问题突出、群众反映强烈议论多的一些重点地区，开展环境与健康专项调查，掌握我国主要污染物（重金属污染、有机污染物污染、复合污染）对人群健康影响的种类、程度、性质、分布和城乡差异，明确影响人群健康的主要污染物来源及其影响人群健康的主要途径、方式、高危人群和健康效应谱，初步确定环境污染健康风险类型和等级，根据调查结果，提出调查地区特征污染物防治与健康防护的政策措施。

（三）建立环境与健康综合监测网络

环保系统与卫生系统应加强沟通，依托现有的环境监测网络，增加特征污染物监测指标，加密环境监测点，探索出一套可服务于环境与健康风险管理的监测指标、评价方法和信息交流反馈机制，定期开展环境污染对人群健康影响风险评估，在其他环境与健康高风险区域或行业进行推广应用。

（四）完善环境与健康法规、标准体系

鉴于环境与健康问题的特殊性，为有效推动环境与健康工作，有必要制定环境与健康领域的法律法规，明确环境与健康的管理体制和基本管理制度，包括环境与健康风险评估制度、准入制度、综合监测与信息共享及制度、环境与健康损害赔偿或补偿制度等。同时，环境与健康相关标准体系框架，重点包括环境与健康风险评价技术规范、环境与健康风险防控区划分和分级技术规范和污染物的人体暴露限值等。

（五）建立以健康风险评估为基础的风险管理信息系统

建立环境与健康风险管理信息服务系统，包括环境污染物毒性资料数据库、国内外环境污染导致健康损害案例数据库、环境与健康基础调查数据库等。根据国家环境与健康工作领导小组协调工作机制，建立国家环境与健康信息共享机制，加强环境与健康数据信息的交流与发布以及公共服务能力建设。

第四章　防治污染和其他公害

第四十条　国家促进清洁生产和资源循环利用。

国务院有关部门和地方各级人民政府应当采取措施，推广清洁能源的生产和使用。

企业应当优先使用清洁能源，采用资源利用率高、污染物排放量少的工艺、设备以及废弃物综合利用技术和污染物无害化处理技术，减少污染物的产生。

【条文释义】

本条是关于“清洁生产和循环经济”制度的规定，是修改条文，是在《1989 年环保法》第 25 条的基础上修改而成：“新建工业企业和现有工业企业的技术改造，应当采用资源利用率高、污染物排放量少的设备和工艺，采用经济合理的废弃物综合利用技术和污染物处理技术。”

本条文第1款是新增加内容，该款对国家推行清洁生产和循环经济制度作了原则性规定；第2款也是新增加内容，明确了国务院有关部门和地方各级人民政府推广清洁能源的生产和使用的义务；第3款属于修改内容，把原条文“新建工业企业和现有工业企业的技术改造”的表述修改为了“企业应当优先使用清洁能源”，把“采用经济合理的废弃物综合利用技术和污染物处理技术”的表述修改为了“废弃物综合利用技术和污染物无害化处理技术”，更加强调使用清洁能源和无害化技术的推广和使用。这一修改与清洁生产和循环经济制度在我国的发展及其重要性有关。

一、清洁生产的发展与重要性

清洁生产是20世纪80年代以来发展起来的一种新的、创造性的保护环境资源的战略措施，是可持续发展的必然选择，已经成为世界各国实施可持续发展战略的重要措施和优先领域。根据联合国环境规划署1989年提出的定义：“清洁生产是指将综合预防的环境策略持续地应用于生产过程和产品中，以减少对人类和环境的风险性。”中国清洁生产制度始于20世纪90年代，后逐渐得到推广。1993年第二次全国工业污染防治工作会议正式提出推行清洁生产后，此后的《大气污染防治法》、《水污染防治法》、《固体废弃物》等法律法规中增加了有关清洁生产的规定；1999年《太原市清洁生产条例》是我国首部关于清洁生产的地方性法规，其推动了清洁生产制度在全国的确立和推广；2003年施行的《清洁生产促进法》，标志着我国清洁生产制度走向正规，并为全国实施清洁生产提供了法律依据；2005年《可再生能源法》揭开了我国大规模采用清洁能源的序幕，推动了中国的可持续发展事业；本次《环境保护法》修订再次将清洁生产制度纳入进来，体现了国家对清洁生产制度的高度重视，反映了建设美丽中国和实现生态文明的制度需求。

清洁生产是指利用无污染或者少污染的原材料、能源、工艺、设备和生产方法以及科学的内部管理，生产出清洁的产品。正如2002年《清洁生产促进法》对清洁生产的定义所提出的“三清”——清洁的能源、清洁的生产过程和清洁的产品。我们认为，清洁生产主要包括以下三方面的内容：

（1）自然资源的合理利用。要求以最小的投入获得最大的产出。

（2）经济效益的最大化。通过节约资源、降低损耗、提高效能和产品质量，达到降低生产成本，提升企业竞争力的目的。

（3）环境危害最小化。通过最大限度地避免和减少使用有毒害物料，采用无废、少废技术，减少生产过程中的危险因素，注重废物回收和循环利用，采用可循环可降解材料完成产品生产和包装，改善产品功能等一系列环保措施，实现对人类健康和环境的危害最小化和“工业绿化”的目的。

二、循环经济的发展与重要性

中国顺应国际立法趋势，通过在立法中确立循环经济制度，来进一步推动、促进中国循环经济的发展。目前，我国的循环经济立法体系包括基本法、综合法、单行法三个层面。《宪法》第9条第2款规定的“国家保障自然资源的合理利用”，应解释为包含对循环经济制度的要求，这构成了循环经济立法体系的第一个层面——基本法层面。此次修订的《环境保护法》和2002年6月第九届全国人大常委会第二十八次会议通过的《清洁生产促进法》共同构成了循环经济立法体系的第二个层面——综合法层面。现行的《节约能源法》、《固体废物污染环境防治法》、《水污染防治法》、《矿产资源法》等构成了循环经济立法体系的第三个层面——单行法层面。这些立法中关于循环经济制度的规定，为中国循环经济的发展提供了法律制度的保障。

循环经济是一种将经济体系与环境资源紧密结合的生态经济模式，其包括以下三个原则：

（1）减量化原则。即旨在减少生产源头的资源投入，要求用尽可能少的原料与能源达到既定的生产目的或消费目的。

（2）再利用原则。即意在延长产品或服务的使用时间。也就是说，尽可能多次或以多种方式使用物品，避免过早地成为垃圾，抵制一次性用品的泛滥。

（3）再循环原则。即要求生产出来的产品生产出来的产品在完成其使用功能后能重新变成可以利用的资源而不是无用的垃圾，也就是说废弃物可以再次变成资源为人所用，一般指我国所说的废品回收利用和废物的综合利用。

第四十一条　建设项目中防治污染的设施，应当与主体工程同时设计、同时施工、同时投产使用。防治污染的设施应当符合经批准的环境影响评价文件的要求，不得擅自拆除或者闲置。

【条文释义】

本条是关于“三同时”制度的规定，是修改条文，是在《1989 年环保法》第 26 条的基础上修改而成：“建设项目中防治污染的设施，必须与主体工程同时设计、同时施工、同时投产使用。防治污染的设施必须经原审批环境影响报告书的环境保护行政主管部门验收合格后，该建设项目方可投入生产或者使用。防治污染的设施不得擅自拆除或者闲置，确有必要拆除或者闲置的，必须征得所在地的环境保护行政主管部门同意。”

《2014 年环保法》规定的防治污染的设施不再需要“经原审批环境影响报告书的环境保护行政主管部门验收合格”，同时删除了原条文“确有必要拆除或者闲置的，必须征得所在地的环境保护行政主管部门同意”的规定。这是因为该条处于“防治污染与其他公害”这一章，上述删除内容若放在此处不合逻辑，另有其他章的条文予以规定。“三同时”制度是指一切新建、改建和扩建的基本建设项目（包括小型建设项目）、技术改造项目以及自然开发项目和可能对环境造成损害的工程建设，其中防治污染和其他公害的设施及其他环境保护设施，必须与主体工程同时设计、同时施工、同时投产的法律规定。建设项目一般包括设计、施工和投入使用三个阶段，“三同时”制度贯穿于建设项目的全过程，并对三个阶段提出了不同的要求。这有利于控制新污染源的产生和贯彻预防为主的原则，有利于保证项目建成后企业排放的污染物符合国家或者地方规定的标准。该制度是我国环境保护工作的一个创举，修改后的条文其对防治污染设施的建设、质量、拆除或者闲置提出了具体要求。

一、防污设施的建设

（一）建设项目设计阶段

初步设计必须有环境保护的内容，其内容包括：环境保护设施的设计依据；环境影响报告书或报告表及审批规定的各项要求和措施；防治污染的处理工艺流程、预期效果；对资源开发引起的生态变化所采取的防范措施；绿化设计、监测手段、环境保护投资的概算、预算等。建设单位负责落实初步设计中的环境保护措施；建设项目的主管部门负责初步设计中环境保护内容的预审和监督建设项目设计中环境保护措施的落实；各级人民政府的环境保护行政主管部门，负责初步设计中环境保护内容的审查。

（二）建设项目施工阶段

建设单位应严格按照环境影响报告书（表）和审批意见的要求以及审计文件中环境保护篇章的规定，在主体施工的同时落实环境保护设施的施工，并应当保护施工现场周围的环境，防止对自然环境的破坏，防止或减轻粉尘、噪声、震动等对周围生活居住区的污染和危害。

（三）建设项目正式投产或使用前

建设单位必须向负责审批的环境保护部门提交《环境保护设施竣工验收报告》，说明环境保护设施运行的情况、治理的效果和达到的标准，经验收合格并发给环境保护设施验收合格证后，才可以正式投产使用。未取得“环境保护验收合格证”的建设项目，工商行政管理部门不得办理营业执照。

（四）验收和正式投产使用阶段

环境保护行政主管部门负责环境保护设施的竣工验收，负责环境保护设施运转和使用情况的监督检查，建设项目的主管部门负责环境保护设施竣工验收的预审，监督项目竣工后环境保护设施的正常运转。

二、防污设施的质量

防治污染的设施防治污染的设施应当符合经批准的环境影响评价文件的要求。若防污设施没有建成或者没有达到国家规定的要求，投入生产或使用的，由批准该建设项目环境影响报告书的环境保护行政主管部门责令停止生产或者使用，可并处罚款。

三、防污设施的拆除或者闲置

防治污染的设施不得擅自拆除或者闲置，确需拆除或者闲置的须经所在地的环境保护行政主管部门同意。

第四十二条　排放污染物的企业事业单位和其他生产经营者，应当采取措施，防治在生产建设或者其他活动中产生的废气、废水、废渣、医疗废物、粉尘、恶臭气体、放射性物质以及噪声、振动、光辐射、电磁辐射等对环境的污染和危害。

排放污染物的企业事业单位，应当建立环境保护责任制度，明确单位负责人和相关人员的责任。

严禁通过暗管、渗井、渗坑、灌注或者篡改、伪造监测数据，或者不

正常运行防治污染设施等逃避监管的方式违法排放污染物。

【条文释义】

本条是关于“环境保护责任”制度的规定，是修改条文，是在《1989年环保法》第24条的基础之上修改而成：“产生环境污染和其他公害的单位，必须把环境保护工作纳入计划，建立环境保护责任制度；采取有效措施，防治在生产建设或者其他活动中产生的废气、废水、废渣、粉尘、恶臭气体、放射性物质以及噪声、振动、电磁波辐射等对环境的污染和危害。”

《2014年环保法》把“产生环境污染和其他公害的单位”修改为了“排放污染物的企业事业单位和其他生产经营者”，将实践中的其他生产经营者也纳入进来，这扩大了主体范围；增加了“医疗废物”和“光辐射”内容，这两类污染近年来愈发严重，故纳入调整范围；增加了单位负责人和相关人员的责任，这有助于环境保护责任制度的贯彻落实；增加了严禁以逃避监管的方式违法排放污染物，这是为了规制实践中私铺暗管、私打渗井、私挖渗坑、偷偷灌注，私自篡改或伪造数据，以及不正常运行防治污染设施等行为。环境保护责任制度指以环境法律规定为依据，把环境保护工作纳入计划，以责任制为核心，以签订合同的形式，规定企业在环境保护方面的具体权利和义务的法律责任制度。这一制度包括排污者的环境污染防范义务、排污单位负责人的责任、重点排污单位的环境污染监测义务，以及严禁逃避监管的行为等四个方面的内容。

一、环境保护责任制度

（一）排污者的环境污染防范义务

向环境中排放污染物的企业、事业单位，以及个体工商户等其他生产经营者，应当提前或者及时采取有效的措施，防治生产建设或者其他活动中产生的废气、废水、废渣、医疗废物、粉尘、恶臭气体、光辐射、放射性物质以及噪声、震动、电磁辐射造成环境污染。

（二）排污单位负责人的责任

即向环境中排放污染物的企业、事业单位，要将环境保护纳入单位发展计划，制定明确的环境保护任务和指标，明确单位环境保护负责人和相关人员，明确排污单位的权利和义务、负责人的权利和义务，落实到生产管理、技术管理等各个方面和环节，并建立考核和奖惩制度。一旦排污单位违反协议排污，便依据协议追求单位负责人和相关人员的环境保护责任。

（三）重点排污单位的环境污染监测义务

列入重点排污名录的单位向环境中排放污染物，必须安装符合规定和监测规范的监测设备，并应该确保监测设备能够正常工作，监测所获得的原始监测数据要妥善保存以备查。

（四）严禁逃避监管的行为

国家禁止通过私铺暗管、私打渗井、私挖渗坑、偷偷灌注，私自篡改或伪造数据，以及不正常运行防治污染设施等逃避监管的方式，并禁止排污单位通过上述行为将排放的污染物排放到地下水体、地表水体，或者将污染物掩埋、深埋到地下，或者篡改、伪造排污数据等以逃避排污责任。

二、修改的具体原因

（一）中国面临着严峻的排污形势

环境污染是指人们在生产和生活活动中，向环境中排入了超过环境自净能力的物质或能量，使得环境化学、物理、生物等性质发生变异，从而导致环境质量下降，破坏了生态平衡或者危害了人类正常生存和发展的条件。目前，我国面临着严峻的环境污染形势，例如废气、废水、废渣、粉尘、恶臭气体、放射性物质以及噪声、震动、电磁波辐射、光污染、废热等，给环境带来了污染，给生态造成了破坏，给人体健康带来了损害。

（二）现行立法关于"环境保护责任"制度规定之不足

现行法，如《大气污染防治法》、《水污染防治法实施细则》、《环境噪声污染防治法》、《固体废物污染环境防治法》、《放射性污染防治法》、《医疗废物管理条例》等对于环境保护责任都做出了相应的规定。这些立法内容虽然体现了"预防为主"、"防治结合"两个原则。前者是指产生环境污染和其他公害的单位，必须把环境保护工作纳入计划，建立环境保护责任制度；后者是指产生环境污染和其他公害的单位，采取有效措施，防治在生产建设或者其他活动中产生的废气、废水、废渣、粉尘、恶臭气体、放射性物质以及噪声、振动、电磁波辐射等对环境的污染和危害。但是，只是没有或者没有全部把通过暗管、渗井、渗坑、灌注或者篡改、伪造监测数据，或者不正常运行防治污染设施等逃避监管的方式违法排放污染物的新现象、新行为纳入调整范围。

（三）排污单位的排污行为需要立法规制

实践中，诸多环境污染是伴随着企业事业单位和其他生产经营者的违法生产活动而产生的，例如因私铺暗管、私打渗井、私挖渗坑、偷偷灌注，以及私自篡改或伪造数据等行为而产生的废气污染、废水污染、废渣及其他固体废物污染、噪声污染、放射性污染，电磁波辐射污染等。这些污染行为已经影响到国家的环境管理秩序，并对生态环境和人体健康造成了显著的或者潜在的危害。因此，必须通过立法的途径来规制企业事业单位和其他生产经营者的违法排污行为，追究违法者的责任，预防污染现象的发生、蔓延。

第四十三条　排放污染物的企业事业单位和其他生产经营者，应当按照国家有关规定缴纳排污费。排污费应当全部专项用于环境污染防治，任何单位和个人不得截留、挤占或者挪作他用。

依照法律规定征收环境保护税的，不再征收排污费。

【条文释义】

本条是关于“排污收费”制度的规定，是修改条文，是在《1989 年环保法》第 28 条的基础上修改而成：“排放污染物超过国家或者地方规定的污染物排放标准的企业事业单位，依照国家规定缴纳超标准排污费，并负责治理。水污染防治法另有规定的，依照水污染防治法的规定执行。征收的超标准排污费必须用于污染的防治，不得挪作他用，具体使用办法由国务院规定。”

新修改条文将“其他生产经营者”纳入征收排污费对象，这是基于实践中其他生产经营者排污现象严重的现实考虑；新修改条文还禁止了实践中存在的截留、挤占或者挪作他用等违法使用排污费的现象；增加“依照法律规定征收环境保护税的，不再征收排污费”规定，一方面是为了避免重复征费，减轻征费对象的负担，另一方面为接下来的税费改革提供法律依据和奠定基础。排污收费制度又称征收排污费制度，是指国家环境管理机关根据法律规定对排放污染物者征收一定费用的法律制度。具体而言，新条文涉及排污费的征收对象和范围、使用管理，排污费的征收标准，避免排污费重复征收等问题。

一、排污费的征收

(一) 排污费的征收对象和范围

(1) 排污费的征收对象。直接向环境排放污染物的企业、事业单位，以及个体工商户等其他生产经营者，应当依照《排污费征收使用管理条例》的规定缴纳排污费。另据《水污染防治法》规定："企业事业单位向水体排放污染物的，按照国家规定缴纳排污费；超过国家或者地方规定的污染物排放标准的，按照国家规定缴纳超标准排污费。"据此规定，向水体排污的单位，即使未超过污染物排放标准，也要缴纳排污费。

(2) 排污费的征收范围。根据《排污费征收使用管理条例》、《关于调整超标污水和统一超标噪声排污费征收标准的通知》和《放射环境管理办法》的规定，征收排污费的污染物包括污水、废气、固体废物、噪声和放射性等几大种类。但对于蒸汽机车和其他流动污染源排放的废气，在符合环境保护标准的储存或者处置的设施、场所内储存、处置的工业固体废物，进入城市污水集中处理设施的污水，不征收排污费。

(二) 排污费的征收标准

(1) 依照《大气污染防治法》、《海洋环境保护法》的规定，向大气、海洋排放污染物的，按照排放污染物的种类、数量缴纳排污费。

(2) 依照《水污染防治法》的规定，向水体排放污染物的，按照排放污染物的种类、数量缴纳排污费；向水体排放污染物超过国家或者地方规定的排放标准的，按照排放污染物的种类、数量加倍缴纳排污费。

(3) 依照《固体废物污染环境防治法》的规定，没有建设工业固体废物储存或者处置的设施、场所，或者工业固体废物或者处置的设施、场所不符合环境保护标准的，按照排放污染物的种类、数量缴纳排污费；以填埋方式处置危险废物不符合国家有关规定的，按照排放污染物的种类、数量缴纳危险废物排污费。

(4) 依照《环境噪声污染防治法》的规定，产生环境噪声污染超过国家环境噪声标准的，按照排放噪声的超标声级缴纳排污费。

(三) 排污费的管理和使用

排污费的征收、使用必须严格实行"收支两条线"，征收的排污费一律上缴财政，环境保护执法所需经费列入本部门预算，由本级财政予以保障。排污费必须纳入财政预算，列入环境保护专项资金进行管理，由环境保护行政主管部门会同财政部门按照“专款专用，先收后用，量入为出，不得超支挪用”的原则统筹使用。《排污费征收使用管理条例》要求，使用环境保护专项资金的单位和个人，必须按照批准的用途使用。县级以上人民政府财政部门、环境保护行政主管部门应当加强对环境保护专项资金使用的管理和监督，并且每季度向本级人民政府、上级财政部门和环境保护行政主管部门报告本行政区域内环境保护专项资金的使用和管理情况。审计机关应当加强对环境保护专项资金使用和管理的审计监督。县级以上人民政府环境保护行政主管部门、财政部门、价格主管部门的工作人员有下列行为之一的，依照刑法关于滥用职权罪、玩忽职守罪或者挪用公款罪的规定，依法追究刑事责任；尚不够刑事处罚的，依法给予行政处分：①违反本条例规定批准减缴、免缴、缓缴排污费的；②截留、挤占环境保护专项资金或者将环境保护专项资金挪作他用的；③不按照《排污费征收使用管理条例》的规定履行监督管理职责，对违法行为不予查处，造成严重后果的。

（四）避免重复征收排污费

依据《排污费征收使用管理条例》规定，排污者向城市污水集中处理设施排放污水、缴纳污水处理费用的，不再缴纳排污费。排污者建成工业固体废物贮存或者处置设施、场所并符合环境保护标准，或者其原有工业因固体废物贮存或者处置设施、场所经改造符合环境保护标准的，自建成或者改造完成之日起，不再缴纳排污费。

二、修改的具体原因

（一）排污收费制度的作用和意义

排污收费制度是运用经济手段来保护环境的一项法律制度。这项制度能够进一步消除污染，刺激技术创新，有利于预防性环境政策和可持续发展观的贯彻落实。其意义在于：第一，利用经济杠杆调节经济发展与环境保护的关系，将环境保护与排污者的经济利益直接联系起来；第二，有利于促使排污者进行技术改造，开展综合利用，促进了对污染源的治理；第三，为治理污染开辟了一条重要的资金渠道，增强了治理污染的能力，并有利于加强环境监督管理机构的自身建设。

（二）排污收费制度的发展趋势使然

排污收费制度 20 世纪初在德国产生，后为世界各国普遍采用。我国

《1979年环保法》规定了这一制度，并在一些城市进行试点。最早的专门立法则是1982年国务院颁布的《征收排污费暂行办法》。2003年7月1日起施行的《排污费征收使用管理条例》取代了暂行办法。条例对征收排污费的目的、范围、标准、污染物排放种类、数量的确定、排污费的征收、使用等作出了具体规定。同年还先后下发了《关于做好〈排污费征收使用管理条例〉及其配套规章实施工作的通知》、《排污费征收标准管理办法》、《排污费收缴使用管理办法》、《关于减免及缓缴排污费有关问题的通知》等。

第四十四条　国家实行重点污染物排放总量控制制度。重点污染物排放总量控制指标由国务院下达，省、自治区、直辖市人民政府分解落实。企业事业单位在执行国家和地方污染物排放标准的同时，应当遵守分解落实到本单位的重点污染物排放总量控制指标。

对超过国家重点污染物排放总量控制指标或者未完成国家确定的环境质量目标任务的地区，省级以上人民政府环境保护主管部门应当暂停审批新增重点污染物排放总量的建设项目环境影响评价文件。

【条文释义】

本条是关于“重点污染物排放总量控制”制度的规定，是新增条文。

此次修改之所以确立重点污染物排放总量控制，一是因为该制度在实践中防治污染的效果比较好，二是为该制度的贯彻落实提供上位法依据。重点染物排放总量控制制度，是指在特定的时期内，综合经济、技术、社会等条件，采取通过向排污源分配污染物排放量的形式，将一定空间范围内排污源产生的污染物的数量控制在环境容许限度内而实行的污染控制方式及其管理规范的总称。重点污染物排放总量控制制度包括重点污染物排放总量控制指标的下达、分解落实、遵守，以及新增重点污染物排放总量的建设项目环境影响评价文的暂停审批件四方面内容。

一、重点污染物排放总量控制制度的内容

（一）重点污染物排放总量控制指标的下达

国务院发展改革部门会同有关部门在遵循公平、科学、合理原则下，研究提出国家重点污染物总量控制约束性指标分配意见，报国务院批准。

国务院批准后向各省、自治区、直辖市下达。

（二）重点污染物排放总量控制指标的分解落实

省、自治区、直辖市人民政府应当按照国务院下达的重点污染物总量控制约束性指标和本行政区域需要，分解落实指标，削减和控制本行政区域的重点污染物排放量。

（三）重点污染物排放总量控制指标的遵守

企业事业单位执行国家和地区污染物排放标准的同时，应当遵守分解落实到本单位的重点污染物排放总量控制指标。

（四）新增重点污染物排放总量的建设项目环境影响评价文件暂停审批

对尚未达到环境质量标准的重点区域、流域，以及超过国家重点污染物排放总量控制约束性指标的地区，国务院和省、自治区、直辖市人民政府环境保护行政主管部门可以暂停审批新增重点污染物排放总量的建设项目环境影响评价文件。地方政府应当确定该重点区域、流域总量控制的污染物种类及控制指标，在规定期限内达到环境质量标准。

二、确立重点污染物排放总量控制制度的具体原因

（一）重点污染物排放总量控制制度的作用

这一制度是针对污染物浓度控制存在的缺陷（没有将污染源的控制和削减与当地的环境目标相联系，区域内各排放单位排放的污染只要达到国家或地方规定的排放标准，就可以合法排放了），在污染源密集情况下无法保证环境质量的控制和改善提出来的。总量控制制度是环境保护工作从控制污染物排放浓度到保护和改善环境质量的重要措施。它比浓度控制方法更能满足环境质量的要求。我国从20世纪末开始实行污染物排放总量控制制度。在“十一五”和“十二五”国民经济和社会发展规划中，重点污染物减排指标还被列为约束性指标。水污染防治法和大气污染防治法修改时已对总量控制制度作了规定。此次环保法修订补充重点污染物排放总量控制制度，将对污染的综合防治、协调经济与环境的持续发展具有积极、有效的作用。

（二）重点污染物排放总量控制制度的实施效果

“十一五”期间国家对化学需氧量、二氧化硫两种主要污染物实行排放总量控制计划管理，排放基数按2005年环境统计结果确定。根据《“十一五”期间全国主要污染物排放总量控制计划》，到2010年，全国主要污染物排放总量比2005年减少10%，具体是：化学需氧量由1414万吨减少到1273万吨；二氧化硫由2549万吨减少到2294万吨。在国家确定的水污染防治重点流域、海域专项规划中，还要控制氨氮（总氮）、总磷等污染物的排放总量，控制指标在各专项规划中下达，由相关地区分别执行，国家统一考核。鼓励各地根据各自的环境状况，增加本地区必须严格控制的污染物，纳入本地区污染物排放总量控制计划。

“十二五”期间，在“十一五”化学需氧量（COD）和二氧化硫（SO_2）两项主要污染物的基础上，还将氨氮和氮氧化物（NO_X）纳入了总量控制的指标体系，对上述四种主要污染物实施国家总量控制，统一要求、统一考核。根据国务院《节能减排“十二五”规划》，到2015年，全国化学需氧量和二氧化硫排放总量分别控制在2347.6万吨、2086.4万吨，比2010年的2551.7万吨、2267.8万吨各减少8%，分别新增削减能力601万吨、654万吨；全国氨氮和氮氧化物排放总量分别控制在238万吨、2046.2万吨，比2010年的264.4万吨、2273.6万吨各减少10%，分别新增削减能力69万吨、794万吨。

第四十五条　国家依照法律规定实行排污许可管理制度。

实行排污许可管理的企业事业单位和其他生产经营者应当按照排污许可证的要求排放污染物；未取得排污许可证的，不得排放污染物。

【条文释义】

本条是关于排污许可证制度的规定，是新增条文。

《2014年环保法》增加该条文是从环境保护基本法的角度确立排污许可证制度，并使其与《水污染防治法》相关规定相衔接；同时也是为了规范企业事业单位和其他生产经营者的违法排污行为。排污许可证制度是指凡是需要向环境排放各种污染物的单位或个人，都必须事先向环境保护部门办理申领排污许可证手续，经环境保护部门批准后获得排污许可证后方能向环境排放污染物的制度。排污许可证制度是国家为加强环境资源管理而采取的一种卓有成效的管理制度。

一、排污许可证制度的程序要件

该制度包括申请、审批、使用、监管、处理、听证几个程序。

（一）申请排污许可证

现有的或者新的企业事业单位和其他生产经营者（以下统称为排污者）直接或间接向环境中排放工业废水、废渣、废弃，医疗废水，以及含重金属、放射性物质、病原体等有毒有害物质的，必须先向环境保护主管部门申请领取排污许可证。

（二）审批排污许可证

各级环境保护主管部门要根据自身权限依法受理，严格审批，严格监督检查。符合要件的予以审批，并颁发排污许可证；不符合条件的，不予颁发排污许可证或者符合条件后再颁发排污许可证。

（三）使用排污许可证

获批者要严格按照核定的污染物种类、控制指标和规定的方式、期限排放污染物，且其所排污染物不得超过国家和地方规定的排放标准和排放总量控制指标。获批者要严格依照法定的程序和期限办理排污许可证的变更、延续、补办等手续。

（四）监督管理排污许可证

排污许可证颁发后，主管机关必须对持证人执行许可证的情况进行经常性的监督管理，包括索取有关资料，检查现场设备，实地监测排污情况，发出必要的行政命令等。如发现问题，应及时纠正或作出处理。在情况发生变化或者持证人的活动影响周围公众利益时，可以修许可证中原来规定的条件。

（五）处理违法使用排污许可证

如果持证人违反规定的义务或者限制条件而导致环境资源的损害或者其他后果时，主管机关可以中止、吊销许可证，责令停止排污或者停产停业、没收、罚款以及其他法律责任。当事人如果对行政机关的处罚不服，可以在限定的时间内依法向人民法院起诉。

（六）听证

如果排污许可的范围属于法律、法规、规章规定应当听证的事项，或者行政机关认为需要听证的其他涉及公共利益的重大事项，环境主管机关应当向社会公告，并举行听证。

二、确立排污许可证制度的具体理由

（一）保证规则的衔接

20世纪80年代中期，我国开始引入了排污许可证制度，这一制度在此后的国家政策、国际立法、立法中均得到了体现。1988 年 3 月，原国家环保局发布了《水污染物排放许可证管理暂行办法》；1989 年 7 月，经国务院批准，原国家环保局发布的《水污染防治法实施细则》第 9 条规定，对企业事业单位向水体排放污染物的，实行排污许可证管理；2000 年 3 月，国务院修订发布的《水污染防治法实施细则》第 10 条规定，地方环保部门根据总量控制实施方案，发放水污染物排放许可证；2005 年 12 月，国务院发布《关于落实科学发展观加强环境保护的决定》提出，推行排污许可证制度，禁止无证或超总量排污；2006 年 4 月，温家宝总理在全国环境保护大会上要求，要全面推行排污许可证制度，加强重点排污企业在线监控，禁止无证或违章排污；2008 年 1 月，原国家环保总局发布了《排污许可证管理条例》（征求意见稿），但是该条例至今未正式颁布；2008 年 2 月，新修订的《水污染防治法》第 20 条明确规定"国家实行排污许可制度"。此外，云南和贵州（1992 年）、辽宁（1993 年）、上海和江苏（1997 年）等省市也进行了立法实践，并在其地方法规中确立了排污许可证制度。

（二）弥补立法缺陷

从立法的角度来看，上述主要环保法律法规中虽然确立了排污许可证制度，但存在立法滞后于实践，法律法规不能指导实践的问题。从现行的国家层面的立法关于排污许可证制度的具体规定来看，尚存在规定过于原则、许可条件空白、审批程序欠缺、法律责任不明确等诸多问题。这些问题的存在，致使我国的排污许可证制度距"实行最严格的制度、最严密的法治"的要求还相差较远。鉴于我国排污许可证制度存在的立法缺陷和我国面临的严峻的地下水污染防治形势，此次《环境保护法》修订确立了这一制度。

（三）发挥排污许可证的作用

相比较排污收费等制度而言，排污许可的最大优势在于为总量控制奠定了基础。排污收费往往只局限在浓度控制，而排污许可则可以将浓度控制和总量控制结合起来；进而为将来排污许可证在市场上的可交易埋下伏笔。

第四十六条　国家对严重污染环境的工艺、设备和产品实行淘汰制度。任何单位和个人不得生产、销售或者转移、使用严重污染环境的工艺、设

备和产品。

禁止引进不符合我国环境保护规定的技术、设备、材料和产品。

【条文释义】

本条是关于“污染转嫁”制度的规定，是修改条文，对应《1989 年环保法》的第 30 条“禁止引进不符合我国环境保护规定要求的技术和设备”和第 34 条“任何单位不得将产生严重污染的生产设备转移给没有污染防治能力的单位使用。”

新条文增加“国家对严重污染环境的工艺、设备和产品实行淘汰制度”规定，是为了拓宽淘汰制度的范围，解决实践中严重污染环境的工艺、设备和产品的问题；增加“任何单位和个人不得生产、销售或者转移、使用严重污染环境的工艺、设备和产品”规定，体现了从源头防治污染的理念，同时也明确了单位和个人的责任与义务；增加禁止引进不符合环境保护的材料和产品，是为了防止国外严重污染环境的材料和产品出口到中国。“防止污染转嫁”制度是指防止经济相对发达的地区，将污染严重的工艺、设备、材料和产品转移给没有防治污染能力的地区，技术较先进的企业将淘汰落后的污染工艺、设备和产品转移给技术落后的企业，使被转移地区的环境严重受到污染的现象。这一制度包括防止国内污染转嫁和防止国外污染转嫁两个方面的内容。

一、防止污染转嫁制度

（一）关于防止国内污染转嫁

即防止我国企业事业单位将严重污染环境的工艺、设备、材料和产品，转移给没有污染防治能力的单位和个人进行生产、加工、销售、经营或者处理，造成环境污染。本条第 1、2 款是对防止国内污染转嫁的规定。包括两个方面的内容：

（1）淘汰落后工艺、设备、材料和产品。国务院经济综合主管部门会同国务院有关部门公布限期禁止采用的严重污染环境的工艺名录，和限期禁止生产、销售、进口、使用的严重污染环境的设备名录；生产者、销售者、进口者或者使用者，必须在上述规定的期限内分别停止生产、销售、进口或者使用列入名录中的设备或生产工艺；被淘汰的设备，任何单位或个人不得转让给他人使用。

（2）禁止国内污染转嫁行为。即禁止将我国大中城市因能源、资源浪费严重，工艺落后，污染危害大又不好治理而淘汰下来的工艺、设备、材料和产品转让给没有防治能力的企业，或以联合生产、设分厂等形式在郊区农村设厂的行为。

（二）防止国外污染转嫁

本条第3款为了防止国外污染转嫁行为。防止国外、境外地区的厂商，将污染严重的工艺、设备、材料和产品，转移给境内没有污染防治能力的单位和个人进行生产、加工、销售、经营或者处理，造成环境污染。即防止将国外、境外已经禁止生产、使用、销售的工艺、设备、材料和产品，委托或者以联合生产、合资经营甚至是独资经营等形式转移给境内无污染防治能力的企业事业单位和个人生产、加工、销售或者使用，以及在技术工艺、设备、材料、产品引进合同中不同时引进境内不能配套生产的相应的防治污染设施，外商乘机将污染严重的工艺、设备、材料和产品转移到我国境内。

（三）污染转嫁的构成要件

（1）转嫁的工艺、设备、材料和产品对环境的污染危害严重。这是构成污染转嫁的首要要件。如果转移的工艺、设备和产品仅仅不够先进，尚不至于给环境造成严重的危害，则不能轻率地一律认定为污染转嫁。

（2）接受转嫁的企业或者个体生产经营者没有防治环境污染的技术、设备和资金。如果接受转移者有足够的技术和设备配套解决环境污染问题，则即使转移的技术和设备比较落后，也不应视为污染转嫁。

（3）主观上有过错。转嫁方多处于故意，受让方多处于过失，但也有处于故意的。转嫁方一般是明知自己的工艺、设备、材料和产品已经淘汰落后的情况下，迫于当地的政策、法律的压力，或为了谋取额外的利益，将其彻底淘汰的工艺、设备、材料和产品，转移出去。而受让方往往是受害者，是在对工艺、设备和产品不甚了解或者完全不了解的情况下购买的。主观过错形式不同，理论上处理应有区别。

二、修改防止污染转嫁制度的具体原因

（一）污染转嫁现象严重

近年来，污染转嫁现象在世界范围内普遍存在，发达国家和地区的环境标准越来越严格，使得一些国家和地区的企业承受的环境治理责任越来

越多，企业为了逃避污染治理的负担，把在发达国家或地区明令禁止的工艺、设备和产品转移至欠发达国家或地区。有的则是在工艺、设备、材料和产品更新以后，将淘汰的工艺、设备、材料和产品廉价卖给其他没有治理能力的企业。例如，西方国家将其大量的垃圾和重金属设备转嫁或转移到发展中国家。此外，许多外商投资于污染密集型产业，也成为污染转嫁的方式。

（二）防止污染转嫁的立法不健全

《1989 年环保法》第 30 条规定："禁止引进不符合我国环境保护规定要求的技术和设备"；第 34 条规定："任何单位不得将产生严重污染的生产设备转移给没有污染防治能力的单位使用。"《技术引进合同管理条例》、《对外合作开采海洋石油资源条例》、《中外合资经营企业法实施条例》等，都设有关于防止外商和大、中型企业转嫁污染的法律规定。此外，还有：1986 年 3 月 4 日国务院批准颁发的《对外经济开放地区环境管理暂行规定》、1984 年 9 月 27 日《国务院关于加强乡镇、街道企业环境管理的规定》、1987 年 12 月 15 日国务院办公厅转发的国家计委《指导吸引外商投资方向暂行规定》、1994 年国家环境保护总局《关于严格控制台湾有害废物转移到大陆处置的通知》、《关于严格控制从欧共体进口废物的暂行规定》、1995 年《国务院办公厅关于坚决控制境外废弃物向我国转移的紧急通知》、1996 年国家环境保护总局等制定的《废物进口环境保护管理暂行规定》等，但是，国内上述立法相关发达国家来说还不够严格，加之现有国际法存在缺陷、国内招商引资者环境保护意识不够高等原因，就给了转嫁污染可乘之机。

（三）保障本国的环境权益

禁止国内污染转移，是为了保护落后地区发展权，防止环境污染扩散。国内污染转嫁通常是严重污染环境的工艺、设备和产品在同一国家内不同地区间发生转移，一般是由经济发达地区转移到经济落后地区，由城市转移到农村。具体表现为：将国家已淘汰的污染严重的工艺、设备和产品转移到无污染防治能力的地区、单位、个人使用，或者将在城市难以处理的污染严重的工艺、设备、材料和产品转移到落后地区或农村处置。污染转移的结果，使污染发生的范围扩大，也使污染更难治理和控制，落后地区的发展将会更加困难。因此，必须通过立法的方式禁止这些行为，从而保障落后地区的发展权。禁止国外污染转移，是行使国家主权，保障国家环境权益的重要法律手段。污染国外转移通常是经济比较发达的国家或者地区将严重污染环境的工艺、设备、材料和产品污染转移给其他落后国家或者地区。简单来说，就是牺牲经济落后国家或者地区的环境权益来实现本国或者地区的经济发展。这些行为极大地损害了一些发展中国家或者地区的环境权益。因此，国家必须通过立法的形式行使主权，保障国家或者地区的环境权益。

第四十七条　各级人民政府及其有关部门和企业事业单位，应当依照《中华人民共和国突发事件应对法》的规定，做好突发环境事件的风险控制、应急准备、应急处置和事后恢复等工作。

县级以上人民政府应当建立环境污染公共监测预警机制，组织制定预警方案；环境受到污染，可能影响公众健康和环境安全时，依法及时公布预警信息，启动应急措施。

企业事业单位应当按照国家有关规定制定突发环境事件应急预案，报环境保护主管部门和有关部门备案。在发生或者可能发生突发环境事件时，企业事业单位应当立即采取措施处理，及时通报可能受到危害的单位和居民，并向环境保护主管部门和有关部门报告。

突发环境事件应急处置工作结束后，有关人民政府应当立即组织评估事件造成的环境影响和损失，并及时将评估结果向社会公布。

【条文释义】

本条是关于环境突发事件应急的规定，是修订条文，系对《1989年环保法》第31条的修订，并与《突发事件应对法》的衔接。《1989年环保法》第31条规定：“因发生事故或者其他突然性事件，造成或者可能造成污染事故的单位，必须立即采取措施处理，及时通报可能受到污染危害的单位和居民，并向当地环境保护行政主管部门和有关部门报告，接受调查处理。可能发生重大污染事故的企业事业单位，应当采取措施，加强防范。”与原条文相比，本条不仅根据《突发事件应对法》修改了企业事业单位的义务，而且也根据该法增加了各级人民政府的职责。

对于突发环境事件，责任主体包括各级人民政府及其有关部门和企业事业单位。对于突发环境事件，除了适用本条规定外，还应适用《突发事件应对法》。各级人民政府及其有关部门和企业事业单位，都应依法做好突发环境事件的风险控制、应急准备、应急处置和事后恢复等工作。县级以上人民政府应当建立和运行环境污染公共监测预警机制。企业事业单位应当按照国家有关规定制定突发环境事件应急预案，报环境保护主管部门和有关部门备案，并在发生突发环境事件时启动应急预案。突发环境事件应急处置工作结束后，有关人民政府应当立即组织评估事件造成的环境影响和损失，并及时将评估结果向社会公布。

一、突发事件应对法的基本内容

《突发事件应对法》由中华人民共和国第十届全国人民代表大会常务委员会于2007年8月30日通过，自2007年11月1日起施行。维护环境安全是该法的立法目的之一。

该法所称突发事件，是指突然发生，造成或者可能造成严重社会危害，需要采取应急处置措施予以应对的自然灾害、事故灾难、公共卫生事件和社会安全事件。

根据该法，国家建立统一领导、综合协调、分类管理、分级负责、属地管理为主的应急管理体制。突发事件应对工作实行预防为主、预防与应急相结合的原则。国家建立重大突发事件风险评估体系，建立有效的社会动员机制。该法对突发事件的预防与应急准备、监测与预警、应急处置与救援、事后恢复与重建等应对活动，作出了基本规定。

二、环境污染公共监测预警机制

该条增加了环境污染公共监测预警的机制。根据该条规定，具体包括五个方面的要求。

第一，县级以上人民政府建立环境污染公共监测预警机制，组织制定预警方案。

第二，企业事业单位应当按照国家有关规定制定突发环境事件应急预案，报环境保护主管部门和有关部门备案，做好应急准备。

第三，在发生或者可能发生突发环境事件时，企业事业单位应当立即采取措施处理，及时通报可能受到危害的单位和居民，并向环境保护主管部门和有关部门报告。

第四，在接到企业事业单位报告之后，或者县级以上人民政府认为已经发生或可能发生突发环境事件时，可能影响公众健康和环境安全时，依法及时公布预警信息，启动应急措施。

第五，根据预警方案、应急预案，依法开展应急处置和事后恢复等工作。在环境污染公共监测预警机制的建立和运行中，县级以上人民政府及其有关部门和企业事业单位，都应依法履行与突发环境事件的风险控制、应急准备、应急处置和事后恢复等有关的义务。

三、突发事件应急预案的制定情况

国务院已经发布了《国务院有关部门和单位制定和修订突发公共事件应急预案框架指南》(2004 年)、《国家突发公共事件总体应急预案》(2006 年)、《国家突发地质灾害应急预案》(2006 年)、《国家突发环境事件应急预案》(2006 年)、《国家突发公共卫生事件应急预案》(2006 年)。

第四十八条　生产、储存、运输、销售、使用、处置化学物品和含有放射性物质的物品，应当遵守国家有关规定，防止污染环境。

【条文释义】

本条是关于化学物品和含有放射性物质的物品控制的总括性规定，系对《1989 年环保法》第 33 条的修改，并与《固体废物污染环境防治法》(2004 年)、《放射性污染防治法》(2003 年) 等法律相衔接。《1989 年环保法》第 33 条规定："生产、储存、运输、销售、使用有毒化学物品和含有放射性物质的物品，必须遵守国家有关规定，防止污染环境。"与原条文相比，本次修订删掉了化学物品前的"有毒"二字，并增加了"处置"环节。

对于化学物品和含有放射性物质的物品，在生产、储存、运输、销售、使用、处置所有环节，都应当遵守国家有关规定，防止污染环境。本条所针对的物质包括所有化学品和含有放射性物质的物品，涵盖生产、储存、运输、销售、使用、处置所有环节。

一、化学物品的环境风险及其管理

我国现有生产使用记录的化学物质 4 万多种，其中 3 千余种已列入当前《危险化学品名录》，具有毒害、腐蚀、爆炸、燃烧、助燃等特质。具有急性或者慢性毒性、生物蓄积性、不易降解性、致癌致畸致突变性等危害的化学品，对人体健康和生态环境危害严重，数十种已被相关化学品国际公约列为严格限制和需要逐步淘汰的物质。同时，尚有大量化学物质的危害特性还未明确和掌握。

随着我国经济高速发展，化学物品的生产和使用量持续增加，化学物品生产、加工、储存、运输、使用、回收和废物处置等多个环节的环境风险日益加大。由于化学物品生产事故、交通运输事故、违法排污等原因引发的突发环境事件频繁发生，持久性有机污染物、内分泌干扰物等引起的环境损害与人体健康问题日益显现，化学物品环境风险防控形势日趋严峻。环境保护部制定了《化学品环境风险防控“十二五”规划》，以加强管理。

我国已经制定一些涉及化学物品的法律、法规，并且参加了多项与化学品有关的国际条约。除《1989 年环保法》第 33 条之外，《固体废物污染环境防治法》（2004 年）、《刑法》中都有一些相关条文。中国已经批准了《关于在国际贸易中对某些危险化学品和农药采用事先知情同意程序的鹿特丹公约》、《关于持久性有机污染物的斯德哥尔摩公约》等国际公约。国务院还制定了《监控化学品管理条例》（1995 年）、《易制毒化学品管理条例》（2005 年）、《危险化学品安全管理条例》（2011 年）等行政法规。但是，我国有关化学物品管理的法律规则和行政执法目前还存在比较严重的碎片化、部门化等问题。

本条在修改时，删掉了“有毒”二字，有利于统和化学物质的环境风险管理，为进一步制定有针对性的立法提供了基础。删掉“有毒”二字，至少有以下两个好处。第一，有毒性只是化学品的诸多风险中的一种，化学物品的风险，除了毒性之外，还有腐蚀性、易燃性、反应性等，以“有毒”修饰化学物品，不适当地限制了纳入法律管制的化学物品的范围。删掉“有毒”二字，有利于将所有化学品都纳入本法的调整范围。第二，在做危险鉴定之前，无法判断某化学品是否有毒。删掉“有毒”二字，有利于将危险鉴定之前的环节也纳入本法的调整范围，有利于加强对新化学品环境风险的管理。

二、含有放射性物质的物品的环境风险及其管理

核安全事关核能与核技术利用事业发展，事关环境安全，事关公众利益。半个多世纪以来，我国核能与核技术利用事业稳步发展。目前已经形成较为完整的核工业体系，核能、核技术有力地推动了经济社会发展。但是我国在核安全与放射性污染防治面临严重挑战，安全形势不容乐观。核电多种堆型、多种技术、多类标准并存的局面，给安全管理带来一定难度。运行和在建核电厂预防和缓解严重事故的能力仍需进一步提高。部分研究堆和核燃料循环设施抵御外部事件能力较弱。早期核设施退役以及历史遗留放射性废物，都需要妥善处置。铀矿冶开发过程中依然存在环境问题。放射源和射线装置量大面广，安全管理任务重。

2003年以来，先后颁布并实施了《放射性污染防治法》(2003年)、《放射性同位素与射线装置安全和防护条例》(2005年)、《民用核安全设备监督管理条例》(2007年)、《放射性物品运输安全管理条例》(2009年)和《放射性废物安全管理条例》(2011年)，制定了一系列部门规章、导则和标准等文件，为保障核安全、控制放射性污染奠定了一定基础。环境保护部（国家核安全局)、国家发展改革委、财政部、国家能源局、国防科技工业局联合制定了《核安全与放射性污染防治“十二五”规划及2020年远景目标》。

本条的总括性规定，为进一步完善相关立法、提高监管能力奠定了基础。

三、增加“处置”环节的好处

处置环节处于化学物品和含有放射性物质的物品的生命周期的末端，是环境风险管理的关键环节。对处置环境管理不善，极易导致环境风险，导致大面积、长时间的环境污染和人体健康损害。本次修订增加了“处置”环节，弥补了漏洞，完善了与《固体废物污染环境防治法》、《刑法》等法律、法规的衔接。

四、后续立法

尽管现有的与化学物品、含放射性物质的物品有关的立法在管理环境风险方面发挥了巨大作用，但是仍然存在碎片化、部门化等问题，与保护环境和人体健康的要求存在较大差距。相关管理工作长期存在重技术、轻规则的倾向。在本法修订之后，应当根据本法的精神，修改、完善与化学物品、含有放射性物质的物品有关的立法，提高环境风险管理能力。

第四十九条　各级人民政府及其农业等有关部门和机构应当指导农业生产经营者科学种植和养殖，科学合理施用农药、化肥等农业投入品，科

学处置农用薄膜、农作物秸秆等农业废弃物，防止农业面源污染。

禁止将不符合农用标准和环境保护标准的固体废物、废水施入农田。施用农药、化肥等农业投入品及进行灌溉，应当采取措施，防止重金属和其他有毒有害物质污染环境。

畜禽养殖场、养殖小区、定点屠宰企业等的选址、建设和管理应当符合有关法律法规规定。从事畜禽养殖和屠宰的单位和个人应当采取措施，对畜禽粪便、尸体和污水等废弃物进行科学处置，防止污染环境。

县级人民政府负责组织农村生活废弃物的处置工作。

【条文释义】

本条是关于农业面源污染防治的规定，是新增条款。

之所以增加本条文，是因为《1989年环保法》没有关于农业面源污染等方面的规定，而相关的法律法规也基本上完全缺失，因此，有必要弥补法律上的空白，尤其是在基本法的层面，对此进行规定。具体来说，由于目前我国农业生产的现代化水平不高，农民的生产生活方式还很传统，农业生产者在种植和养殖的过程中，如果不能按照科学的方法进行，势必会造成大量污染。因此，各级人民政府及其农业等有关部门和机构应当根据掌握的信息，指导他们科学生产，包括合理施用农药化肥等农业投入品。农用薄膜、农作物秸秆等农业废弃物如果不能合理处置，也会造成土壤、大气、河流的污染，因此相关部门有责任处理好这些潜在污染源可能到来的污染。农业源污染一直被我们所忽视，其实，随着对工业源污染控制能力的提高，农业源污染的严重性逐渐显现出来。即使是在美国，对工业源污染的控制可以达到零排放，仍然不能有效控制水体污染。农业生产中过量使用的肥料、农药、畜禽粪便、农业废弃物和农村生活污水等给土壤、水体和空气等环境造成了巨大的不良影响。因此，必须要弥补这方面的法律空白，对于农村面源污染下大力度，进行防治，而首当其冲的，就是环境保护基本法。

本条针对目前农业和农村污染问题严重的情况，进一步强化对农业环境的保护：一是规定防止农业面源污染。二是规定施用农药、化肥等农业投入品及进行灌溉，应当采取措施，防止重金属及其他有毒有害物质污染环境。三是规定畜禽养殖场、养殖小区、定点屠宰企业应采取措施，对畜禽粪便、尸体、污水等废弃物进行科学处置，防止污染环境。四是规定县级人民政府负责组织农村生活废弃物的处置工作。

一、防止农业面源污染的系统性规定

这部分内容规定在第1款。首先，强调了各级人民政府及其农业等相关部门和机构的职责，也即其有义务指导农业生产经营者防止农业面源污染，具体主要包括农业、化肥等的科学施用，农用薄膜、农作物秸秆等废弃物的处置等方面。前者主要是指积极引导和鼓励农民使用生物农药或高效、低毒、低残留农药，推广病虫草害综合防治、生物防治和精准施药等技术；后者则是把农业废弃物资源化利用同发展清洁能源结合起来，比如大力发展农村户用沼气，综合利用作物秸秆，推广“四位（沼气池、畜禽舍、厕所、日光温室）一体”等能源生态模式，推行秸秆机械化还田、秸秆气化、秸秆发电等措施，逐步改善农村能源结构。

二、防止固体废物、废水施入农田的规定

这部分内容规定在第2款。其中，须注意两个方面：其一，严格把握“不符合国家和地方农用及环境保护标准”，以之为评判和唯一准绳，坚决杜绝不符合标准的固体废物和废水施入农田。根据目前法律，国务院环境保护主管部门根据国家环境质量标准和国家经济、技术条件，制定国家污染物排放标准。省、自治区、直辖市人民政府对国家污染物排放标准中未作规定的项目，可以制定地方污染物排放标准；对国家污染物排放标准中已作规定的项目，可以制定严于国家污染物排放标准的地方污染物排放标准。地方污染物排放标准应当报国务院环境保护主管部门备案。因此，有监督管理职责的责任主体要依法履行职责，参照规定的标准保障农田不受污染。其二，要严防死守，注意农药、肥料等农业投入品的施用，防止重金属及其他有毒有害物质的污染。农药、化肥污染涉及范围广，随机性大，控制难度大，已成为目前影响生态环境质量的重要污染源，应该引起高度重视，并充分认识其危害，以保护我们赖以生存的环境。农药、化肥污染对耕地造成破坏，对江河湖及地下水源造成污染，经过挥发扩散对大气造成污染。因此，农药、肥料的施用一定要谨慎、科学。

三、养殖场、屠宰企业的选址、建设和管理以及畜禽粪便、尸体、污水的处置等

这部分的内容主要规定在第3款。首先，关于养殖场、屠宰企业的选址、建设和管理。法律对选址和建设的专门规定与环境影响评价制度的内在要求相一致，环境影响评价制度是指在进行建设活动之前，对建设项目的选址、设计和建成投产使用后可能对周围环境产生的不良影响进行调查、预测和评定，提出防治措施，并按照法定程序进行报批的法律制度。环境影响评价的范围，一般是限于对环境质量有较大影响的各种规划、开发计划、建设工程等，所以一般的养殖场和屠宰企业可能不适用该制度，但是农业农村现阶段的面源污染特点，要求法律发挥立法先行的作用，提前对可能的污染进行评估，早做防范。其次，关于畜禽粪便、尸体、污水的处置。养殖场、屠宰企业对环境的污染主要是粪污等处理不当，致使其对大气、水体、土壤造成污染。因此，养殖场、屠宰企业自身要采取措施科学处置，监管部门要加强监管。

四、县级政府负责处置农村生活废弃物的处置

这部分的内容主要规定在第4款。处置对象是农村生活废弃物，责任主体是县级政府。改革开放以后特别是进入21世纪以来，随着国民经济的持续、健康、快速发展，人民生活水平的日益提高，大批工商业产品涌入农村消费市场，农村垃圾也随之逐年增加，远远超过了农村环境的自净能力，原本山青水美的农村自然环境遭到严重的破坏，农村垃圾问题成为一个制约“三农问题”解决和实现农村可持续发展的突出问题，农村垃圾处理问题一直没有受到足够重视。农村生活废弃物主要来源于厨房垃圾，在商店、市场上大量使用的塑料袋、商品的塑料包装、电器包装、塑料瓶、餐馆用的一次性塑料桌布、筷子等。比如买菜用的塑料袋、纸盒子等包装袋和包装盒，以及家庭、学校、商场、工厂等废弃的玻璃瓶和各种易拉罐等。农村生活废弃物危害很大，不仅占用土地，损坏地表，污染土壤、水体、大气，还危害人体健康，破坏生态平衡。县级政府作为基层政府，相比较乡镇级政府，拥有更多财政支持、技术支持和信息支持，所以法律规定县级政府负责组织农村生活废弃物的处置工作是合适的。

五、我国农业面源污染的主要表现

我国的农业面源污染主要体现在水体污染和土壤污染两个方面。水体污染方面，过量施用化肥、农药以及规模化畜禽养殖产生的大量禽畜粪便、农村污水已成为中国水环境污染的“元凶”。2010年，我国村镇污水排放量约为270亿吨。目前，我国水体氮、磷污染物中来自农业面源污染的比例大约占到60%。我国的耕地不到世界1/10，但氮肥的使用量却占全世界的近30%，加之平均利用率很低，大都维持在20%到50%，于是每年有超过1500万吨的废氮流失到了农田之外，使湖泊、池塘、河流和浅海水域生态系统营养化，导致水藻生长过盛、水体缺氧、水生生物死亡。

土壤污染方面，随着集约化农业的发展和农用化学物质种类、数量的增加，土壤重金属、有机污染、亚硝酸盐等污染也日益凸现，污染的程度和污染的面积也在不断加剧和扩大。据我国农业部进行的全国污灌区调查，在约140万公顷的污水灌区中，遭受重金属污染的土地面积占污水灌区面积的64.8%，其中轻度污染的占46.7%，中度污染的占9.7%，严重污染的占8.4%。我国每年因重金属污染而减产粮食1000多万吨，被重金属污染的粮食每年多达200万吨，合计经济损失至少200亿元。土壤是人类生活和生存的重要资源，又是不可取代的环境。土壤的农药污染，不仅会改变土壤的正常结构和功能，影响植物的生长发育，而且可通过食物链影响人体健康，农产品尤其是蔬菜中农药残留量超标而引发的食物中毒事件频频发生。

第五十条　各级人民政府应当在财政预算中安排资金，支持农村饮用水水源地保护、生活污水和其他废弃物处理、畜禽养殖和屠宰污染防治、土壤污染防治和农村工矿污染治理等环境保护工作。

【条文释义】

本条是关于农村环境保护资金投入的规定，是新增条款。

依据本条，各级人民政府必须加大农村环境保护的资金投入，将其纳入到政府的财政预算，从经常性的预算和建设性的预算的等角度加以切实保障。从预算资金的使用的角度看，这些资金的流向主要集中在饮用水水源地保护、生活污水和其他废弃物处理、畜禽养殖和屠宰污染防治、土壤污染防治和农村工况污染治理等方面。

之所以增加本条文的内容，是因为当前的法律在这方面是缺位的，而农村环境污染问题又日益严重，立法上必须予以应对；在立法过程中，须分清轻重缓急、抓住关键，政府的财政义务恰恰就是关键，即通过明确和强调各级政府的义务和职责，尤其是在财政预算内的法定义务，从公共收入和支出的角度，加大和保障对于农村环境污染的治理。

一、我国农村污染的现状及其根源

当前，我国农村污染十分严重，尤其是饮用水。很多农村饮用水源主要采用地下浅层水源，容易受到污染，虽然对饮用水源地进行了一定保护，仍然缺乏完善的水源地环境保护工程。据初步调查，全国农村有3亿多人饮水不安全，其中约6300多万人饮用高氟水，200万人饮用高砷水，3800多万人饮用苦咸水，1.9亿人饮用水有害物质含量超标，血吸虫病区约1100多万人饮水不安全。而各地方政府对于农村饮用水水源关注较少，水源地保护区划定工作滞后。与城市集中饮用水水源地保护已经起步并逐步完善相比，没有经过法定批复的保护区或保护范围作为监管依据，亦鲜少将这部分的工作纳入到经常性的财政预算之内。如此导致农村饮用水污染状况愈演愈烈。与之伴生的生活方式和生产方式而导致的面源污染、土壤污染等也日益加剧，亟须改变这种状况。

从某种意义上讲，造成当下农村污染日益加剧的主要原因有二：一是城市向农村的污染转移；二是城乡二元结构导致农村承担了更多的环境负担而享受了较少的环境收益。环境污染的转移是指单位或个人有意或无意向另一方输出不符合一定环保标准的有害气体、有害废水、生产和生活垃圾、放射性废料等环境污染物的行为。我国地区发展水平不一，城市与农村发展差距巨大，近年出现的污染转移现象正逐步成为进一步拉大这一差距并制约发展的诱因。与此同时，长期以来，在城乡二元的社会结构下，城市的发展长期依赖农村自然资源，并存在价格的“剪刀差”，城市除了在资源开发利用上获益较多外，还向农村地区转移一些污染型产业、废弃物等，而农村不但没有享受到平等乃至更多的环境公共服务和设施，反倒必须要承受这种环境不正义。这种局面的改变，必须依赖政府的统筹安排，尤其是需要大量的资金支持。财政预算可以发挥引领和示范作用，从而带动社会、企业、个人等多元主体的投资。

二、在财政预算中安排资金

财政预算也称为公共财政预算，是指政府的基本财政收支计划，是按照一定的标准将财政收入和财政支出分门别类地列入特定的收支分类表格之中，以清楚反映政府的财政收支状况。透过公共财政预算，可以使人们了解政府活动的范围和方向，也可以体现政府政策意图和目标。因此，在财政预算中安排资金，可以明确地表明政府治理农村环境污染的决心和意图，并且可以起到良好的示范和带头作用，引导和鼓励社会资金参与农村环境保护。某种程度上讲，只要财政预算运用得当，可以发挥财政之手“四两拨千斤”之功效，最终建立政府、企业、社会多元化投入机制。

三、农村饮用水水源地的保护

保障饮用水水质作为农村环境保护工作的首要任务，重点抓好农村饮用水水源的环境保护和水质监测与管理，根据农村不同的供水方式采取不同的饮用水水源保护措施。集中饮用水水源地应建立水源保护区，加强监测和监管，坚决依法取缔保护区内的排污口，禁止有毒有害物质进入保护区。要把水源保护区与各级各类自然保护区和生态功能保护区建设结合起来，明确保护目标和管理责任，切实保障农村饮水安全。加强分散供水水源周边环境保护和监测，及时掌握农村饮用水水源环境状况，防止水源污染事故发生。制订饮用水水源保护区应急预案，强化水污染事故的预防和应急处理。大力加强农村地下水资源保护工作，开展地下水污染调查和监测，开展地下水水功能区划，制定保护规划，合理开发利用地下水资源。加强农村饮用水水质卫生监测、评估，掌握水质状况，采取有效措施，保障农村生活饮用水达到卫生标准。

四、畜禽养殖和屠宰污染防治

大力推进健康养殖和规范化屠宰，强化养殖业和屠宰业的污染防治。科学划定畜禽饲养区域，改变人畜混居现象，改善农民生活环境。鼓励建设生态养殖场和养殖小区以及人道化和生态化的定点屠宰，通过发展沼气、生产有机肥和无害化畜禽粪便还田等综合利用方式，重点治理规模化畜禽养殖和屠宰污染，实现养殖和屠宰废弃物的减量化、资源化、无害化。对不能达标排放的规模化畜禽养殖场和屠宰场实行限期治理等措施。

五、土壤污染和农村工矿污染防治

要以新近发布的《全国土壤污染状况调查公报》为契机，进一步查清农村土壤污染的现状，开展污染土壤修复试点，研究建立适合我国国情的土壤环境质量监管体系。加强对主要农产品产地、污灌区、工矿废弃地等区域的土壤污染监测和修复示范。积极发展生态农业、有机农业，严格控制主要粮食产地和蔬菜基地的污水灌溉，确保农产品质量安全。

第五十一条　各级人民政府应当统筹城乡建设污水处理设施及配套管网，固体废物的收集、运输和处置等环境卫生设施，危险废物集中处置设施、场所以及其他环境保护公共设施，并保障其正常运行。

【条文释义】

本条是关于环境保护公共设施建设的规定，是新增条款。

依据本条文，各级人民政府有法定的义务和职责统筹城乡建设中的环境保护公共设施，并且确保它们正常的运行。这些环保改公共设施主要包括污水处理设施及其配套管网，固体废物的收集、运输和处置等，危险废物集中处置设施和场所等。

本条与前面的第 49 条、第 50 条一道，属于新增条文，共同规定了关于农村环境保护等方面的事项，其目的是为了应对当下农村、农业等方面所遭受的日益严重的环境污染，解决农民所承受的环境不正义，即因为地域、身份和贫富等差异状况而导致的环境收益和环境负担上的不公平，实现农村和城市在环保公共服务等方面的均等化，最终促进农村和城市的和谐发展。比如 2014 年中央“一号文件”《关于全面深化农村改革加快推进农业现代化的若干意见》指出：“开展村庄人居环境整治。加快编制村庄规划，推行以奖促治政策，以治理垃圾、污水为重点，改善村庄人居环境。提高农村饮水安全工程建设标准，加强水源地水质监测与保护，有条件的地方推进城镇供水管网向农村延伸。”事实上，先前几年已经出台了类似的文件，强调了城乡建设中环境公共设施的统筹问题。比如 2005 年的《国务院关于落实科学发展观加强环境保护的决定》和 2007 年的《关于加强农村环境保护工作的意见》等等。

一、如何统筹

统筹是通盘筹划的意思，合理的筹划全局是需要智慧的。法律规定各级政府要认清当前环境保护工作的重点，全面规划。统筹的对象有二：一是城市和乡村之间的环境公共设施建设；二是各种不同类型的公共设施之间的建设。由于农业的发展传统和农村的生活方式，致使农业农村的环境污染出现不同于城市环境污染的特征，城市里的污染源主要是企业排放的废气、废液和废料，呈现的是点源污染的特点，因此，城市环境的保护主要针对城市里如企业等污染源头的管控。而农业农村的环境污染要复杂得多，目前国家缺乏对农业农村的管理网络覆盖和基础设施建设。农业农村的环境污染呈现面源污染的特点，面源污染也称非点源污染，是指液体的和固体的污染物从非特定的地点，以不同的形式对大气、土壤和水体（包括河流、湖泊、水库和海湾等）等环境形成污染。而要防治这种面源污染，难度之大可想而知。统筹就是要针对城市、乡村不同的污染状况和不同种类的公共设施建设情况，采取针对性的措施，对症下药。

二、污水处理设施及配套管网

“十一五”期间，我国加大了城镇污水处理及再生利用设施建设力度，处理能力显著提升，运营水平有所提高，为污染减排目标实现和水环境质量改善做出了重要贡献。但是，当前的建设发展中也存在一些问题：一是污水处理设施及配套管网建设发展不平衡，城市的污水处理设施及配套管网建设水平相对较高，而农村普遍缺少相关建设，即使有些农村有相关建设，但是，污水处理能力却很低。二是现有设施升级改造的压力较大，因为建设资金投入较大，建成后的运营成本较高。三是污泥稳定化处理、安全处置和合理利用已成为我国污水处理行业发展的瓶颈。四是政府对运营环节重视度仍不够高，又由于资金短缺，财政拨款不能满足污水厂正常运行，很大数量的污水处理厂还处于停滞的状态，设施运行管理的效率很低。这些是普遍存在的问题，当然，城市和乡村的具体情况差异也很大，城市污水处理设施应提高现有处污能力，农村要加大污水处理设施及配套管网建设的投入。

三、固体废物的收集、运输和处置等环境卫生设施

《固体废物污染环境防治法》把固体废物分为三大类：工业固体废物、城市生活垃圾和危险废物；此外，还有一些特殊的液体废物也适用本法。工业废物是指在工业交通等生产活动中产生的固体废物，其对人体健康或环境危害性较小，如钢渣、锅炉渣、粉煤灰、煤矸石、工业粉尘等；生活垃圾是指在城市日常生活中或者为城市日常生活提供服务的活动中产生的固体废物以及法律法规规定视为城市生活垃圾的固体废物；危险废物是指列入国家危险废物名录或者根据国家规定的危险废物鉴别标准和鉴别方法认定的具有危险特性的废物，即指具有毒性、腐蚀性、反应性、易燃性、浸出毒性等特性之一。

四、危险废物集中处置设施、场所

危险废物是指列入国家危险废物名录或者根据国家规定的危险废物鉴别标准和鉴别方法认定的具有危险特性的废物；而根据《国家危险废物名录》，具有下列情形之一的固体废物和液态废物，列入本名录：①具有腐蚀性、毒性、易燃性、反应性或者感染性等一种或者几种危险特性的；②不排除具有危险特性，可能对环境或者人体健康造成有害影响，需要按照危险废物进行管理的。而选择和建设危险废物集中处置的设施和场所，必须要慎重。在选址上，必须远离居民区、饮用水水源地保护区等环境敏感区域，避开城市主导方向的上风向，优先在经过规划环评批准的工业园区内建设。与此同时，对于本项目进行严格的环评，坚决防止“先上车后补票”的情形发生。此外，还要在运行过程中进行严格的监管。

第五十二条　国家鼓励投保环境污染责任保险。

【条文释义】

本条是关于鼓励投保环境污染责任保险的规定，系新增条文。

环境污染责任保险是责任险的一种。所谓责任保险，是指以被保险人依法对第三者应负的赔偿责任为保险标的的保险，所以又称为第三者责任保险。依照环境污染责任保险合同，投保人依照约定向保险人支付保险费，在被保险人因环境污染向第三人承担赔偿责任时，保险人按照约定向被保险人支付保险金，或者在一定情况下，依照法律的规定或者合同的约定，直接向第三人支付保险金。本条对投保环境污染责任保险采取鼓励的态度，旨在保障受害者得到赔偿的同时，在一定程度上降低污染者的经营风险。

一、责任保险的含义、特征

责任保险是指以被保险人依法对第三者应负的赔偿责任为保险标的保险，所以又称为第三者责任保险。依照责任保险合同，投保人依照约定向保险人支付保险费，在被保险人应当向第三人承担赔偿责任时，保险人按照约定向被保险人给付保险金。在一定情况下，依照法律的规定或者合同的约定，保险人应当或者可以直接向第三人支付保险金。责任保险，不仅可以保障被保险人免于因为履行赔偿责任所受到的利益减损，而且可以保护被保险人的侵权行为的直接受害者，使受害者可以获得及时的赔偿。

责任保险具有以下特征：第一，保险人承担被保险人的赔偿责任。第二，责任保险的标的为一定范围内的侵权损害赔偿责任，非损害赔偿责任不能作为责任保险的标的。第三，责任保险不及于被保险人的人身或财产。第四，保险赔偿限额给付。第五，责任保险的被保险人因给第三者造成损害的保险事故而被提起仲裁或者诉讼的，被保险人支付的仲裁或者诉讼费用以及其他必要的、合理的费用，除合同另有约定外，由保险人承担。

二、环境污染侵权的社会化救济制度

环境污染责任保险是实现环境污染侵权社会化救济的重要途径。环境污染责任保险实质上是被保险人依法将应当承担的民事赔偿责任通过保险合同转移给保险人。当有多个人被保险人投保环境责任保险时，最终具有多个投保人（被保险人）以保险公司为媒介，共同承担环境污染侵权责任，从而具有责任承担的社会化效果。环境污染责任保险能够降低单个企业事业单位和其他生产经营者的经营风险，保证受害人能够获取赔偿。同时，保险人可以通过差别费率的方式，鼓励投保人提高环境风险管理水平，降低环境风险。保险人也可以通过合同约定，帮助被保险人提高环境风险管理水平。

除环境污染责任保险之外，环境基金也是环境污染赔偿责任社会化的重要方式。

三、本条鼓励的环境责任保险为自愿责任保险

以责任保险发生效力的方式不同，责任保险可以分为自愿责任保险和强制责任保险。法律规定投保人必须投保的责任保险是强制责任保险，比如机动车交通事故责任强制保险。强制责任保险之外的责任保险为自愿责任保险。本条规定，国家鼓励投保环境污染责任保险，而非国家要求投保环境污染责任保险，因此本条规定的责任保险是自愿责任保险。

四、我国有关环境污染责任保险的探索

环境保护部和中国保监会自 2007 年以来联合大力推动环境污染保险的试点。2013 年初，环境保护部和中国保监会又开始推动环境污染强制责任保险试点。这些探索得到国务院的肯定。推动环境污染责任保险，还需要做好以下重点工作：第一，逐步完善环境风险评估的规范、方法、指标；第二，鉴别、筛选高风险行业，确定不同行业、不同类型污染者在环境侵权风险水平方面的差异；第三，推动环境保护主管部门、保险业主管部门、保险公司、保险中介公司合作，携手推进环境污染保险制度。

第五章 信息公开和公众参与

第五十三条 公民、法人和其他组织依法享有获取环境信息、参与和监督环境保护的权利。

各级人民政府环境保护主管部门和其他负有环境保护监督管理职责的部门，应当依法公开环境信息、完善公众参与程序，为公民、法人和其他组织参与和监督环境保护提供便利。

【条文释义】

本条是关于公众环境保护程序性权利及其政府保障义务的一般规定，是新增条文。

本条包含了公众权利与政府义务两个层面。

第1款是公众在环境保护上享有的程序性权利，包括环境知情权、参与权与监督权。环境知情权是环境保护的基础性权利，是指公众（公民、法人和其他组织）享有获取、知悉环境信息的权利；环境参与权是环境保护的核心性权利，是公众依有享有参与环境决策的权利；环境监督权则是环境参与权的一种具体形式，是指公众享有的对政府环境保护工作进行监督的权利。

第2款是政府对公众环境知情权、参与权与监督权的保障义务，包括政府应主动环境信息、设定企业信息公开的制度框架、为公众参与和监督环境保护提供有效的渠道。

一、立法目的

保障公众在环境保护上的知情权、参与权与监督权是各国环境保护的一条基本经验。1992年联合国环境与发展大会通过的《里约宣言》第10条原则明确指出，"环保问题必须由有关心的民众针对各种城市问题积极参与，才能有效解决。国内部分，国民在有害物质、地区环保活动讯息以及公共机关所持有的环境相关讯息方面，都必须能充分取得，并且参与各种决定过程。各国也必须广泛交换相关情报，启发国民，奖励、促进其参与。政府更应协助民众建立寻求赔偿与救济等的完善行政手续，提供民众参与环保维护健康的有效管道。”换言之，为了实现可持续发展的目标，各国政府必须建立完善环保制度，确保各国民众能获得环保相关讯息，并且有充分机会参与环境问题有关事业的决定过程。1998 年欧洲经济委员会通过的《在环境问题上获得信息、公众参与决策和诉诸法律的公约》（《奥胡斯公约》）亦明确阐释，为保障每个人在适合其健康和福祉的环境中生活的权利、单独和与他人共同履行为今世后代保护和改善环境的责任，必须在环境问题上保障其获得信息、参与决策和诉诸司法的权利，从而有助于提高决策质量，提高公众对环境问题的认识，使公众有机会表明自己的关切并使公共当局能够对这些关切给予应有的考虑，并以此提高决策的责任心和透明度，加强公众对环境决策的支持。

近年来，随着我国经济社会快速发展和环境保护工作深入推进，公众对环境的诉求日益强烈，参与环境事务的热情不断高涨。但是，由于公众的知情、参与和监督权利没有得到有效保障，公众制度化参与机制还缺少刚性、可操作的要求，公众参与权利配置被边缘化。以环境保护为外衣、交织着其他社会矛盾的群体性事件时有发生，政府与公众缺少温和的对话机制，重大项目将持续面临脆弱、敏感的社会心理环境。因而，急需建立畅通的环境信息公开和公众参与渠道，让政府环境决策全过程处于公众的监督之下，可以实现企业公众顺畅沟通和官民良性互动，提升公众对环境决策的认同感和满意度，从而有效地预防和化解重大环境群体性事件，维护程序正义，维护法律尊严，共同促进生态文明建设。在此背景下，本法专章规定“信息公开与公众参与”，一改之前法律层面仅规定公众享有检举、控告的权利，将公众在环境保护上的权利具体化，明确公众在知悉信息、参与决策和监督执法上的权利，要求各级政府、环保部门公开环境信息；及时发布环境违法企业名单，企业环境违法信息记入社会诚信档案，排污单位必须公开自身环境信息；鼓励和保护公民举报环境违法，拓展了提起环境公益诉讼的社会组织范围，规定对于对污染环境、破坏生态，损害社会公共利益的行为，符合本法规定条件的社会组织可以提起公益诉讼。这意味着，若政府没有落实本条关于保障公众知情权、参与权和监督权的规定，符合条件的社会组织也可以针对政府提起行政公益诉讼。

二、推进公众环境权利的基本路径

就目前来看，我国在保障公众环境保护程序性权利上还存在很多不足，需要加以完善，以切实保障公众知情权、参与权和监督权。

一是加大环境信息公开力度。《环境信息公开办法（试行）》规定环境信息公开的义务主体包括环境行政机关与企业，政府机关并不能包括掌握环境信息的其他主体，强制信息公开的企业范围也极为有限，体现不出环境信息资源分布的广泛性，也不能够充分实现信息在各个部门之间的流动和共享，在一定程度上会影响环境信息公开的质量。显然，由这一位阶较低的部门规章来统率充满程序与技术规定的环境信息公开，难以有效实现对公众环境知情权的有效保障，故根据本条第2款有关知情权国家保障义务的规定，应由国务院或对环境保护负有监督管理职责的相关部门联合制定关于环境信息公开的相关规范，作为本条及第五十四条、五十五条的具体化。

二是畅通公众参与渠道，让环境决策与执行全过程处于公众的监督之下。为此需要搭建更为开放的公众政策参与空间，在重大决策前期就引入公众参与，搭建“政府－公众”互动交流平台，由决策的“官控”变为“民动”，在制度设计上确保公众能与政府展开平等对话，强化参与者之间的协商和讨论，明确政府和公众参与者的权利配置。要认真落实反馈制度，及时反馈公众参与的结果，公布采纳情况和未采纳的原因，使公众客观、全面地参与到环境公共决策之中。

三是培育公众环境意识和权利意识。环境和资源问题已经成为全人类面临的共同挑战，只有政府、企业和公众共同参与环境保护，才能推动环境、经济和社会的可持续发展。为此，本法改变了以往主要依靠政府和部门单打独斗的传统方式，体现了多元共治、社会参与的现代环境治理理念。但公众要真正成为环境治理中的“一元”，必须通过大力开展环境教育、传播环境科学知识、树立符合生态规律的正确的价值观，改变环境权利意识和法律意识淡薄的状况，全面提升全民环境意识，在全社会形成自觉保护环境和推进生态文明建设的强大合力。

四是鼓励和支持环保社会组织发展。要加强对环保社会组织的规范引导，要建立与环保社会组织之间的沟通交流机制，定期听取环保社会组织的建议和意见，及时回应环保社会组织的有关诉求，切实保障公众对环境的知情权、参与权和监督权。要深化与环保社会组织的合作，支持环保社会组织开展大型环保公益宣传活动，参与有关环境政策的制定。要进一步加大对环保社会组织的政策指导力度，推进环境保护信息公开，及时传递中央关于环保工作的重大决策部署，以及环境保护部有关工作安排方面的重要信息，并积极为环保社会组织开展国际民间环境交流合作搭建平台。

第五十四条　国务院环境保护主管部门统一发布国家环境质量、重点污染源监测信息及其他重大环境信息。省级以上人民政府环境保护主管部门定期发布环境状况公报。

县级以上人民政府环境保护主管部门和其他负有环境保护监督管理职责的部门，应当依法公开环境质量、环境监测、突发环境事件以及环境行政许可、行政处罚、排污费的征收和使用情况等信息。

县级以上地方人民政府环境保护主管部门和其他负有环境保护监督管理职责的部门，应当将企业事业单位和其他生产经营者的环境违法信息记入社会诚信档案，及时向社会公布违法者名单。

【条文释义】

本条是关于政府主动环境信息的规定，是新增条文。

本条分三款，分别规定了各级人民政府环境保护职能部门在公开环境信息上的职责和权限，具体包括以下几层意思：一是国家环境质量、重点污染源监测信息以及其他重大信息由国务院环境保护主管部门统一发布，其他相关部门不得自行发布。二是国务院环境保护主管部门和各省环境保护主管部门应当定期（每年）发布环境状况公报。三是县级以上环境保护职能部门（包括环境保护主管部门和其他负有环境保护监督管理职责的部门）应当主动公开重要环境信息，包括但不限于环境质量信息、环境监测信息、突发环境事件信息、环境行政许可信息、行政处罚信息、排污费征收和使用信息等。四是县级以上环境保护职能部门应建立环境违法黑名单制度，将违法信息记入社会诚信档案并及时公布。

一、立法目的

《1989 年环保法》并未设置政府环境信息公开制度，只是在第 11 条第 2 款规定了“国务院和省、自治区、直辖市人民政府的环境保护行政主管部门，应当定期发布环境状况公报。”据此，国家环境保护行政主管部门在 1990 年发布了第一份环境状况公报，简要介绍了 1989 年的大气环境、水环境、噪声污染、工业固体废物污染、森林与草原状况、土地状况、自然保护区及物种状况，标志着中国环境状况信息公开的正式启动。可以说，在环境状况信息公开方面，我国已建立了基本的法律、法规框架；在组织上，明确了由环境保护主管部门负责发布环境状况信息；在地域上，国家、省级、市级和县级环保部门都在不同程度上逐步实现了环境状况信息公开；在内容方面，基本涉及了跟公众关系密切的大气、水、声环境等各种环境要素；在公开途径上，包括了公报、新闻发布会、政府网站等，公众可以通过新闻媒体、政府网站等渠道方便地获得相关信息。但无可讳言，上述公开范围显然过于狭窄，与环境保护事业的发展极不相称，需要拓展和强化政府环境信息的主动公开之范围。

新世纪以来，国务院、环保部通过出台《政府信息公开条例》、《环境信息公开办法（试行）》使政府环境信息公开走上法制化的道路。然而，随着公众对环境问题关注的日渐提升，对环境信息的诉求逐渐提高，政府环境信息公开与满足公众需求还存在一定差距。2012 年 8 月 27 日举行的十一届全国人大常委会第二十八次会议上，全国人大环境与资源保护委员会主任委员汪光焘在作《环境保护法修正案草案》的说明时表示，环境信息公开是保障公众环境知情权的基本手段和公众监督机制的重要内容。第一次审议草案新增第 34 条规定："国务院环境保护行政主管部门统一发布国家环境综合性报告和重大环境信息。县级以上人民政府及其环境保护等有关行政主管部门，应当依法公开环境质量、突发环境污染事件以及环境行政主管部门的许可、排污费的征收和使用等环境信息"，将公众关注强烈的信息加以列举，相较于《1989 年环保法》第 11 条第 2 款规定，进一步拓宽了政府主动公开环境信息的范围，并明确了不同部门在信息公开上的职责与权限；但与《政府信息公开条例》、《环境信息公开办法（试行）》相比，主动公开的范围又要偏狭。故第二次审议稿之后，该条又增加了公开行政处罚信息的规定。

二、政府主动公开环境信息的基本要求

政府主动公开环境信息不仅有助于公众及早采取防范性措施，使公众免受正在发生的环境污染事故的侵害，使公众获取寻求救济必要的信息，同时也有助于对主管部门和污染企业的监督与制约，提供主管部门决策的科学性，并提升政府工作效率。但若将政府环境信息公开落到实处，必须满足以下要求：

一是明确政府信息公开的目的和目标是保障公众在环境信息上的知情权利。这在比较法上是为通例。如《奥胡斯公约》重申“公共当局为公众利益掌握着环境信息”，规定“每个缔约方应力求确保各级官员和部门在环境问题上协助和指导公众设法获取信息促进参与决策和诉诸法律”；德国《环境信息法》（1994）规定：“制定本法之目的是为确保自由获取并传播由主管部门掌握的环境信息，规定获取环境信息的先决条件。”奥地利《环境信息法》（1993）规定：“本法的目的是使公众知道在环境方面特别是有权被安排自由地获得行政机关支配的环境数据，以及要求行政机关公开地公布环境数据的权利。”由此可见，政府掌握环境信息的目的是确保公民自由获得信息，保障公民的环境知情权；政府是对其收集、整理、加工获得的环境信息的“掌握者”而非“所有者”。借鉴国际条约、国外立法，结合《关于深化政务公开加强政务服务的意见》的新要求，建议我国政府环境信息公开制度应明确确立保障公众环境知情权的目标，政府环境信息公开不仅要求政府在形式上“公开”有关环境信息，更重要的是“公开”的环境信息必须要被公众所了解。公开本身是手段和出发点，而公众了解、知情才是公开的目的和归宿，从而矫正政府自恃环境信息“所有者”而不愿公开信息的固有观念，使政府的角色回归本位。

二是真正贯彻“以公开为原则、以不公开为例外”原则。《环境信息公开办法（试行）》虽体现了以公开为原则、以不公开为例外的精神，但由于对不公开的规定不明确，往往形成以不公开为惯例的潜规则。除了常规的“不得公开涉及国家秘密、商业秘密、个人隐私的政府环境信息”外，办法还有两个限制性条款，即第 7 条规定“公民、法人和其他组织使用公开的环境信息，不得损害国家利益、公共利益和他人的合法权益”以及第 10 条“环保部门公开政府环境信息，不得危及国家安全、公共安全、经济安全和社会稳定。”这种抽象而不确定的例外规定，往往成为实践中搪塞信息公开的借口。针对这种状况，最高人民法院 2011 年公布的《关于审理政府信息公开行政案件若干问题的规定》，在不予公开的范围认定上，删除了征求意见稿中“公开后可能危及国家安全、公共安全、经济安全和社会稳定”以及“尚处于讨论、研究或者审查过程中的政府信息”等情形属于“人民法院应当认定的不予公开的范围”的内容，而是以是否涉密作为信息公开与否的判断标准，规定涉及国家秘密的，实行绝对不公开原则；涉及商业秘密、个人隐私的，实行相对不公开原则———只有两种情形下应当公开，即权利人同意公开，或者不公开可能对公共利益造成重大影响。尽管拆除了一些藩篱，但最高法院仍未从根本上解决“公开范围”的限定问题，需要进一步明确。

三是明确公开标准、注重信息加工、拓展公开渠道。由于公众在知识水平、社会经验、语言文字的理解能力、表达方式上各有差异，导致对政府公开环境信息理解具有选择性和多样性。因此，为了避免政府公开的环境信息给公众造成误解，必须明确所公开的环境信息应当以一般社会公众的判断能力作为标准。既有制度虽然规定了政府发布环境状况信息的职责，但只是简单地规定了政府应该向社会主动公开环境质量状况、环境调查和环境统计信息等，尚未进一步明确应当公开环境信息的部门分工、环境信息应当包括的环境要素种类、信息中应当具体包含的指标以及针对各指标应当公开的具体监测数据，也未明确规定环境状况信息中应当包括过去多长时间内的数据等。加入这些更加具体的规定，可以使各级环保部门公开的环境状况信息在内容结构上保持一致和具有可比性，使公众对环境状况了解得更加全面和具体，同时可以避免内容上的空缺或重复。

同时，由于环境信息的内容越来越丰富，信息量越来越大，专业化程度越来越高。为了使不具备专业知识的一般公众能够比较容易了解和掌握相关环境状况信息，政府应注重对环境信息的整理、加工和解释工作，以一般社会公众的理解能力及高度形象化和视觉化的语言为标准传递环境信息所反映的科学数据和自然规律。对于一些环境问题要以一些非常醒目的符号和形象词汇加以修饰，以便于公众的准确理解。

此外，要注重多渠道、差异化的信息发布渠道。政府环境信息公开不等于网上公开，特别是对于偏远地区、公众文化程度相对较低的地区，政府环境信息公开的渠道必须因地制宜，根据当地的实际情况，选择适当的公开方式。尤其应要重视目前覆盖全国范围的广播、电视对于政府环境信息公开的重要作用，政府应充分利用广播、电视等媒体定时、定期以易于公众了解和掌握的形式及时、准确、全面地向公众传播环境信息。除此之外，网络等既有政府环境信息公开的方式也要加强，特别是要加强网站环境信息的更新速度和时效性，以充分发挥网络媒体信息量大、更新速度快等优势。总之，公开的渠道不求唯一，关键在于确保公众了解、知情的目的能够实现。

第五十五条　重点排污单位应当如实向社会公开其主要污染物的名称、排放方式、排放浓度和总量、超标排放情况，以及防治污染设施的建设和运行情况，接受社会监督。

【条文释义】

本条是关于重点排污单位强制环境信息公开的规定，是新增条文。

本条可以从以下三个层面加以理解：第一，公开主体是“重点排污单位”，具体根据县级以上人民政府环境保护主管部门认定和发布的重点排污单位名录确定。第二，公开内容包括主要污染物的名称、排放方式、排放浓度和总量、超标排放情况，以及防治污染设施的建设和运行情况。第三，公开方式为强制企业信息公开。国务院环境保护主管部门应当建立统一的信息发布平台。

一、立法目的

环境信息公开以其低成本、高效率的特色被国外视为继直接管制（命令与控制，command and control）和经济政策工具之后的“第三代环境管制工具”。以美国为例，1986 年开始实施的《紧急计划和社区知情权法》（Emergency Planning and Community Right to Know Act，简称 EPCRA）第 313 章规定，企业有义务减少有毒化学物质对环境的影响和必须向公众披露有毒化学物质的相关信息。1990 年美国颁布的《污染防治法》（The Pollution Prevention Act，PPA）规定企业如果使用超过规定量的有毒化学物质，就必须每年汇报其对有毒废物的处理情况。据此，美国环保署建立了有毒物质排放清单（Toxics Release Inventory，TRI）制度，要求具有一定规模、有害物质使用量或加工量超过一定数量的企业或机构每年报告有害化学物质的排放量，并将企业或机构报告的数据制作成数据库，通过因特网公开，所有人均可查看。尽管 TRI 制度用意只在收集有害物质排放信息并向公众公开，并没有附加减排的要求，更没有不减排则予惩罚的配套措施，所以一开始，甚至美国环保署都将其视为一个摆设，但这一制度却取得了意外的成功：美国环保署的调查和统计显示，执行 TRI 规定之年度报告的企业和机构中，有70%声称他们因为TRI的缘故强化了其减排工作；该制度实施的头十年（1988年到1997年），列入TRI的化学物质排放量就削减了42.8%，其中主要都是企业自发性减排的结果。而且，TRI实施后，许多大企业自发地为自己制订了雄心勃勃的减排计划并且严格落实，而其自定的减排目标通常比国家的强制性标准严格得多。

TRI的成功在美国境外也引发了仿效。1996年，经济合作开发组织（OECD）在其成员国中间大力推广以美国TRI为原型的“环境污染物的排放移动登记（PRTR）”制度。2000年，欧盟决议建立污染排放登记系统（European Pollutant Emission Register，EPER），要求成员国每三年提交一次污染排放的报告，该报告由欧盟在欧洲污染物排放登记网上公开。2003年5月，欧洲36个国家共同签署了一项《污染物排放和转移登记制度议定书》，力求在国际社会建立起统一的PRTR制度。韩国、日本等也实行了全面的污染物信息公开制度。

从这些国家的经验来看，企业环境信息公开对于企业与公众均会产生一连串连锁反应：对企业本身而言，信息公开使企业与自己的竞争对手的比较成为可能，企业可以据此追踪竞争对手的最新进展，从而调整自己的发展目标；同时也使得投资者有能力比较同行业企业的污染水平以及污染趋势，并作出投资选择（例如，道琼斯可持续指数（dow jones sustainability index）就是利用企业污染物信息为投资者提供指引的工具）；再者，信息公开会产生一个“污染黑名单”，企业因此有压力采取措施去减少污染。对于公众而言，除了对污染者进行道德上的谴责，还可能会产生相应的“邻避”效应，阻止高污染企业进入特定地区、抵制污染企业的产品；同时，环保组织也可以据以发现企业的污染信息，对损害环境公共利益的行为提起公益诉讼。

二、重点排污单位的认定

根据《环境信息公开办法（试行）》，仅有污染严重的企业——即污染物排放超过国家或者地方排放标准，或者污染物排放总量超过地方人民政府核定的排放总量控制指标的企业才是强制信息公开的主体；2012年修改的《清洁生产促进法》第17条也规定，未达到能源消耗控制指标、重点污染物排放控制指标的企业，应当按照国务院清洁生产综合协调部门、环境保护部门的规定公布能源消耗或者重点污染物产生、排放情况，接受公众监督。但无论是公开对象还是公开范围，都失之偏狭，本条将之进一步扩展到重点排污单位，是一大进步。但关于“重点排污单位”，究竟哪一级政府确定的“重点排污单位”才属于本条信息公开的责任主体，本法并未进行明确。根据本章立法精神，信息公开目的在于加强对于重点排污单位的监督，应对重点排污单位做广义解释，县级以上人民政府环境保护主管部门确定的重点排污单位均应作为主动公开信息的主体。

从目前实践来看，多数省份每年都会发布年度重点排污单位名单，有些省会城市和社区的市也会发布本省的重点排污单位认定标准和名单。例如，根据《合肥市重点排污单位管理办法》，合肥市重点排污单位包括：①国控、省控排污单位；②日排废水量超过100吨，或水污染物化学需氧量日排放量超过30公斤，或氨氮日排放量超过20公斤的排污单位；③日排废气量超过10万标立方米；④环保部门确定的其他重点排污单位。根据该管理办法，2012年合肥市确立了255家重点排污单位。

三、企业强制信息公开的内容与方式

2012年，环保部对13352家国控企业开展的自行监测及信息发布情况进行了调查，有10285家国控企业开展了自行监测，占67%；其中，20%企业采用手工监测，25%企业采用自动监测，55%的企业采用手工和自动相结合的方式。与“十二五”规划提出的自行监测公布率达到80%以上的要求，还存在一定的差距，且企业自行监测的水平普遍不高，监测指标不全，特别是对特征污染物未开展监测，监测手段单一，各地均缺乏统一的平台供企业发布监测信息。

为此，环保部于2013年7月31日印发了《国家重点监控企业自行监测及信息公开办法（试行）》，要求国家重点监控企业、纳入各地年度减排计划且向水体集中直接排放污水的规模化畜禽养殖场，从2014年需自行监测环境信息，监测内容包括水污染物排放、大气污染物排放、厂界噪声等，如果企业环评报告中有明确要求，还要对企业周边环境质量进行监测。企业同时需将应将自行监测工作开展情况及监测结果向社会公众公开，公开内容应包括：①基础信息：企业名称、法人代表、所属行业、地理位置、生产周期、联系方式、委托监测机构名称等；②自行监测方案；③自行监测结果：全部监测点位、监测时间、污染物种类及浓度、标准限值、达标情况、超标倍数、污染物排放方式及排放去向；④未开展自行监测的原因；

⑤污染源监测年度报告。企业可通过对外网站、报纸、广播、电视等便于公众知晓的方式公开自行监测信息。同时，应当在省级或地市级环境保护主管部门统一组织建立的公布平台上公开自行监测信息，并至少保存一年。

上述试行办法为本条适用提供了一个可资借鉴的样本，由于责任主体的扩大，为减少企业公开成本并便于公众查询和监督，国务院环境保护主管部门应当建立统一的信息发布平台。

第五十六条　对依法应当编制环境影响报告书的建设项目，建设单位应当在编制时向可能受影响的公众说明情况，充分征求意见。

负责审批建设项目环境影响评价文件的部门在收到建设项目环境影响报告书后，除涉及国家秘密和商业秘密的事项外，应当全文公开；发现建设项目未充分征求公众意见的，应当责成建设单位征求公众意见。

【条文释义】

本条是关于应当编制环境影响报告书的建设项目公众参与和信息公开的规定，是新增条文。

本条主要规定了三个方面的内容：一是本条的适用对象为依法应当编制环境影响报告书的建设项目。根据《环境影响评价法》第16条，可能造成重大环境影响的，应当编制环境影响报告书，对产生的环境影响进行全面评价；具体需要编制环境影响报告书的建设项目类别，依据《建设项目环境影响评价分类管理名录》确定。二是编制环境影响报告书应充分征求可能受影响的公众意见，未充分征求公众意见的，由负责审批建设项目环境影响评价文件的部门责成建设单位补充征求公众意见。三是环境影响报告书应全文公开，包括全本与简本。

一、立法目的

环境影响评价作为项目上马的第一道关口，近年来在建设项目管理中发挥了预警和源头控制作用。但是，值得注意的是，因环评审批公众参与问题被提起的行政复议案件呈逐年上升趋势。并且，公众对严重污染项目环评审批的关注度和期望值也越来越高，如垃圾发电、垃圾填埋和居民楼下建饭店等项目环评审批问题，有的被提起行政复议，有的因处理不当还引发了群体性事件。为此，本条强调应当编制环境影响报告书的建设项目必须充分征求公众意见，并且除特殊情况外，其环境影响报告书必须全文公开，对于保障公众知情权、参与权和监督权具有重要意义。

二、适用对象

尽管本条的适用对象仅为需要编制环境影响报告书的建设项目，但这只是强调此类项目公众参与的必要性，并不局限于依法应当编制环境影响报告书的建设项目。根据《环境影响评价法》第10条规定，专项规划的编制机关对可能造成不良环境影响并直接涉及公众环境权益的规划，应当在该规划草案报送审批前，举行论证会、听证会，或者采取其他形式，征求有关单位、专家和公众对环境影响报告书草案的意见；编制机关应当在报送审查的环境影响报告书中附具对意见采纳或者不采纳的说明。《环境影响评价公众参与暂行办法》第37条第2款进一步规定，“土地利用的有关规划、区域、流域、海域的建设、开发利用规划的编制机关，在组织进行规划环境影响评价的过程中，可以参照本办法征求公众意见。”对于可能造成轻度环境影响的、需要编制环境影响报告表的建设项目，目前则缺乏明确规定，实践中有的地方要求实行公众参与，有的地方则没有。从立法目的和体系解释来看，编制环境影响报告表的建设项目是对环境造成较轻影响的项目，可以不征求公众意见，否认相关立法会直接将此类项目纳为规范对象。但是，由于公众对风险的认知与企业和主管部门认知并不一致，在主管部门看来并无重大环境影响但公众较为关切的项目，如果没有信息公开和公众参与的程序，将可能成为社会不稳定的诱发因素。因此，原则上应充分进行信息公开，并视情形开展公众参与。

从比较法来看，各国也多未将公众参与限定于“可能造成重大环境影响的”建设项目上。例如，美国《国家环境政策法》是最早规定环境影响评价制度的立法，但并未对是否征求公众意见进行明确规定，为此，美国国家环境质量委员会于1978年发布了环境影响评价实施细则，对公众参与的程序作了详细规定，包括参与阶段、参与范围、参与人员、参与效果以及参与的限制等。如信息公开的时间一般为45～90天，公众可以查阅环评文件，并可提交关于项目的书面评论，开发建设单位和有关行政主管部门必须对公众意见做出反应；当有较大争议或公众要求召开听证会时，应举行听证；公众有权了解做出最后决策的理由，原则上有关行政主管部门应在公众参与后30天内告知决策结果及其依据；公众可以进一步质疑决策的合理性等。日本《环境影响评价法》也对公众的知情权和参与权做出了较为明确、具体的规定。例如，关于评价大纲的公布、公开复审和意见提交，该法第 7 条规定："为了征求意见，从环境保护的角度出发，关于环境影响评价所需考虑的事项和所要采用的调查、预测和评价方法，根据总理府规定，项目业主应当公布范围文件的有关内容，可以在范围文件公布之日后的一个月内对评价大纲进行公开复审"。我国台湾地区《环境影响评价法》也要求将环境影响评价各阶段的说明书、评价书及审查结论要公之于众。

三、建设项目环境影响报告书的信息公开

2013 年 11 月，环境保护部发布公告，下放部分项目环评审批权限，同时还配套印发了《建设项目环境影响评价政府信息公开指南》和《关于切实加强环境影响评价监督管理工作的通知》两个文件。《指南》从四个方面加大了环评信息公开力度：一是公开环评报告书（表）全本，使公众能够获得环评文件的全部信息，有利于在项目审查过程中更充分地征求公众意见，接受社会监督。二是公开政府承诺文件。将地方政府在环评中做出的事关群众切身利益的环境保护措施的承诺文件全文公开，使公众能够对政府兑现承诺情况实施社会监督，更好地约束政府履行职责。三是公开批准和不予批准环评文件的全文，方便公众获取环保部门做出的审批决定的详细信息，有利于公众监督环保部门依法、科学、公开、廉洁、高效地履行环评审批职责。四是公开环评机构和从业人员诚信信息。包括资质受理、审查、批准全过程公开；所有环评机构基本情况、主要业绩、技术人员、诚信纪录全部公开；对违规环评机构及人员的处理信息全部公开；同时要求省级环保部门公开对环评机构的年度考核结果，鼓励公众对环评机构违规行为进行举报、对环保部门资质管理进行监督。

根据《建设项目环境影响评价政府信息公开指南》，环境保护主管部门要主动公开环境影响评价相关法律、法规、规章及管理程序，建设项目环境影响评价审批，建设项目竣工环境保护验收和建设项目环境影响评价资质管理四类信息。上述信息应自该信息形成或者变更之日起 20 个工作日内予以公开。法律、法规对环境影响评价政府信息公开的期限另有规定的，从其规定。各级环境保护主管部门在受理建设项目环境影响报告书、表后向社会公开受理情况，征求公众意见。公开内容包括：①项目名称；②建设地点；③建设单位；④环境影响评价机构；⑤受理日期；⑥环境影响报告书、表全本（除涉及国家秘密和商业秘密等内容外）；⑦公众反馈意见的联系方式。就建设单位而言，在其向环境保护主管部门提交建设项目环境影响报告书、表前，也应依法主动公开建设项目环境影响报告书、表全本信息，并在提交环境影响报告书、表全本同时附删除的涉及国家秘密、商业秘密等内容及删除依据和理由说明报告。《指南》还规定，各级环境保护主管部门在对建设项目作出审批意见前，向社会公开拟作出的批准和不予批准环境影响报告书、表的意见；在对建设项目作出批准或不予批准环境影响评价报告书、表的审批决定后向社会公开审批情况。建设单位在向环境保护主管部门提交验收监测（调查）报告书、表前，应依法主动公开验收监测（调查）报告书、表全本。

本条将此规定上升为法律位阶，要求对环境影响报告书全文进行公开，对于进一步保障公众知情权和监督权具有重要意义。

第五十七条　公民、法人和其他组织发现任何单位和个人有污染环境和破坏生态行为的，有权向环境保护主管部门或者其他负有环境保护监督管理职责的部门举报。

公民、法人和其他组织发现地方各级人民政府、县级以上人民政府环境保护主管部门和其他负有环境保护监督管理职责的部门不依法履行职责的，有权向其上级机关或者监察机关举报。

接受举报的机关应当对举报人的相关信息予以保密，保护举报人的合法权益。

【条文释义】

本条是关于环境保护举报权的规定，是新增条文。

该规定从对环境污染者、生态破坏者和不履行环境保护职责的行政主体的举报权方面赋予了公众参与环境保护的权利。本条和本法的第 56 条、58 条等规定一起构建了我国环境保护领域的公众参与制度。

依据本条，举报人可以是受到环境污染和生态破坏影响的公民、法人、其他组织，也可以是关心环境问题的公民、法人和其他组织。

而环境保护举报权则可以分为两类：该条第 1 款规定的举报对象是具有环境污染和生态破坏行为的单位和个人。举报的受理主体是环境保护主管部门或者其他负有环境监督管理职责的相关部门，这些相关部门根据环境违法行为所危害的环境要素的不同表现为水利、交通、公安、农业、林业、牧业、渔业、土地、海洋、矿产等行政主管部门。该条第 2 款规定的举报对象是不依法履行职责的地方各级人民政府、县级以上人民政府环境保护主管部门和其他负有环境保护监督管理职责的部门。举报的受理主体是其上级机关或者监察机关。

相应的，接受举报的行政部门也负有两方面的义务：一是应及时对举报事实进行调查处理，并将处理结果告知举报人；二是当对举报人的相关信息予以保密，保护举报人的合法权益。

一、确立环境保护举报制度的必要性

为了有效地防范环境污染事故的发生、保护生态环境和提高人民群众的生活质量，减少各类环境污染和生态破坏事件的危害，除了增强政府部门的环境监管力量和加大相关部门的查处力度外，更重要的是动员和鼓励广大群众积极参与环境保护管理，完善环境保护的社会监督体系，将实施环境污染和生态破坏的单位和个人及时报告给当地环境保护部门，形成社会合力，共同监督侵害环境行为，这样既符合我国环境保护的实际现状，也符合广大人民群众的自身利益。只有使公众参与到环境保护事业中来，才能使环境保护有着源源不断的力量源泉。

各级政府及其环境保护部门代表国家对环境资源的管理依法行使职权。在我国环境管理的实践中，环境监管还不到位、环境公共服务还不完善。如，在思想观念上，重经济建设、轻环境保护；在管理主体上，重政府作用、轻社会参与；在管理方式上，重事后处置、轻源头治理；在管理手段上，重行政手段、轻法制约束、经济调控和道德自律；在工作作风上，存在责任不明、推诿扯皮、各自为政现象；在服务水平上，也还存在官僚主义、形式主义、效率低的问题。当公众了解和掌握上述有关事实，发现不依法履行环境义务和职责的行政行为后，必须有权、有资格向有关部门举报，以保障其享用清洁健康的环境的权利。

从我国的现实来看，环境违法行为的举报制度在我国实施后，举报量随着经济的快速发展，人民生活水平、环境意识的逐步提高而逐年上升，环境保护举报制度已经成为我国公众参与环境保护制度体系中的重要一环，因而有必要通过立法予以明确。

二、环境保护举报制度的基本要素

（一）目的

促进各级政府及其环境保护部门依法行政，严格执法，树立环保执法权威；提高全民环境保护意识，形成公众参与环境保护监督管理机制；解决公众普遍关心和反映强烈的环境问题，依法维护公众的环境权益。

（二）基本要求

因地制宜，将其实效，结合当地实际情况建立环境保护举报制度；注重内容，量化标准，细化措施，坚持公开办事制度，自觉接受群众监督；方便群众投诉和监督，认真、及时解决群众举报的各类环境问题；建立归口管理、属地解决、协调分办、讲求效率的举报事项管理制度。

（三）主要内容

第一，明确环保举报的机构。通过报纸、广播、电视和其他有效形式，向社会公告受理环境保护举报的单位名称、通讯地址、邮政编码、电话号码及环境保护举报的相关规定。第二，明确环保举报的形式。环保举报可以口头提出，也可以书面提出，也可以以电话、电子邮件、传真等形式提出，不论以哪种形式提出，都应该说明被举报的单位或个人的名称、行为发生地点、对环境的危险或以造成的环境污染、生态破坏的危害事实或行政部门不履行环境保护职责的事实。第三，明确环境举报的办理程序。包括登记立案、协调分办、限时办理，及时反馈，定期公布受理情况和办理结果等。第四，建立对环保举报人的保护制度和鼓励制度。包括为举办者保守秘密、惩处打击报复举报人的行为、对有重大贡献的环境保护举报者予以表彰、奖励等。第五，明确举报的法律责任。各级环境保护部门及其工作人员在受理、处理环境举报的过程中玩忽职守、滥用职权、徇私舞弊的，依法给予处分；涉嫌犯罪的，依法移送司法机关追究刑事责任。举报人必须正当行使举报权，举报要实事求是，不弄虚作假，不凭空捏造，不得损害他人的合法权益及社会公共利益。

（四）实施

国务院环境保护主管部门或各省、自治区、直辖市及计划单列市环境保护部门制定有关环境保护举报制度的管理办法，建立环境保护举报制度。监察机关、相关环境保护管理部门也应当将环境举报纳入其举报管理制度之中。环境保护举报制度的建立和实施情况应作为上级环境保护主管部门和当地人民政府对环境保护部门政绩考核的重要内容。监察机关、各级环境保护部门应制定必要的检查和考核措施，并为环境举报制度的实施提供必要的人员、资金、设施等条件保障。

三、《环保举报热线工作管理办法》

为落实环境保护举报制度，各地都开展了环保举报热线电话的实践。为加强环保举报热线工作的规范化管理，畅通群众举报渠道，维护和保障人民群众的合法环境权益，环境保护部根据《信访条例》以及环境保护法律法规有关规定，于2010年11月制定了《环保举报热线工作管理办法》(以下简称《办法》)。该《办法》自2011年3月1日起施行。该《办法》分总则，机构、职责和人员，工作程序，工作制度，附则五章共计二十七条，确立了环保举报受理和处理的基本制度。根据该《办法》的规定，环保举报热线应当使用“12369”特服电话号码，各地名称统一为“12369”环保举报热线。环保举报热线要做到有报必接、违法必查，事事有结果、件件有回音。除发生不可抗力情形外，环保举报热线应当保证畅通。

(一) 承担环保举报热线工作机构的职责

依法受理环境污染、生态破坏的举报事项；对举报件及时转送、交办、催办、督办；向上级交办部门报告交办件的办理结果；研究、分析环保举报热线工作情况，向环境保护主管部门提出改进工作的意见和建议；向本级和上一级环境保护主管部门提交年度工作报告，报告举报事项受理情况以及举报件的转送、交办、答复、催办、督办等情况；检查、指导和考核下级环保举报热线工作，总结交流工作经验，组织工作人员培训。

(二) 工作程序

环保举报热线工作人员接听举报电话，应当准确据实记录举报时间、被举报单位的名称和地址、举报内容、举报人的姓名和联系方式、诉求目的等信息，并区分情况，分别按规定的方式处理；举报件应当自受理之日起60日内办结，情况复杂的，经本级环境保护主管部门负责人批准，可以适当延长办理期限；举报件办结后，举报件办理部门应当将举报件办理结果及时答复举报人并转送承担环保举报热线工作的机构；举报件办理部门未及时转送或者报告办理结果的，环保举报热线工作人员应当及时催办；各级承担环保举报热线工作的机构应当视情况抽查、回访已经办结的举报件。

（三）工作制度

各级环境保护主管部门应当建立健全环保举报热线工作规章制度，包括各类举报信息和办理情况的汇总、分析和报告制度、保密管理制度、环保举报热线工作表彰和奖励制度、档案管理制度、环保举报热线宣传制度等。

第五十八条　对污染环境、破坏生态，损害社会公共利益的行为，符合下列条件的社会组织可以向人民法院提起诉讼：

（一）依法在设区的市级以上人民政府民政部门登记；

（二）专门从事环境保护公益活动连续五年以上且无违法记录。

符合前款规定的社会组织向人民法院提起诉讼，人民法院应当依法受理。

提起诉讼的社会组织不得通过诉讼牟取经济利益。

【条文释义】

本条是关于环境公益诉讼的规定，是新增条文。

该规定从环境公益诉讼方面赋予了环保社会组织参与环境保护的权利。

首先，依照该条的规定，环境公益诉讼的适用范围是因污染环境、破坏生态行为损害环境公共利益的案件。如污染环境、破坏生态的行为，并未损害社会公共利益，而是损害某一公民、法人或者其他组织，或者他们已经形成的利益共同体的私法上的权益的，则不符合公益诉讼的受理条件，应当按照一般民事诉讼处理。只有不特定主体所享有的社会公共利益所引发的环境纠纷才能纳入环境公益诉讼的客观范围，正是因为环境公共利益主体的不特定性，才使得环境公共利益的维护无法通过直接关系主体启动诉讼程序，从而借助司法的力量加以实现。

其次，依照本条的规定，环境公益诉讼的适格原告是一定的环保社会组织。根据环境保护部2010年发布的《关于培育引导环保社会组织有序发展的指导意见》，“环保社会组织是以人与环境的和谐发展为宗旨，从事各类环境保护活动，为社会提供环境公益服务的非营利性社会组织，包括环保社团、环保基金会、环保民办非企业单位等多种类型。”但并非所有的环保社会组织都是环境公益诉讼的适格原告。具有环境公益诉讼原告资格的环保社会组织要满足一定的条件：在设区的市级人民政府民政部门登记；专门从事环境保护公益活动连续五年以上且且无违法记录。

再次，环境公益诉讼是保护不特定的人所享有的共同社会利益的司法形式，在诉讼条件上不以原告与“本案有直接利害关系”为要件，法院不得以“缺乏直接利害关系”为理由拒绝受理。

最后，环境公益诉讼以维护公共利益为目的，任何组织都不能以此形式牟取经济利益。环保社会组织不能因自身利益受到侵害提起环境公益诉讼。在环境公益诉讼中，环保社会组织仍然可以提起损害赔偿之诉，但损害赔偿金不归于环保组织，而归于国库。

一、确立环境公益诉讼的必要性

2012 年新修改的《民事诉讼法》确立了民事公益诉讼，其第 55 条规定：“对污染环境、侵害众多消费者合法权益等损害社会公共利益的行为，法律规定的机关、有关组织可以向人民法院提起诉讼。”《环境保护法》作为环境保护的基本法，非常有必要对公益诉讼作出明确规定，从而对其他环境法律的公益诉讼制度建设起统领作用并推动环境公益诉讼的实践。另外，《民事诉讼法》没有确定哪些组织可以获得公益诉讼的诉讼资格，《环境保护法》在确立环境公益诉讼时，也必须对这个问题进行回应。

环境公益诉讼是指在任何机关、法人或其他组织及个人的行为有使环境遭受侵害或有侵害之虞时，任何公民、法人、其他组织为维护环境公共利益而向法院提起诉讼的制度。环境公益诉讼和环境私益诉讼在本质上没有区别，都属于环境诉讼，但二者的着眼点不同，环境私益诉讼主要着眼于对人的损害预防和补偿，环境公益诉讼是在环境公共利益维护和保全的基础上发展起来的，其主要着眼点在于对于环境的损害行为的抑制和预防以及对环境公益行为的促进和鼓励。环境公益诉讼的意义就在于通过诉讼行动推动相关主体的环境守法，推动相关行政机关的环境执法，并通过向法院提起诉讼，以程序性权利来实现实体性权利，从而行使自己管理国家事务的权利，对国家的保护环境的职责起到了监督和补充的作用，体现了人民参与对环境保护的重要理念。

二、赋予环保社会组织环境公益诉讼的原告资格的原因

首先，环保社会组织提起环境公益诉讼具有一定的优势。相对于公民个人，环保社会组织提起环境公益诉讼的优势在于：第一，可以避免单个公民之诉在财力和信息上的弱势，从而防止廉价正义的出现。对比个人而言，环保社会组织在信息网络、证据收集、法律了解以及和政府、企业的谈判能力等方面都具有不可比拟的优势。同时，团体的筹资能力也保证在诉讼成本上比公民个人能够支撑诉讼的进行。第二，可以避免因适用多数人诉讼而带来的大量复杂的诉讼技术问题，解决群体当事人的诉累问题，减轻法院的诉讼负担。第三，环保团体的宗旨和团体组成人员对环保的热忱能够保证公益诉讼不会偏离公益维护的轨道，陷入利益纠葛的泥潭。第四，由于环保团体组织是公益性的专业团体，能够吸收环保专家、法律专家提供良好的技术支持和法律服务，从专业的角度保证公益目的的实现。第五，环保团体的有组织性和公益性，决定它比公民个人更关心环境健康，更关注环境开发活动，也更有效和更积极地开展公益诉讼活动。环境社会组织相对于检察机关、环保行政机关提起环境公益诉讼也具有优势：第一，环保社会组织的民间性使其独立于政府机构，没有利益纠葛的牵涉，其保护环境的诉讼行为能够获得民众认同。其次，环保团体的中立性使其能够很好地充当环境保护的“看门犬”。环境团体诉讼既针对环境污染者、破坏者的污染、破坏行为，也针对政府机构的不遵守环境法律行为和不履职行为。最后，环保团体的宗旨定位使其能够投入较多精力进行环境公益诉讼。环境行政机关、检察机关都可以被赋予环境公益诉讼的诉讼资格，但其职责定位决定了其不能将提起环境公益诉讼作为其主要工作任务，具有被动性。

其次，从环境保护的实践来看，环保社会组织是环境保护的主力军，也必将成为环境公益诉讼的主力军。《2008 年中国环保民间组织发展状况报告》显示，全国现有经过正式登记注册的各类环保民间组织 3539 个。进入 21 世纪后，在 2012 年《民事诉讼法》修改之前，我国大约有 17 件环境公益诉讼的实践，其中有 9 件为环保社会组织提起。环保社会组织提起环境公益诉讼有着较强的动力和可行性。

三、对提起环境公益诉讼的环保社会组织有条件上的限定

环保社会组织是环境公益诉讼涉及的利益保护非常重要，涉及法律关系较为复杂，涉及的事实具有一定的专业技术性，因而要求原告主体具有一定的社会信誉度和专业能力。同时诉讼资格的扩张，可能带来滥诉问题，也需要予以制度上的防范。另外，环境公益诉讼在我国还是一个新生事物，也需要谨慎从事。因而对提起环境公益诉讼的环保社会组织要有一定程度的限制。但这个限制不能太严，不然会损害环境公益诉讼设立的初衷和环保社会组织的积极性。

从《环境保护法》的修订过程来看，对于环保社会组织提起环境公益诉讼的作用有一个认识过程，对于环保社会组织的范围也经历过了一个逐渐放宽的过程。环境保护法修正案草案一审稿没有提及环境公益诉讼。二审稿提出了环境公益诉讼，但将提起诉讼的主体限定为中华环保联合会和省级环保联合会。由于这一规定违反了立法的抽象性原则和普适性原则，也违反了法律的稳定性要求，实际上是对公益诉讼主体资格的限缩，这会严重影响环境公益诉讼的在全国范围的提起，导致环境公益诉讼的意义大打折扣。所以这个规定引起了学界和实务界的强烈质疑。三审稿时，环境公益诉讼的主体就调整为“依法在国务院民政部门登记、专门从事环境保护公益活动连续五年以上且信誉良好的全国性社会组织”。但由于我国全国性社会组织登记条件较为严格，全国满足这一条件的社会组织也只有十几家，同样不能满足我国的环境保护要求，也会影响其他环保组织的积极性。随着生态文明建设的提出，环保法修改的思路也随之跃进，四审稿时，环境公益诉讼的主体调整为“依法在设区的市以上人民政府民政部门登记、专门从事环境保护公益活动连续五年以上且信誉良好的社会组织”。这样调整，无疑大大扩展了环境公益诉讼资格的主体范围，使普遍性的环境公益诉讼成为可能。但这个规定仍然存在一个前置性问题，那就是如何判断“信誉良好”，由谁来判断。很显然，这个规定无形中又阻碍了环保社会组织提起环境公益诉讼。最终，修订通过的法律将其明确为“依法在设区的市以上人民政府民政部门登记、专门从事环境保护公益活动连续五年以上且无犯罪记录的社会组织”。这样的规定由于判断条件客观、合理、清晰，既实现了鼓励环境公益诉讼的目的，又在一定程度上可以防止滥诉，保证环境公益诉讼的质量。

另外，根据新修改的法律，“提起环境公益诉讼的社会组织不得通过诉讼牟取经济利益”。这是为了防范一些环保社会组织为了获得经济利益以“公益”之名滥诉，损害环境社会秩序，甚至以牺牲环境公共利益为代价。环保社会组织作为公益性组织，其诉讼目的应当是通过诉讼手段保护环境，不应当受任何经济利益的驱使。在这个问题上，《2014 年环保法》的这个规定比四审稿的规定要合理得多。四审稿规定的是“不得通过诉讼牟取利益”，而实际上“利益”的范畴相当广泛，除“经济利益”外，还有“社会利益、环境利益”等。环保组织通过环境公益诉讼来阻止环境污染、生态破坏行为，是使包括环保组织在内的不特点主体都受益的，因此“不得通过诉讼牟取利益”的说法是不严谨的。

四、本条有关环境公益诉讼资格的规定，并不排除法律规定的机关提起环境公益诉讼

从国家应当代表社会共同利益的立场上，国家介人公益纠纷的解决是理所当然的，国家机关具有公益诉讼原告资格正是基于特定的国家机关的职能。为此，2012 年新修改的《民事诉讼法》第 55 条就肯定了法律规定的机关可以提起环境民事公益诉讼。检察机关是为了维护公共利益而设立的，其与生俱来的公共性特征决定了检察机关在公共利益受到损害的时候，为了维护和恢复公共秩序，必须有所作为。这当然也包括了在环境公共利益受到损害的时候，检察机关也不能袖手旁观。但检查机关提起环境公益诉讼，必须要有相关法律的明确授权。环保行政机关在其管理职能内，如获得法律授权也是可以提起环境公益诉讼的。《海洋污染防治法》第九十条第 2 款规定，“对破坏海洋生态、海洋水产资源、海洋保护区，给国家造成重大损失的，由依照本法规定行使海洋环境监督管理权的部门代表国家对责任者提出损害赔偿要求”。依此规定，海洋环境监督管理部门可以提起环境公益诉讼。

五、环境公益诉讼的实施还需要进一步的制度建设

无论是《民事诉讼法》还是《环境保护法》都只是确定了环境公益诉讼的原则条款。环境公益诉讼的运行还需要对诉讼对象、请求类型、管辖、前置程序、和解调解、诉讼费用、证明责任、判决效力、激励手段等多个方面进行系统的制度建设。这需要相关法律或者司法解释予以明确。目前在我国贵州、海南、云南、重庆、浙江、江苏等地环境公益诉讼的实践中，出台了一些环境公益诉讼的规范性文件，如贵阳的《关于大力推进环境公益诉讼、促进生态文明建设的实施意见》、无锡的《关于办理环境民事公益诉讼案件的试行规定》等。在目前还没有统一的诉讼规则出台以前，这些规定具有一定适用价值。

第六章 法律责任

第五十九条 企业事业单位和其他生产经营者违法排放污染物，受到罚款处罚，被责令改正，拒不改正的，依法作出处罚决定的行政机关可以自责令改正之日的次日起，按照原处罚数额按日连续处罚。

前款规定的罚款处罚，依照有关法律法规按照防治污染设施的运行成本、违法行为造成的直接损失或者违法所得等因素确定的规定执行。

地方性法规可以根据环境保护的实际需要，增加第1款规定的按日连续处罚的违法行为的种类。

【条文释义】

本条是关于按日计罚的规定，是新增条文。

依据本条，按日计罚的对象是在规定期限内负有改正违法排放污染物行为的企业事业单位和其他生产经营者（行政相对人）。按日计罚的客体是具有持续性的违法排放污染物的行为。这种违法行为是指违反行政法律法规的排污行为，包括未获得许可排放污染物质的违法行为、超标排放污染物质的违法行为、排放禁止排放的污染物质的违法行为。按日计罚的前提条件是违法行政相对人因为违法排污已经受到罚款的行政处罚，并责令改正而拒不改正。按日计罚的时间是从责令改正之日的次日起至改正之日止。按日计罚的额度是以日为单位，按原处罚数额累加计算，没有上限。而原处罚数额依照有关法律法规按照防治污染设施的运行成本、违法行为造成的直接损失或者违法所得等因素确定的规定执行。

至于按日计罚的违法行为种类，则可由地方性法规增加。根据本条的规定，按日计罚的范围为违法排放污染物。虽然已经比较宽泛，但是地方政府仍然会对有一些排放的污染物无法处罚。同时也可能存在其他形式的持续性环境违法行为需要加大处罚力度。因此也需要给地方性法规放权，使地方性法规可以增加按日计罚的种类。即地方性法规可以根据环境保护的需要对于未经环评审批擅自开工建设、未经环保验收擅自投产使用、擅自闲置环保设施被责令限期治理的排污单位拒不治理、违反规定夜间突击施工造成噪声扰民、破坏土地、森林、草原、水、矿产、渔业、野生动物等资源的持续性环境违法行为确定为按日计罚的范围。

一、确立按日计罚制度的原因

（一）按日计罚是解决环境违法成本低的需要

近年来国家环境立法数量不少，但环境质量越来越差，一个很重要的原因是由于违法成本太低。按照此前的法律规定，对于排污企业的处罚额度都比较低，多为静态的具体处罚数额，且也有明确的上限规定。如对超标排污行为，《大气污染防治法》规定的处罚上限为10万元。正是由于法定罚款上限低，不足以制裁、震慑和遏制环境违法，致使许多企业宁愿选择违法排污并缴纳罚款，导致恶意偷排、故意不正常运转污染防治设施、长期超标排放等持续性环境违法行为大量存在，严重损害了环境法制应有的威严。企业违法成本低还表现在，对于企业持续的违法排污行为，环保部门目前的做法是只能将其作为一次违法行为进行处罚。这就等于说企业把违法行为隐瞒得越久就越能从中获利。违法成本低，守法成本高是我国环保法律的致命缺陷，建立按日计罚制度是弥补这个缺陷的有效手段。

（二）按日计罚具有较强的震慑功能和法律意义

按日计罚针对持续性违法行为，以天为单位计算对违法单位或个人的经济处罚额度，是一种随时间累加而不断加总的动态罚款模式。由于按日计罚综合了时间累加因素和经济因素，对于以经济利益为导向的排污单位来说，震慑效果十分明确。按日计罚的震慑力主要源自于两种效应：一是经济效应。环境法的目的在于将经济发展的外部环境成本内部化，让排污者承担治理环境的成本。在市场经济下，成本竞争是竞争的主要内容，成本的变动决定竞争的成败与市场份额的得失。按日计罚意味着违法者在受到处罚后逾期不改正的，可以按照原处罚数额按日连续处罚，并且没有上限额度的限制。企业违法的成本的提高会抵消违法带来的经济收益，这对违法排污的企业是很大的震慑，从而消除违法的经济动机。二是心理效应。按日计罚意味着只要违法者不改正违法排污行为，违法者面临着处罚的可能性也将如滚雪球一样越滚越大，违法的预期收益逐渐下降。违法者面临的心理压力与日俱增，从而可大大降低违法行为的持续时间。

按日计罚的法律意义就在于：第一，预防环境违法行为，降低环境监督成本。按日计罚可以让企业形成违法零收益的预期，从而达到预防违法的效果。处罚力度的提升和处罚手段预防功能的发挥可以大大降低环境执法监督的公共支出和环境执法人员的工作压力。第二，促进环境守法意识和守法文化的形成。按日计罚的目的在于消除违法带来的非法收益，建立起正确的激励导向。第三，维护法律尊严，彰显公平。对违法行为的不罚和轻罚都是对守法行为的不公平。按日处罚即是要追求"赏罚平衡"，以维护和追求法律的公平为归宿。第四，维护公平的市场竞争秩序。按日计罚让市场竞争主体公平地承担环境污染成本，从而可以在保证环境标准得到遵守的前提下创造公平的市场竞争环境。

（三）按日计罚的实践表明其能获得良好的效果

许多国家和地区的实践表明，按日计罚对于遏制具有明显持续性特征的环境违法行为来说是一剂良药。我国重庆市、深圳市等也开展按日计罚的实践。2007 年颁布实施的《重庆市环境保护条例》第 111 条第 2 款规定，"违法排污拒不改正的，环境保护行政主管部门可按本条例规定的罚款额度按日累加处罚。"2010 年生效的《深圳经济特区环境保护条例》第 69 条规定了，"……有前款规定的行为之一，经环保部门处罚后，不停止违法行为或者逾期不改的，环保部门应当对该违法行为实施按日计罚。"同时，该条第 3 款还规定了，"按日计罚的每日罚款额度为一万元，计罚期间自环保部门作出责令停止违法行为决定之日或者责令限期改正的期限届满之日起至环保部门查验之日止。"这些城市的实践也证明，按日计罚应用于我国的环境法律是可靠和有效的，重庆市实行"按日计罚"后，企业改正率从出台前的不到 5% 上升到 80% 以上。

二、按日计罚的模式选择

按日计罚存在着两种模式，即作为行政处罚的英美法模式和作为执行处罚的大陆法模式。英美模式是对于持续的环境违法行为直接进行按日连续处罚。大陆法模式对于环境违法行为，不论是否持续，先作为"一次"进行处罚，并通知限期改正，届期仍未改正的，再按日连续处罚。这两种模式各有利弊。但考虑到环境保护立法中，环境保护应当得到优位的考量。出于对环境的保护，促成违法者尽早停止违法行为的按日计罚最能符合环境保护立法的法律目的。虽然，对违法污染环境的行为从行为作出之日起就开始按每一日一个违法行为来处罚，能够使得违法者承担更多的经济负担，从而以成本增加的因素造成违法者停止违法行为的经济诱因。但环境立法的最终目的，并不是要让企业承担巨额的污染成本，导致其一旦违法，就举步维艰的地步。而是要对于污染者处以一定程度的惩戒之外，尽早迫使其停止违法行为，才是环境立法应当追求的目的。而且，从执法的立场来看，要认定一个企业违法行为的开始之日，取证是非常困难的，何况还要认定整个过程中是如何持续违法排污的，这无疑增加行政执法的负担。而一旦查处之后，当违法者不停止违法行为，再经通知后的按日计罚则容易计算得多。因此，我国《环境保护法》采用了执行处罚的大陆法模式。

三、按日计罚基准的确定

按日计罚的关键是如何科学地设定每日的处罚额。处罚过轻，就无法遏制某些违法行为；处罚过重，又可能给企业造成太大的负担，影响企业发展。企业、经营者环境违法的根本动机在于谋取违法带来的经济利益。违法收益不仅包括企业、经营者不履行环境法律法规要求，逃避排放达标所需要的环境保护支出成本而直接获取的利益，而且还包括企业、经营者因此降低产品成本从而使产品在市场上获得竞争优势或者利用违法逃避的支出资金进行其他投资所获取的利益。与此同时，违法行为还可能给受害者带来一定的损失。因此，有效的违法处罚标准应该是按照防治污染设施的运行成本、违法行为造成的直接损失或者违法所得等因素确定

第六十条　企业事业单位和其他生产经营者超过污染物排放标准或者超过重点污染物排放总量控制指标排放污染物的，县级以上人民政府环境保护主管部门可以责令其采取限制生产、停产整治等措施；情节严重的，报经有批准权的人民政府批准，责令停业、关闭。

【条文释义】

本条是关于停止危害的规定，是新增条文。

本条规定的停止危害是行政相对人因其违法排污而承担的一种环境行政责任。作出停止危害决定的主体是县级以上环境保护主管部门和县级以上人民政府。这些行政主体只能实施环境法律规范规定的属于其监督管理范围内的行政处罚权。县级以上环境保护主管部门可以作出责令限制生产、停产整顿决定，而责令停业、关闭只能由县级以上人民政府决定。停止危

害决定的对象是违法排污的企业事业单位和其他生产经营者。停止危害决定的前提是企业事业单位和其他生产经营者超过污染物排放标准或者超过重点污染物排放总量控制指标排放污染物。

依据本条，停止危害的形式包括责令限制生产、停产整治、停业、关闭。其中责令停业、关闭形式在严厉程度上要重于责令限制生产、停业整治。责令限制生产、停业整治是临时性的处罚，针对的是情节较轻的超过污染物排放标准或者超过重点污染物排放总量控制指标排放污染物的行为，只要企业事业单位和其他生产经营者经过整顿，排污符合法律要求，经环保部门验收合格的，可以恢复正常生产经营活动。责令停业、关闭是长期性、永久性的处罚，针对的是情节严重的超过污染物排放标准或者超过重点污染物排放总量控制指标排放污染物的行为。其中，对生产单位适用责令停业，对非生产单位责令关闭。

一、确立停止危害责任形式的原因

（一）防治环境危害、惩罚环境违法者的需要

超过污染物排放标准或者超过重点污染物排放总量控制指标排放污染物具备严重性、长期性和复杂性等特点，必须及时采取制止和补救措施，避免造成更大的危害。对严重的环境违法行为和连续的环境违法行为责令限制生产、停产整治、停业、关闭，对违法企事业单位、违法经营者不论是在财产损失方面，还是长期发展方面，都会造成很大的影响，大大加强了对环境违法的威慑力度，直接督促行为人改正违法行为或者消除违法行为，从而改善环境法领域内的“违法成本低”问题。这不仅起到了对环境违法者的惩罚作用，同时也更好地实现预防原则，能够防止环境危害的进一步扩大，也对其他潜在环境违法者是一个警示。

（二）环境行政责任形势发展的需要

“责令停业、关闭”的处罚形式源于《1989 年环保法》第 39 条，“对经限期治理逾期未完成治理任务的企业事业单位，除依照国家规定加收超标准排污费外，可以根据所造成的危害后果处以罚款，或者责令停业、关闭。前款规定的罚款由环境保护行政主管部门决定。责令停业、关闭，由作出限期治理决定的人民政府决定；责令中央直接管辖的企业事业单位停业、关闭，须报国务院批准”。由此可知，责令停业、关闭仅适用于逾期未完成治理任务的企业事业单位，适用范围狭窄，且实践效果也不好，在地

方保护主义和对短期经济利益追逐的情况下经常出现“选择性适用”。限期治理制度作为末端控制的方法，立法意图在于通过限定期限的方法逐步解决企业或者行业长时期的污染问题。限期治理作为中国环境管理中普遍采用的一项制度，在促进企业实现达标排污、改善环境质量状况方面起到了一定的积极用，但该制度在实施三十多年后，就有些不合时宜。对于新的建设项目或者改建项目来说，经过了环评和三同时制度之后，应该不存在限期治理的问题。而对于老的污染项目来说，限期治理制度实施之后，该治理的应该治理完毕，治理完不成的就应该予以关闭。而在限期治理走出历史舞台后，作为一种最严格的处罚措施，责令停业、关闭仍然有着存在的必要性，它对于严重的污染行为，有着巨大的威慑作用。所以 2010 年的《环境行政处罚办法》将其明确为环境行政处罚的形式，《2014 年环保法》也吸收了这一经验。

“责令停业整治”源于 2008 年修订的《水污染防治法》规定的“责令停产整顿”。该法规定，对在在饮用水水源保护区内设置排污口，违反规定设置排污口或者私设暗管，情节严重的，县级以上地方人民政府可以责令停产整顿。该项行政处罚形式是临时性的，受处罚的单位采取整改措施，经环境保护部门验收合格后，可以恢复生产活动。这项行政处罚形式旨在迫使污染者改正违法行为，后被 2010 年颁布《环境行政处罚办法》所纳入，因而也可以被《环境保护法》所吸收，适用于情节较轻的超过污染物排放标准或者超过重点污染物排放总量控制指标排放污染物的行为。不过与《水污染防治法》不同，《2014 年环保法》将停产整治的决定权赋予了环境保护主管部门。

“责令限制生产”是《2014 年环保法》新增的一种行政处罚形式。它相对于“责令停业整顿”处罚较轻，但功能相同。

（三）形成层次合理的环境违法行为处罚体系，实现“过罚相当”的需要

本条规定的停止危害与本章其他条款规定罚款、恢复原状、行政拘留一起构成了层次合理的环境行政处罚体系。这使得在执法实践中可根据违法性质和情节，依法适用对行政相对人的利益造成不同程度负面影响的处罚种类，有助于使潜在的环境违法者更加明确地知悉其行为可能引发的不同的法律后果，有利于更好地发挥法的指引作用。

对于一些严重的连续环境违法行为，选择适用责令限制生产、停业整顿、停业、关闭，对于停止环境侵害，提高行政执法的实际效果更有意义。同时，由于这些处罚形式本身也具有一定的层次性，为行为人适时恢复原来的行为也留有一定的余地，能够达到制裁违法者的目的又不损害违法者的合法权益的要求。

二、执法主体的关系

依据本条规定，停止危害的决定机关有两个主体，一个是县级以上环境保护主管部门，一个是县级以上人民政府。环境保护主管部门拥有的决定权是“责令限制生产、停产整治”，人民政府拥有的决定权是“责令停业、关闭”。不过，对于应当责令停业、关闭的案件，环境保护主管部门应当立案调查，并提出处理建议报有批准权的人民政府决定。所谓“有批准权的”应当根据管辖权来理解，即对于某一级政府管辖的企事业单位、其他经营者，其“责令停业、关闭”由该级政府批准。

三、程序与救济

停止危害的行政手段在性质上属于行政处罚，其适用按照《行政处罚法》和《环境行政处罚办法》规定的程序进行，其中责令停业、关闭还需要进行听证程序。对该类行政处罚决定不服的，行政相对人可以按照《行政处罚法》、《行政复议法》、《行政诉讼法》的规定提起行政复议、行政诉讼。

第六十一条　建设单位未依法提交建设项目环境影响评价文件或者环境影响评价文件未经批准，擅自开工建设的，由负有环境保护监督管理职责的部门责令停止建设，处以罚款，并可以责令恢复原状。

【条文释义】

本条是关于违反建设项目环境影响评价制度，擅自开工建设应当法律责任的规定，是新增条文。

在修订后的《2014 年环保法》第 19 条第 2 款明确建设项目未依法进行环境影响评价所产生法律后果的基础上，本条是配合该款之规定所设计的法律责任。具体而言，依据本条规定建设单位可能承担法律责任的具体情形有二：一是未依法提交建设项目环境影响评价文件就擅自开工建设的；

二是环境影响评价文件未经批准就擅自开工建设的。根据《环境影响评价法》第16条的有关规定，本条所称之“环境影响评价文件”，根据建设项目对环境可能造成影响的程度不同，分别指环境影响报告书（可能造成重大环境影响）、环境影响报告表（可能造成轻度环境影响的）和环境影响登记表（对环境影响很小、不需要进行环境影响评价的）。根据本条的规定，建设单位应当承担的法律责任具体包括：

（一）责令停止建设

责令停止建设是指负有环境保护监督管理职责的部门为了避免建设单位擅自开工建设可能给环境造成更大损失而采取的一种行政强制措施。考虑到《环境影响评价法》第31条“补办环评手续”的规定，导致实践中“环评未做先开工”的情况屡禁不止。为此，本条规定负有环境保护监督管理职责的部门应当要求建设单位停止建设活动，并不再给予建设单位补办环评手续的“机会”。根据“新法优于旧法”的基本原则，修订后的《环境保护法》生效后，追究相关违法行为的法律责任将适用本条的规定。这将有效遏制“环评未做先开工”等违法行为，破解建设项目“未批先建”屡禁不止的困局。

（二）罚款

罚款是指负有环境保护监督管理职责的部门依法强制未依法进行环评而擅自开工的建设单位缴纳一定数量的货币，属于行政处罚中的财产罚。根据本条规定，罚款属于责令停止建设的同时“应处”，而非《环境影响评价法》中规定的“可处”法律责任承担方式。也就是说，只要建设单位未依法进行环评擅自开工的违法行为查证属实，负有环境保护监督管理职责的部门不仅应当责令建设单位停止建设活动，还“必须”而非“可以”对建设单位课处罚款。本条的规定相比《环境影响评价法》明显加重了违法者的违法成本，威慑并督促建设单位依法进行建设项目环评。

（三）责令恢复原状

责令恢复原状是指负有环境保护监督管理职责的部门要求违法建设单位在一定的限期内将环境恢复到擅自开工前的原有状态。此前《环境影响评价法》第31条虽然对相关违法行为设定了责令停止建设、罚款、给予相关责任人行政处分等法律责任，但上述责任的承担并不能从根本上解决因擅自开工而给环境造成的不利影响。为此，本条增设责令恢复原状这一法律责任的承担方式，要求建设单位将环境恢复到擅自开工之前的状态。鉴于理论上责令恢复原状的适用须以有恢复的可能与必要为前提，因此其在本条中属于责令停止建设和罚款基础上的“可处”法律责任，适用与否由负有环境保护监督管理职责的部门视具体违法情况而定。

第六十二条　违反本法规定，重点排污单位不公开或者不如实公开环境信息的，由县级以上地方人民政府环境保护主管部门责令公开，处以罚款，并予以公告。

【条文释义】

本条是关于重点排污单位违反信息公开法律责任的规定，是新增条文。

本条规定的是本法第55条的法律责任。本条的处罚条件是重点排污单位不公开或不如实公开环境信息。本条的实施主体是县级以上人民政府环境保护主管部门，宜明确为所在地县级人民政府环境保护主管部门。本条的责任形式包括责令公开、罚款和公告。三者同时适用；重点排污单位违反信息公开要求的，主管部门可处以一万元以上十万元以下罚款数额，并代为公布。

一、违法行为的表现形式

根据本条规定，本罚则处罚行为为重点排污单位不公开或不如实公开第55条规定应予公开的信息。不公开或不如实公开的表现形式主要有以下几种：①重点排污单位拒绝公开法律规定应该规定的信息；② 重点排污单位在信息公开中弄虚作假，填报虚假数据或隐瞒核心数据；③重点排污单位未按规定时间或规定方式进行公布的。

二、罚则的适用

重点排污单位不公开或不如实公开环境信息的，实施主体可以责令公开，从性质上而言，根据《环境行政处罚办法》第12条规定，责令公开属于责令改正或限期改正违法行为的行政命令。该办法第11条规定，“环境保护主管部门实施行政处罚时，应当及时作出责令当事人改正或者限期改正违法行为的行政命令”，由此可见，行政处罚不仅是对行为人违法行为的惩罚，更在于通过行政处罚来督促违法者改正其违法行为，实现法律规范的目的。由此，责令公开是本条的根本目的，不可以处罚取代公开义务。

本条在罚款设定上采取了概括式方式，并未明确罚款标准和罚款数额，由于环境信息公开是基本环境法律制度，难以在单行法中予以设定，因而，本条规定在实践中很难操作，不得不说是一个遗憾，只能留待特别法予以规范或通过行政法规、规章的形式予以明确。在未予明确前，可以参照适用《环境信息公开办法（试行）》第28条的规定。第28条规定，“违反本办法第二十条规定，污染物排放超过国家或者地方排放标准，或者污染物排放总量超过地方人民政府核定的排放总量控制指标的污染严重的企业，不公布或者未按规定要求公布污染物排放情况的，由县级以上地方人民政府环保部门依据《清洁生产促进法》的规定，处十万元以下罚款，并代为公布。”第20条规定，“列入本办法第十一条第1款第（十三）项名单的企业（即污染物排放超过国家或者地方排放标准，或者污染物排放总量超过地方人民政府核定的排放总量控制指标的污染严重的企业），应当向社会公开下列信息：①企业名称、地址、法定代表人；②主要污染物的名称、排放方式、排放浓度和总量、超标、超总量情况；③企业环保设施的建设和运行情况；（四）环境污染事故应急预案。企业不得以保守商业秘密为借口，拒绝公开前款所列的环境信息。”本法在第二次和第三次审议时，亦明确规定：“违反本法规定，企业事业单位不公开或者不按照规定公开信息的，由县级以上地方人民政府环境保护行政主管部门处以一万元以上十万元以下罚款，并代为公开。”

由此，如果重点排污单位违反强制信息公开义务，可以在一万元以上十万元以下幅度内视情形除以罚款：若重点排污单位拒不公开或者信息公开中弄虚作假的，应在处罚上限十万元进行处罚；隐瞒部分信息的，应在五万以上十万以下幅度内进行处罚；未按规定时间或方式进行公开的，应在一万元以上五万元以下幅度内进行处罚。

第六十三条　企业事业单位和其他生产经营者有下列行为之一，尚不构成犯罪的，除依照有关法律法规规定予以处罚外，由县级以上人民政府环境保护主管部门或者其他有关部门将案件移送公安机关，对其直接负责的主管人员和其他直接责任人员，处十日以上十五日以下拘留；情节较轻的，处五日以上十日以下拘留：

（1）建设项目未依法进行环境影响评价，被责令停止建设，拒不执

行的；

（2）违反法律规定，未取得排污许可证排放污染物，被责令停止排污，拒不执行的；

（3）通过暗管、渗井、渗坑、灌注或者篡改、伪造监测数据，或者不正常运行防治污染设施等逃避监管的方式违法排放污染物的；

（4）生产、使用国家明令禁止生产、使用的农药，被责令改正，拒不改正的。

【条文释义】

本条是关于环境行政拘留的规定，是新增条文。

本条明确了行政拘留是环境行政处罚的一种形式。具体说来，环境行政拘留的实施主体是公安机关，移送主体是县级以上环境主管部门或者其他有关部门。环境行政拘留的对象是对企业事业单位、其他生产经营者的环境违法行为负有直接责任的主管人员和其他直接责任人员。环境行政拘留的前提条件是企业事业单位、其他经营者故意实施了严重的妨害环境管理秩序的违法行为，尚不构成犯罪。这些行为包括四类：建设项目未依法进行环境影响评价，被责令停止建设，拒不执行的；违反法律规定，未取得排污许可证排放污染物，被责令停止排污，拒不执行的；通过暗管、渗井、渗坑、灌注或者篡改、伪造监测数据，或者不正常运行防治污染设施等逃避监管的方式违法排放污染物的；生产、使用国家明令禁止生产、使用的农药，被责令改正，拒不改正的。环境行政拘留的处罚分两档：情节较重的，处十日以上或十五日以下拘留；情节较轻的，处五日以上十日以下拘留。

一、确立环境行政拘留责任形式的必要性

环境行政拘留是指专指公安机关依法对违反行政法律规范的人，在短期内限制人身自由的一种行政处罚。环境行政拘留是一种人身自由罚。行政拘留是最严厉的一种环境行政处罚，通常适用于严重违反环境法律法规但不构成犯罪，而警告、罚款处罚不足以惩戒的情况。它的标志意义就在于，它比任何经济处罚都要严厉得多，是通过限制人身自由的方法来惩罚环境违法者，来阻止其继续进行损害环境的行为，从而发挥强大的威慑作用，更好地督促人们遵守环境法律。尽管这一处罚种类不是由环保部门实施，但环保部门仍可借助这一行政处罚遏制环境违法行为。

以“违反法律规定，未取得排污许可证排放污染物，被责令停止排污，拒不执行的”等行为为代表的具有常态性的恶意拒绝、逃避环境监管的违法行为造成国家环境保护管理体系的“制度落空”，进而严重危及环境安全。这些行为的行为方式的外在特征已基本符合环境犯罪的罪状描述，只是在违法标的数额、违法获利金额、违法情节、危害结果等行为量度方面尚未达到表征刑事犯罪或追究刑事责任的严重程度。基于环境保护与环境监管的特殊需要、基于行政处罚与刑罚的协调需要而应当对这些行为适用行政拘留的处罚，从而构建环境违法自由罚与环境犯罪短期自由刑的梯次级差，实现两者之间的对接，以防轻纵尚未构罪的严重环境违法行为。

2008 年修订的《水污染防治法》第 90 条新增“违反本法规定，构成违反治安管理行为的，依法给予治安管理处罚”的规定。对于该规定的适用，全国人大法工委出台了《对违法排污行为适用行政拘留处罚问题的意见》，认为依照《治安管理处罚法》第 30 条关于对违反国家规定处置爆炸性、毒害性、放射性、腐蚀性物质或者传染病病原体等危险物质的行为给与行政拘留处罚的规定和第 18 条关于“单位违反治安管理的，对其直接负责的主管人员和其他直接责任人员依照本法的规定处罚”的规定，排污单位违反国家规定，向水体排放、倾倒毒害性、放射性、腐蚀性物质或者传染病病原体等危险物质，构成非法处置危险物质的，可以适用行政拘留处罚。因此，2010 年施行的《环境行政处罚办法》第 10 条“处罚种类”中也明文增设了“行政拘留”。但此时的行政拘留依然仅适用于向水体排污危险物质行为。随着我国环境保护形势越来越严峻，随着我国对环境违法处罚力度的不断加大，环境行政拘留范围的扩大也就成为必然了。

二、环境行政拘留责任主体的确定

适用环境行政拘留的违法主体只能是自然人，且应为具备行政处罚责任能力的自然人，具体又可分为“行为人本身”以及“对他人之行为应负责之人”两类。第一类是指主动并直接实施环境违法行为的人。第二类是基于所处地位而产生特别义务的人，如单位违法中直接负责的主管人员。要求单位违法中直接负责的主管人员及直接责任人员基于其实施环境违法的职务行为而承担人身自由受限的法律责任，这不仅从根本上体现了对环境违法名义主体与实际主体的一体化规制，而且能有效避免财产处罚所可能产生的责任主体虚置与转移。

从本条的规定来看，《2014 年环保法》所确定的行政拘留责任主体是针对单位环境违法中的直接负责的主管人员和其他直接责任人员。本条规定实际上实现对单位环境违法的“两罚制”，即发生本条所规定情形时，企业事业单位、其他经营者依照有关法律法规规定要承担一定的行政处罚，而相关直接责任人员还要承担行政拘留的行政处罚，从而加大了对单位故意环境违法的惩处力度。

三、环境行政拘留案件的移送与配合

环境保护行政主管部门和其他有关部门发现有本条规定的环境违法行为的，应当依职权调查处理，并主动、及时与公安机关沟通，按照《公安机关办理行政案件程序规定》的有关要求向公安机关移送，并将案件相关证据材料一并移送。

环境保护行政主管部门和其他有关部门向公安机关移送需要进行行政拘留的案件，应当附有案件移送书、依法需要适用行政拘留处罚的案件情况调查报告、涉案物品清单、有关监测报告或者鉴定结论等证据材料。环境保护行政主管部门已经对相关环境违法行为作出行政处罚决定的，应当同时移送行政处罚决定书和作出行政处罚决定的证据资料。

环境保护行政主管部门办理适用行政拘留处罚的环境违法案件，应当与公安机关密切配合，充分协调。在向公安机关移送案件后的十日内向公安机关查询受理情况，并跟踪案件办理过程。对公安机关已经受理的案件，环境保护行政主管部门应当予以配合，支持公安机关的调查工作，根据需要提供必要的监测数据和其他证据材料。在案件移送前，环境保护行政主管部门如认为必要，可以邀请公安机关派员参加相关调查工作；公安机关要求提前介入调查或者要求参加案件讨论的，环境保护行政主管部门应当给予支持和配合。

对应适用行政拘留处罚的案件应当移送公安机关而不移送，致使违法人员逃脱行政拘留处罚的，应当根据《环境保护违法违纪行为处分暂行规定》第八条的规定，对直接责任人员给予警告、记过或者记大过处分；情节较重的，给予降级或者撤职处分；情节严重的，给予开除处分。

第六十四条　因污染环境和破坏生态造成损害的，应当依照《中华人民共和国侵权责任法》的有关规定承担侵权责任。

【条文释义】

本条是关于环境侵害民事责任的规定，是修改条文，对应的是《1989 年环保法》的第 54 条："因污染环境造成损害的，依法承担侵权责任。当事人因污染环境的赔偿责任和赔偿金额发生纠纷，可以请求环境保护行政主管部门或者其他依照法律规定行使环境监督管理权的部门调解；调解不成的，可以向人民法院起诉。当事人也可以直接向人民法院起诉。"

本条属于引致性规范，本身没有独立的规范内涵，也未对当事人的实体权利义务做出划分，而是指向特别的法律规范，需要依据该规范的内容来确定法律效果。就本条而言，涉及两类与环境有关的侵权行为，应分别适用《侵权责任法》的相关规定。

本条删除了关于环境损害赔偿纠纷行政调解的规定，主要基于行政调解与其他调解方式没有实质区别，对当事人不具有最终拘束力，即便不予规定，当事人亦可申请行政机关进行调解，故没有专门规定之必要。

一、适用对象

根据《2014 年环保法》第 2 条规定，环境是指"影响人类生存和发展的各种天然的和经过人工改造的自然因素的总体，包括大气、水、海洋、土地、矿藏、森林、草原、湿地、野生生物、自然遗迹、人文遗迹、自然保护区、风景名胜区、城市和乡村等"，而影响环境的人类行为又被划分为环境污染和生态破坏，前者是指人为向环境中添加某种物质而超过环境的自净能力而产生危害的行为，如大气变污浊、水质变差、废弃物堆积、噪声、振动、恶臭等；后者是指人类不合理地开发、利用自然生态环境遭到破坏，从而使人类、动物、植物的生存条件发生恶化的现象，如水土流失、土地荒漠化、土壤盐碱化、生物多样性减少等。因而学理上一般将环境污染和生态破坏引发的民事责任统称为环境侵权责任。

但从现行立法来看，作为特殊侵权对待的环境侵权责任并未涵盖生态破坏行为，无论是《民法通则》、修改前的《环境保护法》，还是《侵权责任法》，在谈及民事责任时，均使用"污染"一词。因此，就解释与适用而言，《侵权责任法》第八章只能适用于环境污染行为引发的损害；在法律或司法解释未作出明确前，生态破坏造成损害的，应适用《侵权责任法》的其他规定，作为一般侵权责任对待。

二、环境污染责任的特殊问题

（一）归责原则

环境污染责任作为一种特殊的侵权责任，其特殊性首先表现在采用了无过错责任的归责原则。依此原则，在受害人有损害、污染者的行为与损害有因果关系的情形下，无论污染者是否有过错，都应对其污染所造成的损害承担侵权责任。即便排污行为符合污染物排放标准，也不能据此免责，即“国家或者地方规定的污染物排放标准，只是环保部门决定排污单位是否需要缴纳超标排污费和进行环境管理的依据，而不是确定排污单位是否承担赔偿责任的界限。”但有一种观点援引司法实践中在噪声污染侵权往往以是否达标排放作为承担责任的前提来否定无过错责任的适用，本书认为，这实际是对“噪声污染”概念的误解。根据《环境噪声污染防治法》第2条第2款规定，“本法所称环境噪声污染，是指所产生的环境噪声超过国家规定的环境噪声排放标准，并干扰他人正常生活、工作和学习的现象”，即将“噪声污染”界定为“超过排放标准”和“干扰正常生活”两个条件。由此可见，“噪声污染”这个概念本身即内含了超标这个要件，未超过排放标准，根本就不构成法律意义上的污染，因而也就谈不上“环境污染责任”。类似的还有光污染、振动污染等物理性污染情形，由于这些情形多属于感觉型公害，且在作用过程中也未对环境介质造成实质污染，标准性质上也具有环境质量标准和污染物排放标准的同一性，也就是标准本身已经能够较好的保障人体健康，故将超标作为污染构成的内在要件具有合理性。但为防止在侵权构成上的争议，未来仍有必要出台相关的司法解释对污染行为进行类型化。

（二）举证责任分配

《侵权责任法》第66条规定：“因污染环境发生纠纷，污染者应当就法律规定的不承担责任或者减轻责任的情形及其行为与损害之间不存在因果关系承担举证责任。”这一规定，被认为确立了“举证责任倒置”规则，依全国人大法工委民法室的解读，“受害人只需就污染者有排放事实和自身受有损害承担举证责任，因果关系的举证义务则加于污染者，污染者必须提出反证，证明其行为与损害之间没有因果关系，才能不承担侵权责任。”最高法院《侵权责任法》研究小组也认为，受害人“需就污染行为与自身损害提供初步证据，至于污染事实是否存在以及因果关系则由被告负责举证。”“在没有法律或者司法解释特别明确受害人应对污染行为与损害之间的因果关系初步举证之前，应当从文义及立法目的出发，按照受害人无需承担因果关系的任何证明（包括初步证明）的规定适用”。

（三）责任承担

环境污染责任多存在两个以上的污染者，且污染者之间通常彼此之间并无意思联络，污染物质之间发生何种作用导致损害发生也并不清晰，因而，如何划分两个以上污染者之间的责任承担成为环境污染责任的一大难点。对此，《侵权责任法》第67条一改此前各污染者之间模糊地承担连带责任的规定，实行按份责任，规定“两个以上污染者污染环境，污染者承担责任的大小，根据污染物的种类、排放量等因素确定。”其理由在于，污染损害发生后，受害人从赔付能力考虑，一般会起诉经济能力较强的大企业，而大企业由于处理污染物能力较强，不一定比小企业排放污染物更多，规定连带责任会加重大企业负担，不利于社会公平，也不利于排污多的小企业积极治理污染；同时，部分排污者承担连带责任后还需另行起诉，根据污染物排放量等因素在排污者之间追偿，增加讼累，故直接规定排污者按照原因力大小承担按份责任较为妥适。

针对第三人过错引发的责任承担，《侵权责任法》第68条赋予了受害人的请求选择权，既可以向污染者请求赔偿，也可以向第三人请求赔偿。污染者赔偿后，有权向第三人追偿。

第六十五条　环境影响评价机构、环境监测机构以及从事环境监测设备和防治污染设施维护、运营的机构，在有关环境服务活动中弄虚作假，对造成的环境污染和生态破坏负有责任的，除依照有关法律法规规定予以处罚外，还应当与造成环境污染和生态破坏的其他责任者承担连带责任。

【条文释义】

本条是关于环境保护中介、服务机构连带责任的规定，是新增条文。

本条适用的主体为从事环境保护的中介、服务机构，包括但不限于以下三类：①环境影响评价机构；②环境监测机构；③从事环境监测设备和防治污染设施维护、运营的机构。

本条适用的条件的有二：①上述机构在环境服务活动中弄虚作假；②

弄虚作假活动与环境污染或生态破坏的后果具有因果关联。

本条的法律效果是除依法承担行政责任乃至刑事责任外，着重强调责任主体与污染者承担连带责任，依此强化法律责任，加大违法惩罚力度。

环境影响评价机构、环境监测机构以及从事环境监测设备和防治污染设施维护、运营的机构作为环境保护的中介、服务机构，为环境保护和环境管理提供了重要的技术支撑和技术服务作用。但多年来，环评机构等中介、服务机构在业务过程中屡屡出现弄虚作假，极大影响了环境保护工作的顺利开展。例如，一些环评机构编制报告书（表）过程中不踏勘现场、不开展环境状况调查、不分析数据可靠性和代表性，甚至弄虚作假；一些环评机构超越资质范围从业，出租、出借资质，甚至通过提供虚假材料等欺骗手段取得资质。为此，环境保护部于 2014 年 3 月 6 日发布的《关于进一步加强环境影响评价机构管理的意见》，要求加大环评资质信息公开力度，全面公开环评资质受理和审查情况，全面公开环评机构资质等级、评价范围、工作业绩和环评专职技术人员相关信息。同时明确，各级环保行政主管部门及其工作人员不得在环评机构参股分利；严禁地方各级环境保护行政主管部门以备案等方式设置准入条件，限制外埠环评机构在本地承接环评业务；环评委托合同中不得附加涉及环评审批事项的各类承诺条件，不得由内设、分支机构或个人、其他中介机构代签。

环评机构等弄虚作假，一方面是由于体制不顺。环评公司只对业主负责，出于自身业务发展需要，一些环评机构在某种程度上已经沦为业主单位雇佣的“打通环评环节”的公司；而负责环境报告审批的环保部门，往往只重视程序是否合理，极少对内容真实性进行实地核查，故给环评弄虚作假留下了空间。另一方面，处罚力度不够导致违法成本低也是弄虚作假现象屡屡发生的重要原因。故本条则进一步明确除承担相应的行政责任乃至刑事责任外，还需要承担民事上的连带责任，从而有助于解决违法成本低的问题。

第六十六条　提起环境损害赔偿诉讼的时效期间为三年，从当事人知道或者应当知道其受到损害时起计算。

【条文释义】

本条是关于环境损害赔偿诉讼的诉讼时效的规定，是修改条文。对应《1989 年环保法》的第 42 条："因环境污染损害赔偿提起诉讼的时效期间为三年，从当事人知道或者应当知道受到污染损害时起计算。"

依据本条，环境损害赔偿诉讼的时效期间是三年，它长于一般损害赔偿诉讼的时效期间的二年（财产受到损害要求赔偿的时效）或者一年（身体受到伤害要求赔偿的时效）。环境损害赔偿诉讼的时效期限是从当事人知道或者应当知道受到损害时起计算。如果当事人不知道或者不能知道的，要求赔偿的诉讼时效期限适用《民法通则》第 137 条的规定，即权利被侵害之日起 20 年。环境损害赔偿诉讼包括环境污染损害赔偿诉讼和生态破坏损害赔偿诉讼。《1989 年环保法》规定的特殊诉讼时效仅适用环境污染损害赔偿诉讼，此次修订解决了环境污染损害赔偿诉讼和生态破坏损害赔偿诉讼的时效期间不一致问题。

一、诉讼时效的意义与确定

在法理上，诉讼时效作为一种消灭时效，是权利人向法院以诉讼程序提出保护其权益的期间。权利人在法定期间内不行使权利，即丧失了请求法院依诉讼程序强制义务人履行义务的权利。诉讼时效是一个程序性问题，却是权利救济的一个前提问题，一旦失去时效的保护，实体权利就很难实现。

一般情况下，国家立法在规定诉讼时效期间时，一方面要考虑到保护权利人的合法权益，另一方面要考虑到社会关系的稳定，因而通常时效期限不会很长。如我国《民法通则》规定的一般情形下向人民法院请求保护民事权利的诉讼时效期间为二年。在环境损害赔偿案件中，环境损害有一个发生、发展、变化、积累的过程，有些环境污染、生态破坏还有较长的潜伏期，在短期内不易为人们所认识和发现，再加上科学技术水平的现状，人们对某些污染物的形成、迁移转化规律、毒理等还缺乏了解，对生态破坏的原因、路径和程度还难以把握，甚至比较难确定加害人。因此，为保护受害人的合法权益，客观上需要较长的诉讼时效。故《环境保护法》将环境损害赔偿诉讼的时效期间确定为三年。

二、环境污染损害赔偿诉讼的诉讼时效与生态破坏损害赔偿诉讼的诉讼时效应当一致

生态破坏纠纷和环境污染纠纷性质一样，都属于环境纠纷。从理论上讲，环境法所调整的社会关系包括两个方面的内容：一是与合理开发利用自然资源和保护生态环境有关的社会关系，这类关系可称为生态环境保护关系。另一类是在防治环境污染和其他公害、改善环境质量过程中发生的社会关系，又称为污染防治关系。这两类关系是人类在开发利用、保护改善环境资源过程中产生的社会关系的两个方面，两者相互联系，不能截然分开。合理利用自然资源、保持生态系统的平衡有利于充分利用环境的自净能力，在环境容量内防治环境污染和其他公害；而防治环境污染和其他公害、改善环境质量又是维持生态平衡的必要条件。因此，虽然我们可把前者相对应的法律规范称为生态环境保护法，如《水法》、《森林法》等，后者对应的法律规范称为污染防治法，如《水污染防治法》、《大气污染防治法》等，但它们都是环境法的组成部分。而且，作为生态环境保护单行法和污染防治单行法的它们都要受到综合性环境保护基本法即《环境保护法》的指导。所以《环境保护法》的原则性规定对于这两类法律关系都是适用的。生态破坏纠纷和环境污染纠纷都属于环境纠纷，在损害赔偿诉讼上的诉讼期间上应当是一致的。

《1989 年环保法》规定的三年诉讼时效仅适用于环境污染损害赔偿诉讼，从而导致环境污染损害赔偿诉讼和生态破坏损害赔偿诉讼时效规则的不一致，这与环境保护的理念是相悖的，因而这次修订的《2014 年环保法》注意到了这一问题，统一了环境损害赔偿诉讼的诉讼时效。

三、诉讼时效的起算点

根据本条规定，环境损害赔偿诉讼时效期间从当事人知道或者应当知道受到损害时开始计算。但如何判断当事人是否“知道或应当知道”受到了损害，是一个非常复杂的问题。实践中一般从两个方面来判断：一是看当事人有无明确的意思表示；二是根据客观事实进行推断。由于在环境损害中，当事人可能知道受害结果，而不知道受害原因，所以对于推断一定要谨慎，需要结合各种客观情况和受害人自身的认识能力来进行推断。

四、积累性或二次污染的环境损害赔偿的诉讼期间问题

本条的规定“因环境污染损害赔偿提起诉讼的时效期间为 3 年，从当事人知道或者应当知道受到污染损害时起计算”对于一般的环境污染案件是较为恰当的，可以较好地平衡当事人的利益。但对于累积性或二次污染的环境损害如何确定“知道或应当知道”的时间还必须慎重考虑。如日本水俣病的致病机理是在水俣病发生后几十年后才弄清楚的，若以排污之日作为“知道或应当知道”的时间显然就会将受害者的权利排除在外，使环境法成为保护致污者的法律，违背立法宗旨。因此，对于积累性或二次型环境污染诉讼时效期间的计算一般应以弄清环境致害机理或得出环境污染损害后果的明确结论起开始计算。

另外《民法通则》的20年最长诉讼时效规定对积累性环境污染的适用也存在不足。积累性环境污染的污染行为和损害后果之间存在明显的时间差，损害后果短期内难以确定。而且积累性环境污染的损害后果也是渐进的，由影响生物或人类的健康到生态失调、生态破坏，并且受害人多，地区范围大，受害者也存在个体差异性，后果也不会在同一时间内显露等。比如在日本的水俣病案件中，从排放含有甲基汞的污染物到出现大量的水俣病患者，前后几乎经过了半个世纪。如果依据20年的最长时效，将会使受害者无法提起诉讼。因此有必要作特殊规定。在目前法律还没有明确规定时，应当根据《民法通则》第137条“有特殊情况的，人民法院可以延长诉讼时效期间”的规定，将这种情况视为“特殊情况”，适当延长诉讼时效期间。

第六十七条　上级人民政府及其环境保护主管部门应当加强对下级人民政府及其有关部门环境保护工作的监督。发现有关工作人员有违法行为，依法应当给予处分的，应当向其任免机关或者监察机关提出处分建议。

依法应当给予行政处罚，而有关环境保护主管部门不给予行政处罚的，上级人民政府环境保护主管部门可以直接作出行政处罚的决定。

【条文释义】

本条是有关环境行政监督的规定，是新增条文。

本条规定的环境行政监督是内部监督中的层级监督。具体说来：监督的主体是上级人民政府及其环境保护主管部门，被监督主体是下级人民政府及其有关部门。监督的内容具有广泛性，是下级人民政府及其有关部门的环境保护工作。既包括对抽象环境行政行为的监督，也包括对具体环境行政行为的监督；既包括对环境行政行为合法性的监督，也包括对环境行政行为合理性的监督；既包括对环境行政主体在实施行政执法活动中是否遵纪守法的监督，也包括对环境行政执法工作人员在执法工作中是否遵纪守法、廉洁执法等的监督。而监督后的处理则强调监督主体对被监督主体的违法行为具有追责权和更正权。主要体现在监督主体发现有关工作人员有违法行为，有权向其任免机关或者监察机关提出处分建议；发现有关环境保护主管部门应当给予行政处罚而不给予的，上级人民政府环境主管部门可以直接作出行政处罚。

一、确立环境行政层级监督的必要性

环境行政监督制度是指在行政机关内部，具有环境监督管理职能的上下级之间、平级环境行政机关或机构相互监督制约，及其依法具有环境行政监督权的专门行政监察机关对环境行政执法部门依法实施监督的一系列的制度。环境行政监督本质上属于一种内部监督，它主要包括上级行政机关对下级行政机关的监督（即层级监督），监察机关的监督，审计机关的监督等等。其中层级监督是行政监督最普遍和广泛的形式，是上级行政机关环境行政管理活动的一项行政职能，是保证行政机关正常、规范履行环境法律义务与责任的极为重要的手段。

当前由于环境保护体制和政绩考核体制的原因，部分地方政府和环境保护部门履行环境保护职责不力；环境行政工作人员也存在有法不依、执法不严、滥用职权、行政不作为等现象。这些违法或不当环境行政行为的存在不仅损害了环境法律的严肃性和环保部门的执法形象，还在一定程度上影响了环境保护法制建设的进程和环境质量的改善。因此，在依法规范各类环境行政行为的同时，建立并强化对环境行政监督机制显然是十分必要的。如果行政系统内部没有健全的行之有效的环境行政执法监督制度，外部对环境行政执法的监督就很难发挥应有的作用。

健康合理的层级监督能有效地预防和制止有法不依、执法不严、违法不究，以及其他滥用环境行政权的现象，保证国家法律、法规、规章的正确实施，促进环境行政主体及其工作人员依法行政、廉洁行政，从而树立和维护政府及相关机关的良好社会形象，实现环境保护目标。

二、层级监督的原则

第一，经常监督原则。为了确保环境行政主体及其工作人员依法行政、合理行政、廉洁行政，环境行政层级监督工作必须制度化、经常化。

第二，全面监督原则。上级行政机关对下级行政机关的环境行政监督涉及其职能范围内的所有环境保护活动。

第三，有错必究原则。上级行政机关对在环境行政监督中所发现的违法违纪问题，必须依法及时作出处理，做到有错必究、有错必改，不能对发现的问题不及时处理或不处理，对负有责任的人员不管不问。否则，就会损害环境行政监督的严肃性、权威性，使监督纯粹流于形式。

三、层级监督的实现

要实现环境行政监督层级监督的目的和功能，必须要建立健全的监督管理制度：

（1）环境保护规范性文件备案制度。各级环保部门应将其制定发布的规范性文件，在依法定程序报同级人民政府备案的同时，报上一级环保部门备案。

（2）环境保护法律、法规、规章和标准实施情况报告制度。下级环保部门应将新颁布的环保法律、法规、规章和标准在本行政区域内的实施情况在一定时间内向上级环保部门报告。

（3）重大环境行政处罚决定备案制度。地方各级环保部门作出重大行政处罚决定，在依法定程序报同级人民政府备案的同时，应报上一级环保部门备案。

（4）环境行政执法行为监督检查制度。各级环保部门应当定期或不定期地对下级环保部门、授权组织和委托组织实施的环境行政执法行为进行监督检查。

（5）环境行政督察制度。设立专门的督察机构和配备专门的督察人员，明确规定其职责权限，就特定的环境行政管理事项对有关环境行政机关在执行落实有关国家法律、法规、规章、政策等方面进行监督检查，督促有关行政机关依法履行职责并及时纠正它们的违法行为。

（6）环境行政问责制。发现有越权执法、滥用职权、徇私舞弊、不履行法定职责、违反法定程序、处罚不当的行为，应当予以行政处分的，建议有关部门对责任者给予行政处分；对构成犯罪。

（7）环境行政纠错制度。上一级政府和环保部门发现环境行政行为违法或不当的，应当要求下级行政机关予以纠正，甚至在特定情况下可以直接予以纠正。《2014 年环保法》就赋予了上级环境保护主管部门在下级环境保护主管部门应当给予而不给予行政处罚情形时，可以直接对行政相对人作出行政处罚决定。这个授权可以说是以前环境行政法从未规定过的内容，是《2014 年环保法》给上级环境保护部门新增的权限。它对于及时纠正环境违法行为、防止环境损害的扩大具有标志性意义。

在实现环境行政监督的规范性、系统性方面，我国有些地方已经进行一些实践，如广东省的《环境保护行政执法监督暂行办法》，贵州省的《环境保护行政执法监督受理程序》、浙江省的《环境违法行为责任追究办法（试行）》。在《2014 年环保法》出台后，有必要在中央层面制定相关环境行政监督的具体办法。

第六十八条　地方各级人民政府、县级以上人民政府环境保护主管部门和其他负有环境保护监督管理职责的部门有下列行为之一的，对直接负责的主管人员和其他直接责任人员给予记过、记大过或者降级处分；造成严重后果的，给予撤职或者开除处分，其主要负责人应当引咎辞职：

（1）不符合行政许可条件准予行政许可的；

（2）对环境违法行为进行包庇的；

（3）依法应当作出责令停业、关闭的决定而未作出的；

（4）对超标排放污染物、采用逃避监管的方式排放污染物、造成环境事故以及不落实生态保护措施造成生态破坏等行为，发现或者接到举报未及时查处的；

（5）违反本法规定，查封、扣押企业事业单位和其他生产经营者的设施、设备的；

（6）篡改、伪造或者指使篡改、伪造监测数据的；

（7）应当依法公开环境信息而未公开的；

（8）将征收的排污费截留、挤占或者挪作他用的；

（9）法律法规规定的其他违法行为。

【条文释义】

本条是关于“环境行政处分”的规定，是修改条文，对应《1989 年环保法》的第 45 条：“环境保护监督管理人员滥用职权、玩忽职守、徇私舞弊的，由其所在单位或者上级主管机关给予行政处分；构成犯罪的，依法追究刑事责任。”

本条文采用列举的方式对应予以“环境行政处分”的情形进行了规定，增强了实践中的可操作性，同时也限制了行政机关的自由裁量权，有助于提高行政效率；首次明确了直接负责的主管人员和其他直接责任人员的环境行政责任，特别是“造成严重后果的，给予撤职或者开除处分，其主要负责人应当引咎辞职”规定，更有威慑力，更能促使直接负责的主管人员和其他直接责任人员履行环境保护职责。环境行政处分是指政府主管机关、企事业单位，按照行政隶属关系，依据环境法律法规和企事业单位内部规章的规定，对其下属的环境监管人员、环境行政相对人的违法、失职但尚未构成犯罪的行为，实施的一种行政法律制裁。本条明确规定的八种行为，可以分为环境行政不作为和违法行政作为两类。这两类行为具有共同的特征。

一、环境行政处分行为

（一）环境行政不作为

环境行政不作为是指环境行政主体依行政相对人的合法申请，应当履行也有可能履行相应的法定职责，但却不履行或拖延履行的行为形式。也就是说地方各级人民政府、县级以上人民政府环境保护主管部门和其他负有环境保护监督管理职责的部门应当履行法定职责而不履行法定职责的行为。

环境行政不作为的构成要件有三个：1. 有法定的作为义务；2. 有履行义务的可能性；3. 有履行义务的必要性。具体到本条，环境行政不作为包括三种情形：1. 依法应当作出责令停业、关闭的决定而未作出的；2. 对超标排放污染物、采用逃避监管的方式排放污染物、造成环境事故以及不落实生态保护措施造成生态破坏等行为，发现或者接到举报未及时查处的；3. 应当依法公开环境信息而未公开的；

（二）违法环境行政作为

违法环境行政作为是指环境行政主体滥用职权、玩忽职守、徇私舞弊等违法作为的行为。也就是说地方各级人民政府、县级以上人民政府环境保护主管部门和其他负有环境保护监督管理职责的部门没有相应的职权而滥用职权、玩忽职守、徇私舞弊的行为。

违法环境行政作为的构成要件有二个：1. 没有法定的作为权利；2. 有超越职权、滥用职权的行为。具体到本条，违法环境行政作为包括五种情形：1. 不符合行政许可条件准予行政许可的；2. 对环境违法行为进行包庇的；3. 违反本法规定，查封、扣押企业事业单位和其他生产经营者的设施、设备的；4. 篡改、伪造或者指使篡改、伪造监测数据的；5. 将征收的排污费截留、挤占或者挪作他用的。

（三）对两类违法行政行为的行政处分

（1）若地方各级人民政府、县级以上人民政府环境保护主管部门和其他负有环境保护监督管理职责的部门的直接负责的主管人员和其他直接责任人员具有上述八种情形的一种或者几种，但未造成严重后果的，视具体情况给予记过、记大过或者降级处分。

（2）若地方各级人民政府、县级以上人民政府环境保护主管部门和其他负有环境保护监督管理职责的部门的直接负责的主管人员和其他直接责任人员具有上述八种情形的一种或者几种，且造成严重后果的，视具体情况给予撤职或者开除处分，其主要负责人应当引咎辞职。

（四）环境行政处分的特征

（1）从其性质来看，它是一种违反环境资源法律法规的法律责任，而不是违反本单位内部规章的纪律责任。

（2）从实施处分的主体来看，它不是专门从事环境资源管理的机关，而是受处分人员的所在单位或者政府主管机关。

（3）从环境行政处分的对象来看，它只包括个人而不包括单位，它通常发生在单位违法而被行政处罚或者承担民事责任的同时，对其直接责任人员进行行政处分。

（4）违法行为不构成犯罪。如果单位违法，造成重大环境污染和破坏事故，导致公私财产重大损失或者人身伤亡的严重后果，负有直接责任的主管人员和直接责任人员构成了犯罪的，则不应给予行政处分，而应依法追究刑事责任。

二、立法目的

（一）限制行政主体的自由裁量权，增强规则的可实施性

环境行政自由裁量权是指环境行政主体依据法律、法规赋予的职责权限，基于法律、法规及环境行政的目的和精神，针对具体的环境行政法律关系，自由选择而作出的公正而合理的环境行政决定的权力。在环境行政实践中，对如何认识环境行政自由裁量权、如何制约环境行政自由裁量权及如何加强和完善对环境行政自由裁量权的司法审查等问题越来越引起关

注。原条文规定过于抽象，实践中给予了环境行政主体较广的自由裁量权，这虽然有助于提高环境行政主体的行政效率，但与此同时也带来了显失公平、前后不一、权利滥用等问题，因此，需要通过立法修改原条文，明确需要环境行政处分的具体情形，限制环境行政主体的自由裁量权，以保证公平，维护合法权益，增强实践中的可操作性。

（二）明确环境行政处分情形，以示教育和惩罚

“只有实行最严格的制度、最严密的法治，才能为生态文明建设提供可靠保障。”也就是说，要通过“最严格的制度、最严密的法治”来为生态文明建设保驾护航。具体到本条修改来说，就是要明确不同行政处分情形，并根据不同的情况给予相应的处分。换句话说，一般的环境破坏或者污染事故，只对单位给予行政处罚。如果情节较重，则同时对有关责任人员给予行政处分。企事业单位的有关责任人员在职务上具有保护环境的责任，如果因过错不履行职责，造成了较重的环境危害后果，其所在单位和政府主管机关就应给予其相应的行政处分，以示教育和惩罚。

第六十九条　违反本法规定，构成犯罪的，依法追究刑事责任。

【条文释义】

本条是对于环境刑事责任的规定，是修改条文，对应《1989 年环保法》的第 43 条：“违反本法规定，造成重大环境污染事故，导致公私财产重大损失或者人身伤亡的严重后果的，对直接责任人员依法追究刑事责任。”

本条对《1989 年环保法》第 43 条的规定进行了两处重大修改：其一，环境犯罪的认定不再要求“造成重大环境污染事故，导致公私财产重大损失或者人身伤亡的严重后果”。其二，扩大了环境犯罪的责任主体。

《1989 年环保法》第 43 条规定：“违反本法规定，造成重大环境污染事故，导致公私财产重大损失或者人身伤亡的严重后果的，对直接责任人员依法追究刑事责任。”要求该环境违法行为不但要“违反本法”规定，而且要“造成重大环境污染事故，导致公私财产重大损失或者人身伤亡的严重后果”，这是一种结果犯的理念，已经不符合现实中污染环境罪的具体情况。我国 1997 年《刑法》第 338 条规定：“违反国家规定，

向土地、水体、大气排放、倾倒或者处置有放射性的废物、含传染病病原体的废物、有毒物质或者其他危险废物，造成重大环境污染事故，致使公、私财产遭受重大损失或者人身伤亡的严重后果的，处 3 年以下有期徒刑或者拘役，并处或者单处罚金；后果特别严重的，处 3 年以上 7 年以下有期徒刑，并处罚金。”《刑法修正案（八）》将 338 条修改为：“违反国家规定，排放、倾倒或者处置有放射性的废物、含传染病病原体的废物、有毒物质或者其他有害物质，严重污染环境的，处 3 年以下有期徒刑或者拘役，并处或者单处罚金；后果特别严重的，处 3 年以上 7 年以下有期徒刑，并处罚金。”《2014 年环保法》将“造成重大环境污染事故，致使公、私财产遭受重大损失或者人身伤亡的严重后果”的规定改为“严重污染环境”，也即犯罪的认定不再注重于有“公、私财产遭受重大损失或者人身伤亡”的结果。相应的，也不再注重于原条文中规定的“造成重大环境污染事故，导致公私财产重大损失或者人身伤亡的严重后果”，而是直接规定为“构成犯罪的”，就要追究刑事责任，这种规定与《刑法》既有规定相衔接。

与此同时，《1989 年环保法》第 43 条的规定需要“对直接责任人员依法追究刑事责任”，并未追究单位的刑事责任，这明显与现实中企业、单位更频繁导致环境污染的事实不符。《2014 年环保法》的规定为“违反本法规定，构成犯罪的，依法追究刑事责任。”没有如《1989 年环保法》的规定那样，只对直接责任人员追究刑事责任，这就与《刑法》第 346 条关于单位环境犯破坏环境资源保护罪的规定内容相衔接和统一。

一、“违反本法规定”的解释

本条文规定的“违反本法规定”，是指实施了《2014 年环保法》规定的各种违反环境保护、导致环境污染和破坏的违法行为。主要是《2014 年环保法》“法律责任”这一章中规定的违法行为。在第六章法律责任这一章中规定的某些违反《环境保护法》的行为，有些已经严重到触犯《刑法》的规定，可以依据《刑法》追究刑事责任。本条规定得很简略，并不涉及具体的犯罪罪名及其内容，这是与《刑法》相衔接的立法技术，因为违反了《环境保护法》构成犯罪，需要依法追究刑事责任的行为，在《刑法》关联条文中已经有明确的具体的规定。

在适用本条规定时，需要结合“第六章　法律责任”一章中对于环境违法行为的具体规定和刑法的相关规定，以确定该行为是否构成犯罪以及是否和如何追究刑事责任。《2014 年环保法》第 63 条规定："企业事业单位和其他生产经营者有下列行为之一，尚不构成犯罪的，……"该条所列举的几种行为均为环境违法导致环境污染的行为，一旦该行为符合《刑法》第 338 条规定的"污染环境罪"的构成要件，行为人就要承担该条所规定的刑事责任。

二、引致的《刑法》条文

从规范性质上判断，本条是注意规定而不是法律拟制规定，其本身没有实质内容，起到的仅仅是提醒注意的意义和作用。一方面说，《环境保护法》规定的很多环境违法行为，仅有上述少数违法行为构成犯罪；另一方面，虽然我国《刑法》"第六章妨害社会管理秩序罪"之"第六节破坏环境资源保护罪"第 338 条—346 条有 9 个条文规定了"破坏环境资源保护罪"，但除了第 338 条和第 346 条，其他犯罪的空白罪状是由《固体废物污染环境防治法》、《矿产资源法》等单行法的规定来填补的。具体而言，本条引致适用的《刑法》条文是第 338 条和第 346 条：

（1）《刑法》第 338 条："违反国家规定，排放、倾倒或者处置有放射性的废物、含传染病病原体的废物、有毒物质或者其他有害物质，严重污染环境的，处三年以下有期徒刑或者拘役，并处或者单处罚金；后果特别严重的，处三年以上七年以下有期徒刑，并处罚金。"

（2）《刑法》第 346 条："单位犯本节第三百三十八条至第三百四十五条规定之罪的，对单位判处罚金，并对其直接负责的主管人员和其他直接责任人员，依照本节各该条的规定处罚。"

第七章　附　　则

第七十条　本法自 2015 年 1 月 1 日起施行。

【条文释义】

本条是关于时间效力的规定，是修改条文，对应《1989 年环保法》的第 47 条"本法自公布之日起施行。《中华人民共和国环境保护法（试行）》同时废止。"

相比较《1989 年环保法》的附则，本法删除了该法的第 46 条，即“中华人民共和国缔结或者参加的与环境保护有关的国际条约，同中华人民共和国法律有不同规定的，适用国际条约的规定，但中华人民共和国声明保留的条款除外。”因为该条文有多余之嫌。详言之，《1989 年环保法》第 46 条实际上阐释了一个最为基本的国际法和国内法的衔接问题，也即在适用上，皆是国际法具有优先性，但国内法声明保留的除外。因此，不必在多此一举，用专门的一个条款规定这个基本的法律适用原理。

与此同时，本法虽然在 2014 年 4 月 24 日通过，但是并不立即实施，而是再经过一段时间后，再正式施行。一般来说，这种情况主要基于如下的考虑：其一，新法可能改动较大，从管理者的角度看，需要一段的时间学习、调整和准备；从社会公众的角度看，需要一定的时间认识、接受和普及；其二，旧法已经使用较长时间，有较大的历史惯性，陡然改动可能太过突兀。本条之所以如此规定，概因上述两点原因，尤其是第一点。客观来说，新法的改动确实较大，在环境管理体制和权限、环境保护政府责任、环境公众参与、公益诉讼、环境与健康等各个方面突破较多、进步颇丰，需要一段时间进行普法宣传，促进公权力主体和私权利主体共同接受、真正把握和领会，从而更好地适用。

为了更好地理解和把握本条，有必要深入讨论一下法律的时间效力问题。所谓法律的时间效力，通常包括三个方面的事情：一是法律何时生效；二是法律何时终止；三是法律对其生效以前的事件和行为有无溯及力。

从本条文的规定看，只是对于何时生效做了规定。当然，按照法律的基本理论，一般情况下，法律是没有溯及力的，也即无法适用于其生效以前的事件和行为。因为任何人都无法预知未来所发生的事情，所以如果规定了溯及力，那么就意味着可能很多的行为主体无法去判断自己的行为将来可能会导致的法律后果，于是会使社会陷入不确定和无秩序当中，有悖于法律的指引、评价和预测等功能的实现。当然，在特殊情况下，本着更好保护行为主体权益的目的，法律可能会在一定程度上承认其溯及力，比如刑法上的“从旧兼从轻原则”就使得对于刑罚较轻的新法可能会产生相应溯及力。

至于法律生效的时间，一般有三种类型：一是自法律公布之日起生效，比如《1989 年环保法》即是如此；二是由该法律规定具体生效时间，本条即是如此；三是规定法律公布符合一定条件时生效，这种情形并不常见。

与之相应的，就是法律被废止的时间，也即法律终止生效的时间或法律效力的消灭时间。一般分为明示的废止和默示的废止两类。《1989 年环保法》属于前者，规定了“本法自公布之日起施行。《中华人民共和国环境保护法（试行）》同时废止。”而本次通过的《2014 年环保法》则属于后者，新法自 2015 年 1 月 1 日起实施，也就当然地意味着旧法在同日得以废止，无须赘言。这种做法当然也体现出了立法技术的成熟。

附　　录：

一、《中华人民共和国环境保护法》修订前后条文对照表

原《中华人民共和国环境保护法》（1989 年 12 月 26 日第 22 号主席令公布施行）	修订后的《中华人民共和国环境保护法》（2014 年 4 月 24 日第 9 号主席令公布施行）
第一章　总　　则	**第一章　总　　则**
第一条　为保护和改善生活环境与生态环境，防治污染和其他公害，保障人体健康，促进社会主义现代化建设的发展，制定本法	**第一条**　为保护和改善环境，防治污染和其他公害，保障公众健康，推进生态文明建设，促进经济社会可持续发展，制定本法
第二条　本法所称环境，是指影响人类生存和发展的各种天然的和经过人工改造的自然因素的总体，包括大气、水、海洋、土地、矿藏、森林、草原、野生生物、自然遗迹、人文遗迹、自然保护区、风景名胜区、城市和乡村等	**第二条**　本法所称环境，是指影响人类生存和发展的各种天然的和经过人工改造的自然因素的总体，包括大气、水、海洋、土地、矿藏、森林、草原、湿地、野生生物、自然遗迹、人文遗迹、自然保护区、风景名胜区、城市和乡村等
第三条　本法适用于中华人民共和国领域和中华人民共和国管辖的其他海域	**第三条**　本法适用于中华人民共和国领域和中华人民共和国管辖的其他海域
第四条　国家制定的环境保护规划必须纳入国民经济和社会发展计划，国家采取有利于环境保护的经济、技术政策和措施，使环境保护工作同经济建设和社会发展相协调	**第四条**　保护环境是国家的基本国策 国家采取有利于节约和循环利用资源、保护和改善环境、促进人与自然和谐的经济、技术政策和措施，使经济社会发展与环境保护相协调
	第五条　环境保护坚持保护优先、预防为主、综合治理、公众参与、损害担责的原则
第五条　国家鼓励环境保护科学教育事业的发展，加强环境保护科学技术的研究和开发，提高环境保护科学技术水平，普及环境保护的科学知识	**第七条**　国家支持环境保护科学技术研究、开发和应用，鼓励环境保护产业发展，促进环境保护信息化建设，提高环境保护科学技术水平

续表

第六条 一切单位和个人都有保护环境的义务，并有权对污染和破坏环境的单位和个人进行检举和控告	**第六条** 一切单位和个人都有保护环境的义务。 地方各级人民政府应当对本行政区域的环境质量负责。 企业事业单位和其他生产经营者应当防止、减少环境污染和生态破坏，对所造成的损害依法承担责任。 公民应当增强环境保护意识，采取低碳、节俭的生活方式，自觉履行环境保护义务
	第八条 各级人民政府应当加大保护和改善环境、防治污染和其他公害的财政投入，提高财政资金的使用效益。 **第九条** 各级人民政府应当加强环境保护宣传和普及工作，鼓励基层群众性自治组织、社会组织、环境保护志愿者开展环境保护法律法规和环境保护知识的宣传，营造保护环境的良好风气。 教育行政部门、学校应当将环境保护知识纳入学校教育内容，培养学生的环境保护意识。 新闻媒体应当开展环境保护法律法规和环境保护知识的宣传，对环境违法行为进行舆论监督
第七条 国务院环境保护行政主管部门，对全国环境保护工作实施统一监督管理。 县级以上地方人民政府环境保护行政主管部门，对本辖区的环境保护工作实施统一监督管理。 国家海洋行政主管部门、港务监督、渔政渔港监督、军队环境保护部门和各级公安、交通、铁道、民航管理部门，依照有关法律的规定对环境污染防治实施监督管理。 县级以上人民政府的土地、矿产、林业、农业、水利行政主管部门，依照有关法律的规定对资源的保护实施监督管理	**第十条** 国务院环境保护主管部门，对全国环境保护工作实施统一监督管理；县级以上地方人民政府环境保护主管部门，对本行政区域环境保护工作实施统一监督管理。 县级以上人民政府有关部门和军队环境保护部门，依照有关法律的规定对资源保护和污染防治等环境保护工作实施监督管理
第八条 对保护和改善环境有显著成绩的单位和个人，由人民政府给予奖励	**第十一条** 对保护和改善环境有显著成绩的单位和个人，由人民政府给予奖励
	第十二条 每年6月5日为环境日

续表

第二章　环境监督管理	第二章　监督管理
	第十三条　县级以上人民政府应当将环境保护工作纳入国民经济和社会发展规划。 国务院环境保护主管部门会同有关部门，根据国民经济和社会发展规划编制国家环境保护规划，报国务院批准并公布实施。 县级以上地方人民政府环境保护主管部门会同有关部门，根据国家环境保护规划的要求，编制本行政区域的环境保护规划，报同级人民政府批准并公布实施。 环境保护规划的内容应当包括生态保护和污染防治的目标、任务、保障措施等，并与主体功能区规划、土地利用总体规划和城乡规划等相衔接。 **第十四条**　国务院有关部门和省、自治区、直辖市人民政府组织制定经济、技术政策，应当充分考虑对环境的影响，听取有关方面和专家的意见
第九条　国务院环境保护行政主管部门制定国家环境质量标准。 省、自治区、直辖市人民政府对国家环境质量标准中未作规定的项目，可以制定地方环境质量标准，并报国务院环境保护行政主管部门备案	**第十五条**　国务院环境保护主管部门制定国家环境质量标准。 省、自治区、直辖市人民政府对国家环境质量标准中未作规定的项目，可以制定地方环境质量标准；对国家环境质量标准中已作规定的项目，可以制定严于国家环境质量标准的地方环境质量标准。地方环境质量标准应当报国务院环境保护主管部门备案。 国家鼓励开展环境基准研究
第十条　国务院环境保护行政主管部门根据国家环境质量标准和国家经济、技术条件，制定国家污染物排放标准。 省、自治区、直辖市人民政府对国家污染物排放标准中未作规定的项目，可以制定地方污染物排放标准；对国家污染物排放标准中已作规定的项目，可以制定严于国家污染物排放标准的地方污染物排放标准。地方污染物排放标准须报国务院环境保护行政主管部门备案。 凡是向已有地方污染物排放标准的区域排放污染物的，应当执行地方污染物排放标准	**第十六条**　国务院环境保护主管部门根据国家环境质量标准和国家经济、技术条件，制定国家污染物排放标准。 省、自治区、直辖市人民政府对国家污染物排放标准中未作规定的项目，可以制定地方污染物排放标准；对国家污染物排放标准中已作规定的项目，可以制定严于国家污染物排放标准的地方污染物排放标准。地方污染物排放标准应当报国务院环境保护主管部门备案
第十一条　国务院环境保护行政主管部门建立监测制度，制定监测规范，会同有关部门组织监测网络，加强对环境监测的管理。国务院和省、自治区、直辖市人民政府的环境保护行政主管部门，应当定期发布环境状况公报	**第十七条**　国家建立、健全环境监测制度。国务院环境保护主管部门制定监测规范，会同有关部门组织监测网络，统一规划国家环境质量监测站（点）的设置，建立监测数据共享机制，加强对环境监测的管理。 有关行业、专业等各类环境质量监测站（点）的设置应当符合法律法规规定和监测规范的要求。

续表

	监测机构应当使用符合国家标准的监测设备，遵守监测规范。监测机构及其负责人对监测数据的真实性和准确性负责
第十二条　县级以上人民政府环境保护行政主管部门，应当会同有关部门对管辖范围内的环境状况进行调查和评价，拟订环境保护规划，经计划部门综合平衡后，报同级人民政府批准实施	**第十八条**　省级以上人民政府应当组织有关部门或者委托专业机构，对环境状况进行调查、评价，建立环境资源承载能力监测预警机制
第十三条　建设污染环境的项目，必须遵守国家有关建设项目环境保护管理的规定。 建设项目的环境影响报告书，必须对建设项目产生的污染和对环境的影响作出评价，规定防治措施，经项目主管部门预审并依照规定的程序报环境保护行政主管部门批准。环境影响报告书经批准后，计划部门方可批准建设项目设计任务书	**第十九条**　编制有关开发利用规划，建设对环境有影响的项目，应当依法进行环境影响评价。 未依法进行环境影响评价的开发利用规划，不得组织实施；未依法进行环境影响评价的建设项目，不得开工建设
	第二十条　国家建立跨行政区域的重点区域、流域环境污染和生态破坏联合防治协调机制，实行统一规划、统一标准、统一监测、统一的防治措施。 前款规定以外的跨行政区域的环境污染和生态破坏的防治，由上级人民政府协调解决，或者由有关地方人民政府协商解决。 **第二十一条**　国家采取财政、税收、价格、政府采购等方面的政策和措施，鼓励和支持环境保护技术装备、资源综合利用和环境服务等环境保护产业的发展。 **第二十二条**　企业事业单位和其他生产经营者，在污染物排放符合法定要求的基础上，进一步减少污染物排放的，人民政府应当依法采取财政、税收、价格、政府采购等方面的政策和措施予以鼓励和支持。 **第二十三条**　企业事业单位和其他生产经营者，为改善环境，依照有关规定转产、搬迁、关闭的，人民政府应当予以支持
第十四条　县级以上人民政府环境保护行政主管部门或者其他依照法律规定行使环境监督管理权的部门，有权对管辖范围内的排污单位进行现场检查。被检查的单位应当如实反映情况，提供必要的资料。检查机关应当为被检查的单位保守技术秘密和业务秘密	**第二十四条**　县级以上人民政府环境保护主管部门及其委托的环境监察机构和其他负有环境保护监督管理职责的部门，有权对排放污染物的企业事业单位和其他生产经营者进行现场检查。被检查者应当如实反映情况，提供必要的资料。实施现场检查的部门、机构及其工作人员应当为被检查者保守商业秘密

续表

第十五条　跨行政区的环境污染和环境破坏的防治工作，由有关地方人民政府协商解决，或者由上级人民政府协调解决，作出决定	
	第二十五条　企业事业单位和其他生产经营者违反法律法规规定排放污染物，造成或者可能造成严重污染的，县级以上人民政府环境保护主管部门和其他负有环境保护监督管理职责的部门，可以查封、扣押造成污染物排放的设施、设备。 **第二十六条**　国家实行环境保护目标责任制和考核评价制度。县级以上人民政府应当将环境保护目标完成情况纳入对本级人民政府负有环境保护监督管理职责的部门及其负责人和下级人民政府及其负责人的考核内容，作为对其考核评价的重要依据。考核结果应当向社会公开。 **第二十七条**　县级以上人民政府应当每年向本级人民代表大会或者人民代表大会常务委员会报告环境状况和环境保护目标完成情况，对发生的重大环境事件应当及时向本级人民代表大会常务委员会报告，依法接受监督
第三章　保护和改善环境	**第三章　保护和改善环境**
第十六条　地方各级人民政府，应当对本辖区的环境质量负责，采取措施改善环境质量	**第二十八条**　地方各级人民政府应当根据环境保护目标和治理任务，采取有效措施，改善环境质量。 未达到国家环境质量标准的重点区域、流域的有关地方人民政府，应当制定限期达标规划，并采取措施按期达标
第十七条　各级人民政府对具有代表性的各种类型的自然生态系统区域，珍稀、濒危的野生动植物自然分布区域，重要的水源涵养区域，具有重大科学文化价值的地质构造、著名溶洞和化石分布区、冰川、火山、温泉等自然遗迹，以及人文遗迹、古树名木，应当采取措施加以保护，严禁破坏	**第二十九条**　国家在重点生态功能区、生态环境敏感区和脆弱区等区域划定生态保护红线，实行严格保护。 各级人民政府对具有代表性的各种类型的自然生态系统区域，珍稀、濒危的野生动植物自然分布区域，重要的水源涵养区域，具有重大科学文化价值的地质构造、著名溶洞和化石分布区、冰川、火山、温泉等自然遗迹，以及人文遗迹、古树名木，应当采取措施予以保护，严禁破坏
第十八条　在国务院、国务院有关主管部门和省、自治区、直辖市人民政府划定的风景名胜区、自然保护区和其他需要特别保护的区域内，不得建设污染环境的工业生产设施；建设其他设施，其污染物排放不得超过规定的排放标准。已经建成的设施，其污染物排放超过规定的排放标准的，限期治理	

续表

第十九条　开发利用自然资源，必须采取措施保护生态环境	**第三十条**　开发利用自然资源，应当合理开发，保护生物多样性，保障生态安全，依法制定有关生态保护和恢复治理方案并予以实施。 引进外来物种以及研究、开发和利用生物技术，应当采取措施，防止对生物多样性的破坏
	第三十一条　国家建立、健全生态保护补偿制度 国家加大对生态保护地区的财政转移支付力度。有关地方人民政府应当落实生态保护补偿资金，确保其用于生态保护补偿。 国家指导受益地区和生态保护地区人民政府通过协商或者按照市场规则进行生态保护补偿。 **第三十二条**　国家加强对大气、水、土壤等的保护，建立和完善相应的调查、监测、评估和修复制度
第二十条　各级人民政府应当加强对农业环境的保护，防治土壤污染、土地沙化、盐渍化、贫瘠化、沼泽化、地面沉降和防治植被破坏、水土流失、水源枯竭、种源灭绝以及其他生态失调现象的发生和发展，推广植物病虫害的综合防治，合理使用化肥、农药及植物生长激素	**第三十三条**　各级人民政府应当加强对农业环境的保护，促进农业环境保护新技术的使用，加强对农业污染源的监测预警，统筹有关部门采取措施，防治土壤污染和土地沙化、盐渍化、贫瘠化、石漠化、地面沉降以及防治植被破坏、水土流失、水体富营养化、水源枯竭、种源灭绝等生态失调现象，推广植物病虫害的综合防治。 县级、乡级人民政府应当提高农村环境保护公共服务水平，推动农村环境综合整治
第二十一条　国务院和沿海地方各级人民政府应当加强对海洋环境的保护。向海洋排放污染物、倾倒废弃物，进行海岸工程建设和海洋石油勘探开发，必须依照法律的规定，防止对海洋环境的污染损害	**第三十四条**　国务院和沿海地方各级人民政府应当加强对海洋环境的保护。向海洋排放污染物、倾倒废弃物，进行海岸工程和海洋工程建设，应当符合法律法规规定和有关标准，防止和减少对海洋环境的污染损害
第二十二条　制定城市规划，应当确定保护和改善环境的目标和任务	
第二十三条　城乡建设应当结合当地自然环境的特点，保护植被、水域和自然景观，加强城市园林、绿地和风景名胜区的建设	**第三十五条**　城乡建设应当结合当地自然环境的特点，保护植被、水域和自然景观，加强城市园林、绿地和风景名胜区的建设与管理
	第三十六条　国家鼓励和引导公民、法人和其他组织使用有利于保护环境的产品和再生产品，减少废弃物的产生。

续表

	国家机关和使用财政资金的其他组织应当优先采购和使用节能、节水、节材等有利于保护环境的产品、设备和设施。 **第三十七条** 地方各级人民政府应当采取措施，组织对生活废弃物的分类处置、回收利用。 **第三十八条** 公民应当遵守环境保护法律法规，配合实施环境保护措施，按照规定对生活废弃物进行分类放置，减少日常生活对环境造成的损害。 **第三十九条** 国家建立、健全环境与健康监测、调查和风险评估制度；鼓励和组织开展环境质量对公众健康影响的研究，采取措施预防和控制与环境污染有关的疾病
第四章 防治环境污染和其他公害	**第四章 防治污染和其他公害**
	第四十条 国家促进清洁生产和资源循环利用。 国务院有关部门和地方各级人民政府应当采取措施，推广清洁能源的生产和使用。 企业应当优先使用清洁能源，采用资源利用率高、污染物排放量少的工艺、设备以及废弃物综合利用技术和污染物无害化处理技术，减少污染物的产生
第二十四条 产生环境污染和其他公害的单位，必须把环境保护工作纳入计划，建立环境保护责任制度；采取有效措施，防治在生产建设或者其他活动中产生的废气、废水、废渣、粉尘、恶臭气体、放射性物质以及噪声、振动、电磁波辐射等对环境的污染和危害。	**第四十二条** 排放污染物的企业事业单位和其他生产经营者，应当采取措施，防治在生产建设或者其他活动中产生的废气、废水、废渣、医疗废物、粉尘、恶臭气体、放射性物质以及噪声、振动、光辐射、电磁辐射等对环境的污染和危害。 排放污染物的企业事业单位，应当建立环境保护责任制度，明确单位负责人和相关人员的责任。 重点排污单位应当按照国家有关规定和监测规范安装使用监测设备，保证监测设备正常运行，保存原始监测记录。 严禁通过暗管、渗井、渗坑、灌注或者篡改、伪造监测数据，或者不正常运行防治污染设施等逃避监管的方式违法排放污染物
第二十五条 新建工业企业和现有工业企业的技术改造，应当采用资源利用率高、污染物排放量少的设备和工艺，采用经济合理的废弃物综合利用技术和污染物处理技术	

续表

第二十六条 建设项目中防治污染的设施，必须与主体工程同时设计、同时施工、同时投产使用。防治污染的设施必须经原审批环境影响报告书的环境保护行政主管部门验收合格后，该建设项目方可投入生产或者使用。 防治污染的设施不得擅自拆除或者闲置，确有必要拆除或者闲置的，必须征得所在地的环境保护行政主管部门同意	**第四十一条** 建设项目中防治污染的设施，应当与主体工程同时设计、同时施工、同时投产使用。防治污染的设施应当符合经批准的环境影响评价文件的要求，不得擅自拆除或者闲置
第二十七条 排放污染物的企业事业单位，必须依照国务院环境保护行政主管部门的规定申报登记。 **第二十八条** 排放污染物超过国家或者地方规定的污染物排放标准的企业事业单位，依照国家规定缴纳超标准排污费，并负责治理。水污染防治法另有规定的，依照水污染防治法的规定执行。 征收的超标准排污费必须用于污染的防治，不得挪作他用，具体使用办法由国务院规定	**第四十三条** 排放污染物的企业事业单位和其他生产经营者，应当按照国家有关规定缴纳排污费。排污费应当全部专项用于环境污染防治，任何单位和个人不得截留、挤占或者挪作他用。 依照法律规定征收环境保护税的，不再征收排污费
	第四十四条 国家实行重点污染物排放总量控制制度。重点污染物排放总量控制指标由国务院下达，省、自治区、直辖市人民政府分解落实。企业事业单位在执行国家和地方污染物排放标准的同时，应当遵守分解落实到本单位的重点污染物排放总量控制指标。 对超过国家重点污染物排放总量控制指标或者未完成国家确定的环境质量目标的地区，省级以上人民政府环境保护主管部门应当暂停审批其新增重点污染物排放总量的建设项目环境影响评价文件
第二十九条 对造成环境严重污染的企业事业单位，限期治理 中央或者省、自治区、直辖市人民政府直接管辖的企业事业单位的限期治理，由省、自治区、直辖市人民政府决定。市、县或者市、县以下人民政府管辖的企业事业单位的限期治理，由市、县人民政府决定。被限期治理的企业事业单位必须如期完成治理任务	
	第四十五条 国家依照法律规定实行排污许可管理制度。 实行排污许可管理的企业事业单位和其他生产经营者应当按照排污许可证的要求排放污染物；未取得排污许可证的，不得排放污染物

续表

第三十条 禁止引进不符合我国环境保护规定要求的技术和设备	**第四十六条** 国家对严重污染环境的工艺、设备和产品实行淘汰制度。任何单位和个人不得生产、销售或者转移、使用严重污染环境的工艺、设备和产品。 禁止引进不符合我国环境保护规定的技术、设备、材料和产品
第三十一条 因发生事故或者其他突然性事件，造成或者可能造成污染事故的单位，必须立即采取措施处理，及时通报可能受到污染危害的单位和居民，并向当地环境保护行政主管部门和有关部门报告，接受调查处理。 可能发生重大污染事故的企业事业单位，应当采取措施，加强防范。 **第三十二条** 县级以上地方人民政府环境保护行政主管部门，在环境受到严重污染威胁居民生命财产安全时，必须立即向当地人民政府报告，由人民政府采取有效措施，解除或者减轻危害	**第四十七条** 各级人民政府及其有关部门和企业事业单位，应当依照《中华人民共和国突发事件应对法》的规定，做好突发环境事件的风险控制、应急准备、应急处置和事后恢复等工作。 县级以上人民政府应当建立环境污染公共监测预警机制，组织制定预警方案；环境受到污染，可能影响公众健康和环境安全时，依法及时公布预警信息，启动应急措施。 企业事业单位应当按照国家有关规定制定突发环境事件应急预案，报环境保护主管部门和有关部门备案。在发生或者可能发生突发环境事件时，企业事业单位应当立即采取措施处理，及时通报可能受到危害的单位和居民，并向环境保护主管部门和有关部门报告。 突发环境事件应急处置工作结束后，有关人民政府应当立即组织评估事件造成的环境影响和损失，并及时将评估结果向社会公布
第三十三条 生产、储存、运输、销售、使用有毒化学物品和含有放射性物质的物品，必须遵守国家有关规定，防止污染环境	**第四十八条** 生产、储存、运输、销售、使用、处置化学物品和含有放射性物质的物品，应当遵守国家有关规定，防止污染环境
第三十四条 任何单位不得将产生严重污染的生产设备转移给没有污染防治能力的单位使用	
	第四十九条 各级人民政府及其农业等有关部门和机构应当指导农业生产经营者科学种植和养殖，科学合理施用农药、化肥等农业投入品，科学处置农用薄膜、农作物秸秆等农业废弃物，防止农业面源污染。 禁止将不符合农用标准和环境保护标准的固体废物、废水施入农田。施用农药、化肥等农业投入品及进行灌溉，应当采取措施，防止重金属和其他有毒有害物质污染环境。 畜禽养殖场、养殖小区、定点屠宰企业等的

续表

	选址、建设和管理应当符合有关法律法规规定。从事畜禽养殖和屠宰的单位和个人应当采取措施，对畜禽粪便、尸体和污水等废弃物进行科学处置，防止污染环境。 县级人民政府负责组织农村生活废弃物的处置工作。 **第五十条**　各级人民政府应当在财政预算中安排资金，支持农村饮用水水源地保护、生活污水和其他废弃物处理、畜禽养殖和屠宰污染防治、土壤污染防治和农村工矿污染治理等环境保护工作。 **第五十一条**　各级人民政府应当统筹城乡建设污水处理设施及配套管网，固体废物的收集、运输和处置等环境卫生设施，危险废物集中处置设施、场所以及其他环境保护公共设施，并保障其正常运行。 **第五十二条**　国家鼓励投保环境污染责任保险
	第五章　信息公开和公众参与
	第五十三条　公民、法人和其他组织依法享有获取环境信息、参与和监督环境保护的权利。 各级人民政府环境保护主管部门和其他负有环境保护监督管理职责的部门，应当依法公开环境信息、完善公众参与程序，为公民、法人和其他组织参与和监督环境保护提供便利。 **第五十四条**　国务院环境保护主管部门统一发布国家环境质量、重点污染源监测信息及其他重大环境信息。省级以上人民政府环境保护主管部门定期发布环境状况公报。 县级以上人民政府环境保护主管部门和其他负有环境保护监督管理职责的部门，应当依法公开环境质量、环境监测、突发环境事件以及环境行政许可、行政处罚、排污费的征收和使用情况等信息。 县级以上地方人民政府环境保护主管部门和其他负有环境保护监督管理职责的部门，应当将企业事业单位和其他生产经营者的环境违法信息记入社会诚信档案，及时向社会公布违法者名单。 **第五十五条**　重点排污单位应当如实向社会公开其主要污染物的名称、排放方式、排放浓度和总量、超标排放情况，以及防治污染设施的建设和运行情况，接受社会监督。

续表

	第五十六条 对依法应当编制环境影响报告书的建设项目，建设单位应当在编制时向可能受影响的公众说明情况，充分征求意见。 负责审批建设项目环境影响评价文件的部门在收到建设项目环境影响报告书后，除涉及国家秘密和商业秘密的事项外，应当全文公开；发现建设项目未充分征求公众意见的，应当责成建设单位征求公众意见。 **第五十七条** 公民、法人和其他组织发现任何单位和个人有污染环境和破坏生态行为的，有权向环境保护主管部门或者其他负有环境保护监督管理职责的部门举报。 公民、法人和其他组织发现地方各级人民政府、县级以上人民政府环境保护主管部门和其他负有环境保护监督管理职责的部门不依法履行职责的，有权向其上级机关或者监察机关举报。 接受举报的机关应当对举报人的相关信息予以保密，保护举报人的合法权益。 **第五十八条** 对污染环境、破坏生态，损害社会公共利益的行为，符合下列条件的社会组织可以向人民法院提起诉讼： （一）依法在设区的市级以上人民政府民政部门登记； （二）专门从事环境保护公益活动连续五年以上且无违法记录。 符合前款规定的社会组织向人民法院提起诉讼，人民法院应当依法受理。 提起诉讼的社会组织不得通过诉讼牟取经济利益
第五章　法律责任	**第六章　法律责任**
	第五十九条 企业事业单位和其他生产经营者违法排放污染物，受到罚款处罚，被责令改正，拒不改正的，依法作出处罚决定的行政机关可以自责令改正之日的次日起，按照原处罚数额按日连续处罚。 前款规定的罚款处罚，依照有关法律法规按照防治污染设施的运行成本、违法行为造成的直接损失或者违法所得等因素确定的规定执行。 地方性法规可以根据环境保护的实际需要，增加第 1 款规定的按日连续处罚的违法行为的种类

续表

<table>
<tr>
<td>
第三十五条 违反本法规定，有下列行为之一的，环境保护行政主管部门或者其他依照法律规定行使环境监督管理权的部门可以根据不同情节，给予警告或者处以罚款：
（一）拒绝环境保护行政主管部门或者其他依照法律规定行使环境监督管理权的部门现场检查或者在被检查时弄虚作假的。
（二）拒报或者谎报国务院环境保护行政主管部门规定的有关污染物排放申报事项的。
（三）不按国家规定缴纳超标准排污费的。
（四）引进不符合我国环境保护规定要求的技术和设备的。
（五）将产生严重污染的生产设备转移给没有污染防治能力的单位使用的。
第三十六条 建设项目的防治污染设施没有建成或者没有达到国家规定的要求，投入生产或者使用的，由批准该建设项目的环境影响报告书的环境保护行政主管部门责令停止生产或者使用，可以并处罚款。
第三十七条 未经环境保护行政主管部门同意，擅自拆除或者闲置防治污染的设施，污染物排放超过规定的排放标准的，由环境保护行政主管部门责令重新安装使用，并处罚款。
第三十八条 对违反本法规定，造成环境污染事故的企业事业单位，由环境保护行政主管部门或者其他依照法律规定行使环境监督管理权的部门根据所造成的危害后果处以罚款；情节较重的，对有关责任人员由其所在单位或者政府主管机关给予行政处分。
第三十九条 对经限期治理逾期未完成治理任务的企业事业单位，除依照国家规定加收超标准排污费外，可以根据所造成的危害后果处以罚款，或者责令停业、关闭。
前款规定的罚款由环境保护行政主管部门决定。责令停业、关闭，由作出限期治理决定的人民政府决定；责令中央直接管辖的企业事业单位停业、关闭，须报国务院批准
</td>
<td>
第六十条 企业事业单位和其他生产经营者超过污染物排放标准或者超过重点污染物排放总量控制指标排放污染物的，县级以上人民政府环境保护主管部门可以责令其采取限制生产、停产整治等措施；情节严重的，报经有批准权的人民政府批准，责令停业、关闭。
第六十一条 建设单位未依法提交建设项目环境影响评价文件或者环境影响评价文件未经批准，擅自开工建设的，由负有环境保护监督管理职责的部门责令停止建设，处以罚款，并可以责令恢复原状。
第六十二条 违反本法规定，重点排污单位不公开或者不如实公开环境信息的，由县级以上地方人民政府环境保护主管部门责令公开，处以罚款，并予以公告。
第六十三条 企业事业单位和其他生产经营者有下列行为之一，尚不构成犯罪的，除依照有关法律法规规定予以处罚外，由县级以上人民政府环境保护主管部门或者其他有关部门将案件移送公安机关，对其直接负责的主管人员和其他直接责任人员，处十日以上十五日以下拘留；情节较轻的，处五日以上十日以下拘留：
（一）建设项目未依法进行环境影响评价，被责令停止建设，拒不执行的；
（二）违反法律规定，未取得排污许可证排放污染物，被责令停止排污，拒不执行的；
（三）通过暗管、渗井、渗坑、灌注或者篡改、伪造监测数据，或者不正常运行防治污染设施等逃避监管的方式违法排放污染物的；
（四）生产、使用国家明令禁止生产、使用的农药，被责令改正，拒不改正的
</td>
</tr>
<tr>
<td>
第四十条 当事人对行政处罚决定不服的，可以在接到处罚通知之日起十五日内，向作出处罚决定的机关的上一级机关申请复议；对复议决定不服的，可以在接到复议决定之日起十五日内，向人民法院起诉。当事人也可以在接到处罚通知之日起十五日内，直接向人民法院起诉。当事人逾期不申请复议、也不向人民法院起诉、又不履行处罚决定的，由作出处罚决定的机关申请人民法院强制执行
</td>
<td></td>
</tr>
</table>

续表

第四十一条 造成环境污染危害的，有责任排除危害，并对直接受到损害的单位或者个人赔偿损失。 赔偿责任和赔偿金额的纠纷，可以根据当事人的请求，由环境保护行政主管部门或者其他依照法律规定行使环境监督管理权的部门处理；当事人对处理决定不服的，可以向人民法院起诉。当事人也可以直接向人民法院起诉。 完全由于不可抗拒的自然灾害，并经及时采取合理措施，仍然不能避免造成环境污染损害的，免予承担责任	**第六十四条** 因污染环境和破坏生态造成损害的，应当依照《中华人民共和国侵权责任法》的有关规定承担侵权责任
	第六十五条 环境影响评价机构、环境监测机构以及从事环境监测设备和防治污染设施维护、运营的机构，在有关环境服务活动中弄虚作假，对造成的环境污染和生态破坏负有责任的，除依照有关法律法规规定予以处罚外，还应当与造成环境污染和生态破坏的其他责任者承担连带责任
第四十二条 因环境污染损害赔偿提起诉讼的时效期间为三年，从当事人知道或者应当知道受到污染损害时起计算	**第六十六条** 提起环境损害赔偿诉讼的时效期间为三年，从当事人知道或者应当知道其受到损害时起计算
	第六十七条 上级人民政府及其环境保护主管部门应当加强对下级人民政府及其有关部门环境保护工作的监督。发现有关工作人员有违法行为，依法应当给予处分的，应当向其任免机关或者监察机关提出处分建议。 依法应当给予行政处罚，而有关环境保护主管部门不给予行政处罚的，上级人民政府环境保护主管部门可以直接作出行政处罚的决定。 **第六十八条** 地方各级人民政府、县级以上人民政府环境保护主管部门和其他负有环境保护监督管理职责的部门有下列行为之一的，对直接负责的主管人员和其他直接责任人员给予记过、记大过或者降级处分；造成严重后果的，给予撤职或者开除处分，其主要负责人应当引咎辞职： （一）不符合行政许可条件准予行政许可的； （二）对环境违法行为进行包庇的； （三）依法应当作出责令停业、关闭的决定而未作出的； （四）对超标排放污染物、采用逃避监管的方式排放污染物、造成环境事故以及不落实生态保护措施造成生态破坏等行为，发现或者接到举报未及时查处的；

续表

	（五）违反本法规定，查封、扣押企业事业单位和其他生产经营者的设施、设备的； （六）篡改、伪造或者指使篡改、伪造监测数据的； （七）应当依法公开环境信息而未公开的； （八）将征收的排污费截留、挤占或者挪作他用的； （九）法律法规规定的其他违法行为
第四十三条 违反本法规定，造成重大环境污染事故，导致公私财产重大损失或者人身伤亡的严重后果的，对直接责任人员依法追究刑事责任	**第六十九条** 违反本法规定，构成犯罪的，依法追究刑事责任
第四十四条 违反本法规定，造成土地、森林、草原、水、矿产、渔业、野生动植物等资源的破坏的，依照有关法律的规定承担法律责任。 **第四十五条** 环境保护监督管理人员滥用职权、玩忽职守、徇私舞弊的，由其所在单位或者上级主管机关给予行政处分；构成犯罪的，依法追究刑事责任	
第六章 附 则	**第七章 附 则**
第四十六条 中华人民共和国缔结或者参加的与环境保护有关的国际条约，同中华人民共和国法律有不同规定的，适用国际条约的规定，但中华人民共和国声明保留的条款除外	
第四十七条 本法自公布之日起施行。《中华人民共和国环境保护法（试行）》同时废止。	**第七十条** 本法自2015年1月1日起施行

二、《中华人民共和国环境保护法修正案（草案）》（2012年）

第一章 总 则

第一条 为保护和改善生活环境与生态环境，防治污染和其他公害，保障人体健康，促进社会主义现代化建设的发展，制定本法。

第二条 本法所称环境，是指影响人类生存和发展的各种天然的和经过人工改造的自然因素的总体，包括大气、水、海洋、土地、矿藏、森林、草原、野生生物、自然遗迹、人文遗迹、自然保护区、风景名胜区、城市和乡村等。

第三条 本法适用于中华人民共和国领域和中华人民共和国管辖的其他海域。

第四条 环境保护工作应当依靠科技进步、发展循环经济、倡导生态文明、强化环境法治、完善监管机制、建立长效机制。

国家采取有利于节约和循环利用资源、保护和改善环境质量、

促进人与自然和谐的经济、技术政策和措施，健全生态补偿机制，使经济建设和社会发展与环境保护相协调。

第五条 国家鼓励环境保护科学教育事业的发展，加强环境保护科学技术的研究和开发，提高环境保护科学技术水平，普及环境保护的科学知识。

第六条 一切单位和个人都有保护环境的义务，并有权对污染和破坏环境的单位和个人进行检举和控告。

第七条 国务院环境保护行政主管部门，对全国环境保护工作实施统一监督管理。

县级以上地方人民政府环境保护行政主管部门，对本辖区的环境保护工作实施统一监督管理。

国家海洋行政主管部门、海事、渔政、渔港监督、军队环境保护部门和各级工业和信息化、公安、住房城乡建设、交通、铁道、民航管理部门，依照有关法律的规定对环境污染防治实施监督管理。

县级以上人民政府的土地、矿产、林业、农业、水利行政主管部门，依照有关法律的规定对资源的保护实施监督管理。

第八条　对保护和改善环境有显著成绩的单位和个人，由人民政府给予奖励。

第二章　环境管理

第九条　科学确定符合我国国情的环境基准。国务院环境保护行政主管部门应当使环境标准与环境保护目标相衔接，制定国家环境质量标准。

省、自治区、直辖市人民政府对国家环境质量标准中未作规定的项目，可以制定地方环境质量标准，并报国务院环境保护行政主管部门备案。

第十条　国务院环境保护行政主管部门会同有关部门根据国家环境质量标准和国家经济、技术条件，制定国家污染排放标准。

省、自治区、直辖市人民政府对国家污染物排放标准中未作规定的项目，可以制定地方污染物排放标准；对国家污染物排放标准中已作规定的项目，可以制定严于国家污染物排放标准的地方污染物排放标准。地方污染物排放标准须报国务院环境保护行政主管部门备案。

凡是向已有地方污染物排放标准的区域排放污染物的，应当执行地方污染物排放标准。

第十一条　国家建立监测网络和监测数据信息体系。

国务院环境保护行政主管部门会同其他有关部门，建立监测制度，制定监测规范，组织监测网络，加强对环境监测的管理。

监测网络包括环境质量监测网和重点污染源排放监测网。国家环境质量监测站（点）应当由国务院环境保护行政主管部门会同有关部门统一规划设置。重点污染源排放监测站（点）设置应当符合有关法律法规规定和监测规范的要求。环境质量和污染物排放监测数据应当纳入监测数据信息体系，作为评价环境质量的依据。

有关行业、专业环境质量监测站（点）应当按照有关法律法规规定和监测规范的要求设置。环境质量和污染物排放监测数据作为评价环境质量依据的，应当经环境保护行政主管部门批准。

从事环境监测工作，应当遵守国家监测规范。监测机构应当使用符合国家统一标准的监测设备，监测机构负责人对监测数据的真实性和准确性负责。监测数据依法公开。

国务院和省、自治区、直辖市人民政府的环境保护行政主管部门，应当定期发布环境状况公报。

海洋环境监测活动，依照海洋环境保护法的有关规定执行。

第十二条 国务院环境保护行政主管部门会同国务院有关部门，根据国民经济和社会发展规划纲要编制国家环境保护规划，经国务院宏观经济调控部门综合平衡后，报国务院批准并公布实施。

国家环境保护规划应当坚持保护优先、预防为主、综合治理、突出重点、全面推进的原则，内容应当包括自然生态保护和环境污染防治的目标、主要任务、保障措施等。

县级以上地方人民政府环境保护行政主管部门，应当会同有关部门对管辖范围内的环境状况进行调查和评价，依据国家环境保护规划的要求，拟订本行政区域的环境保护规划，由宏观经济调控部门综合平衡后，报同级人民政府批准后公布实施。

环境保护规划应当与全国主体功能区规划、土地利用规划和城乡规划等相衔接。

第十三条 编制有关开发利用规划，建设对环境有影响的项目，应当依法进行环境影响评价。

第十四条 跨行政区的环境污染和环境破坏的防治工作，由有关地方人民政府协商解决，或者由上级人民政府协调解决，作出决定。跨行政区重点区域、流域污染防治工作，应当依据国务院批准的重点区域、流域污染防治规划和相应责任作出决定。

第三章 保护和改善环境

第十五条 地方各级人民政府，应当对本辖区的环境质量负责，采取措施改善环境质量。

第十六条 各级人民政府对具有代表性的各种类型的自然生态系统区域，珍稀、濒危的野生动植物自然分布区域，重要的水源涵养区域，具有重大科学文化价值的地质构造、著名溶洞和化石分布区、冰川、火山、温泉等自然遗迹，以及人文遗迹、古树名木，应当采取措施加以保护，严禁破坏。

第十七条 在国务院、国务院有关主管部门和省、自治区、直辖市人民政府划定的风景名胜区、自然保护区和其他需要特别保护的区域内，不得建设污染环境的工业生产设施；建设其他设施，其污染物排放不得超过规定的排放标准。已经建成的设施，其污染物排放超过规定的排放标准的，限期治理。

第十八条 开发利用自然资源，应当坚持合理开发水资源、土地资源和矿产资源，保护生物多样性，保障生态安全，必须采取措施保护生态环境，依法制定并实施植被环境的保护和恢复治理等有关生态环境保护和恢复治理的方案，引进外来物种应当遵守国家有关规定。

第十九条 国家对重点污染物实行排放总量控制制度。

国务院发展改革部门会同有关部门应当遵循公平、科学、合理原则，研究提出国家重点污染物总量控制约束性指标分配意见，报国务院批准。

省、自治区、直辖市人民政府应当按照国务院下达的重点污染物总量控制约束性指标和本行政区域的需要，分解落实指标，削减和控制本行政区域的重点污染物排放量。

对尚未达到环境质量标准的重点区域、流域，以及超过国家重点污染物排放总量控制约束性指标的地区，国务院和省、自治区、直辖市人民政府环境保护行政主管部门可以暂停审批新增重点污染物排放总量的建设项目环境影响评价文件。地方政府应当确定该重点区域、流域总量控制的污染物种类及控制指标，在规定期限内达到环境质量标准。

企业事业单位执行国家和地方污染物排放标准的同时，应当遵守国家和地方政府确定的重点污染物总量控制约束性指标。

第二十条 各级人民政府应当加强对农业环境的保护，防治土壤污染、土地沙化、盐渍化、贫瘠化、沼泽化、地面沉降和防治植被破坏、水土流失、水源枯竭、种源灭绝以及其他生态失调现象的发生和发展，推广植物病虫害的综合防治。

各级人民政府及其农业等有关部门应当指导农业生产者科学种植和养殖，合理施用肥料、农药及处置农业废弃物等，防止农业源污染环境。禁止将含有重金属及其他有害物质的固体废物施入农田。畜禽养殖场、养殖小区、定点屠宰企业等选址、建设和管理应当符合国家有关法律、法规规定。

各级人民政府应当在财政预算中安排资金支持农村饮用水水源地保护、生活污水和垃圾处理、畜禽养殖污染防治、土壤污染防治和历史遗留的农村工矿污染治理，推动农村环境综合整治。

第二十一条　国务院和沿海地方各级人民政府应当加强对海洋环境的保护。向海洋排放污染物、倾倒废弃物，进行海岸工程建设和海洋石油勘探开发，必须依照法律的规定，防止对海洋环境的污染损害。

第二十二条　制定城市规划，应当确定保护和改善环境的目标和任务。

第二十三条　城乡建设应当结合当地自然环境的特点，保护植被、水域和自然景观，加强城市园林、绿地和风景名胜区的建设。

各级人民政府应当统筹城乡建设污水集中处理设施及配套管网，城市固体废物的清扫、收集、运输和处理等环境卫生设施，危险废物集中处置设施、场所以及其他环境保护公共设施。

第四章　防治环境污染和其他公害

第二十四条　产生环境污染和其他公害的单位，必须把环境保护工作纳入计划，建立环境保护责任制度，包括企业负责人的环保责任制度和向职工代表大会报告环保工作并接受监督的机制；依照有关水、大气、固体废物、环境噪声、海洋、放射性等污染防治和清洁生产、循环经济等法律规定，采取有效措施，防治在生产建设或者其他活动中产生的废气、废水、废渣、粉尘、恶臭气体、放射性物质以及噪声、振动、电磁波辐射等对环境的污染。

排放污染物的企业事业单位，应当按照国家有关规定和监测规范安装使用监测设备，对其所排放的污染物进行监测，并保存原始监测记录。监测数据应当纳入国家监测数据信息体系，依法予以公布。

第二十五条　新建工业企业和现有工业企业的技术改造，应当采用资源利用率高、污染物排放量少的设备和工艺，采用经济合理的废弃物综合利用技术和污染物处理技术。

第二十六条　建设项目中防治污染的设施，必须与主体工程同时设计、同时施工、同时投产使用。防治污染的设施必须经原审批环境影响评价文件的环境保护行政主管部门验收合格后，该建设项目方可投入生产或者使用。

防治污染的设施不得擅自拆除或者闲置，确有必要拆除或者闲置的，必须征得所在地的环境保护行政主管部门同意。

企业完成技术改造项目之后污染物排放达标，确有必要拆除或者闲置的，应当在该技术改造项目环境影响评价文件中明确，必须在项目投入使用验收之后，征得所在地的环境保护行政主管部门同意。

第二十七条　国家实行排放污染物申报和征缴费用制度。排放污染物的企业事业单位应当按照国家有关规定向环境保护行政主管部门申报登记，并按照排放污染物的种类和对环境的危害程度征缴费用，征缴费用的具体办法由国务院根据有关法律制定。

征缴费用必须用于污染防治和环境监测的能力建设，不得用于管理工作的日常开支，不得挪作他用。

第二十八条　排放污染物超过国家或者地方排放标准，或者超过重点污染物总量控制约束性指标，依法被责令限期治理的企业事业单位，应当制定限期治理计划并组织实施。限期治理计划应当包括：

（一）技术改造、污染治理的可行性研究报告，产品更新和淘汰的计划等；

（二）相关资金安排和落实情况；

（三）限期治理时序安排和完成目标的最后期限；

（四）相关的环境影响评价文件。

限期治理计划应当经过科学论证，并报送环境保护行政主管部门和行业主管部门备案，接受监督。限期治理的企业事业单位必须如期完成治理任务。

第二十九条　禁止引进不符合我国环境保护规定要求的技术和设备。

第三十条　各级人民政府及其有关部门，可能发生污染事故的企业事业单位，应当依照《中华人民共和国突发事件应对法》的规定，做好突发污染事件的应急准备、应急处置和事后恢复等工作。

各级人民政府及其有关部门应当依法加强环境污染风险控制，在应对突发事件时应当在抢险、救援、处置过程中采取必要措施，避免或减少突发事件对环境造成损害。

企业事业单位应当按照国家有关规定制定环境污染事件的应急方案。因发生事故或者其他突然性事件，造成或者可能造成污染事故的单位，必须立即采取措施处理，及时通报可能受到污染危害的单位和居民，并向当地环境保护行政主管部门和有关部门报告，接受调查处理。

突发环境污染事件应急处置工作结束后，有关人民政府应当及时组织评估事件造成的环境影响和损失。

第三十一条 生产、储存、运输、销售、使用有毒化学物品和含有放射性物质的物品，必须遵守国家有关规定，防止污染环境。

第三十二条 任何单位不得将产生严重污染的生产设备转移给没有污染防治能力的单位使用。

第五章 监督检查

第三十三条 县级以上人民政府环境保护行政主管部门或者其他依照法律和国务院规定行使环境监督管理权的部门，有权对管辖范围内的排污单位进行现场检查。被检查的单位应当如实反映情况，提供必要的资料。检查机关应当为被检查的单位保守技术秘密和业务秘密。

根据现场检查目的，可以检查以下内容：

（1）防治污染设施的建设和运行；

（2）污染排放和监测记录；

（3）环境保护责任制；

（4）限期治理计划的实施；

（5）环境污染事件应急方案的制定和演练；

（6）根据法律法规需要检查的其他内容。

第三十四条 国务院环境保护行政主管部门统一发布国家环境综合性报告和重大环境信息。

县级以上人民政府及其环境保护等有关行政主管部门，应当依法公开环境质量、突发环境污染事件以及环境行政主管部门的许可、排污费的征收和使用等环境信息。

公民、法人或者其他组织，可以依法向县级以上人民政府及其环境保护等有关行政主管部门申请环境信息。县级以上人民政府及其有关行政主管部门应当在国家规定的时间内予以答复。

第三十五条 国家实行环境保护目标责任制和考核评价制度。国务院和地方人民政府将环境保护目标完成情况作为对下级地方人民政府和同级环境保护行政主管部门及其负责人的考核内容。考核结果应当向社会公开。

上级人民政府及其环境保护行政主管部门应当加强对下级人民政府及其有关部门环境保护工作的监督检查。

对发现下级部门或有关工作人员依法应当给予行政处分的，应当向其任免机关或者监察机关提出处分建议。

依照本法规定应当给予行政处罚，而有关环境保护主管部门不给予行政处罚的，上级人民政府环境保护主管部门有权责令其作出行政处罚决定或者建议有关人民政府责令其给予行政处罚。

第三十六条　县级以上人民政府及其环境保护部门应当定期向本级人民代表大会常务委员会报告本行政区域环境状况和环境保护目标的完成情况；县级以上地方人民政府对本行政区域发生的重大环境污染事件应当向本级人民代表大会常务委员会专项报告，依法接受人大监督。

第六章　法律责任

第三十七条　违反本法规定，有下列行为之一的，环境保护行政主管部门或者其他依照法律和国务院规定行使环境监督管理权的部门可以根据不同情节，给予警告或者处以罚款：

（1）拒绝环境保护行政主管部门或者其他依照法律规定行使环境监督管理权的部门现场检查或者在被检查时弄虚作假的。

（2）拒报或者谎报国务院环境保护行政主管部门规定的有关污染物排放监测数据和申报事项的。

（3）不按国家规定缴纳排污费的。

（4）引进不符合我国环境保护规定要求的技术和设备的。

（5）将产生严重污染的生产设备转移给没有污染防治能力的单位使用的。

第三十八条　违反本法规定，建设项目的防治污染设施没有建成或者没有达到国家规定的要求，投入生产或者使用的，经现场检查，由批准该建设项目的环境影响报告书的环境保护行政主管部门责令停止生产或者使用，可以并处罚款。

擅自拆除或者闲置防治污染的设施，污染物排放超过规定的排放标准的，由环境保护行政主管部门依法给予处罚。

第三十九条　对违反本法规定，造成环境污染事故的企业事业单位，由环境保护行政主管部门或者其他依照法律规定行使环境监督管理权的部门根据所造成的危害后果处以罚款；情节较重的，对有关责任人员由任免机关或者监察机关给予处分。

违反本法规定，构成违反治安管理行为的，依法给予治安管理处罚；构成犯罪的，依法追究刑事责任。

第四十条　对经限期治理逾期未完成治理任务的企业事业单位，除依照国家规定加收排污费外，可以根据所造成的危害后果处以罚款，或者责令停业、关闭，并依法追究相关负责人的行政和法律责任。

前款规定的罚款由环境保护行政主管部门决定。责令停业、关闭，须报经有批准权的人民政府批准。

第四十一条　当事人对行政处罚决定不服的，可以在接到处罚通知之日起六十日内，向作出处罚决定的机关的上一级机关申请复议；对复议决定不服的，可以在接到复议决定之日起十五日内，向人民法院起诉。当事人也可以在接到处罚通知之日起十五日内，直接向人民法院起诉。当事人逾期不申请复议、也不向人民法院起诉、又不履行处罚决定的，由作出处罚决定的机关申请人民法院强制执行。

第四十二条　造成环境污染危害的，有责任停止侵害、排除危害，并对直接受到损害的单位或者个人赔偿损失。

赔偿责任和赔偿金额的纠纷，可以根据当事人的请求，由环境保护行政主管部门或者其他依照法律规定行使环境监督管理权的部门处理；当事人对处理决定不服的，可以向人民法院起诉。当事人也可以直接向人民法院起诉。

完全由于不可抗拒的自然灾害，并经及时采取合理措施，仍然不能避免造成环境污染损害的，免予承担责任。

第四十三条　因环境污染损害赔偿提起诉讼的时效期间为三年，从当事人知道或者应当知道受到污染损害时起计算。

第四十四条　违反本法规定，造成土地、森林、草原、水、矿产、渔业、野生动植物等资源的破坏的，依照有关法律的规定承担法律责任。

第四十五条　政府工作人员有滥用职权、玩忽职守、徇私舞弊及下列行为的，由任免机关或者监察机关给予行政处分；构成犯罪的，依法追究刑事责任。

（1）伪造或者指使伪造监测数据；

（2）公民、法人或者其他组织申请获得环境信息应当依法提供而未提供的；

（3）接到公民、法人或者其他组织举报违反本法规定超标排放污染物、造成环境污染事件和不正常运行防治污染设施等行为，未能及时查处的；

（4）法律、法规规定的其他行为。

第七章　附　　则

第四十六条　中华人民共和国缔结或者参加的与环境保护有关的国际条约，同中华人民共和国法律有不同规定的，适用国际条约的规定，但中华人民共和国声明保留的条款除外。

第四十七条　本法自公布之日起施行。《中华人民共和国环境保护法（试行）》同时废止。

三、《中华人民共和国环境保护法修正案（草案二次审议稿）》（2013 年）

第一章 总 则

第一条 为保护和改善环境，防治污染和其他公害，保障人体健康，推进生态文明建设，促进经济社会可持续发展，制定本法。

第二条 本法所称环境，是指影响人类生存和发展的各种天然的和经过人工改造的自然因素的总体，包括大气、水、海洋、土地、矿藏、森林、草原、野生生物、自然遗迹、人文遗迹、自然保护区、风景名胜区、城市和乡村等。

第三条 本法适用于中华人民共和国领域和中华人民共和国管辖的其他海域。

第四条 保护环境是国家的基本国策。

国家采取有利于节约和循环利用资源、保护和改善环境质量、促进人与自然和谐的经济、技术政策和措施，使经济社会发展与环境保护相协调。

第五条 环境保护坚持保护优先、预防为主、综合治理、公众参与、污染者担责的原则。

第六条 一切单位和个人都有保护环境的义务。

地方各级人民政府应当对本行政区域的环境质量负责。

企业事业单位和其他生产经营者应当防止、减少环境污染，承担污染环境、破坏生态的责任。

公民应当增强环境保护意识，自觉履行保护环境的义务。

第七条 环境保护依靠科学技术进步。国家支持环境保护科学技术的研究、开发和应用，鼓励环境保护产业的发展，促进环境保护信息化建设，提高环境保护科学技术水平。

第八条 各级人民政府应当加强环境保护宣传，鼓励基层群众性自治组织、社会组织开展环境保护法律、法规以及环境保护知识的宣传工作，营造保护环境的良好风气。

教育行政部门、学校应当将环境保护知识纳入学校教育内容，培养青少年的环境保护意识。

新闻媒体应当开展环境保护法律、法规以及环境保护知识的宣传，对环境违法行为进行舆论监督。

第九条　国务院环境保护行政主管部门，对全国环境保护工作实施统一监督管理；县级以上地方人民政府环境保护行政主管部门，对本行政区域环境保护工作实施统一监督管理。

县级以上人民政府有关部门和军队环境保护部门，依照有关法律的规定对资源保护和环境污染防治实施监督管理。

第十条　对保护和改善环境有显著成绩的单位和个人，由人民政府给予奖励。

第二章　环境监督管理

第十一条　县级以上人民政府应当将环境保护工作纳入国民经济和社会发展规划。

国务院环境保护行政主管部门会同国务院有关部门，根据国民经济和社会发展规划编制国家环境保护规划，报国务院批准并公布实施。

国家环境保护规划的内容应当包括自然生态保护和环境污染防治的目标、主要任务、保障措施等。

县级以上地方人民政府环境保护行政主管部门，会同有关部门对管辖范围内的环境状况进行调查和评价，依据国家环境保护规划的要求，拟订本行政区域的环境保护规划，报同级人民政府批准并公布实施。

环境保护规划应当与全国主体功能区规划、土地利用总体规划和城乡规划等相衔接。

第十二条　国务院环境保护行政主管部门制定国家环境质量标准。

省、自治区、直辖市人民政府对国家环境质量标准中未作规定的项目，可以制定地方环境质量标准，并报国务院环境保护行政主管部门备案。

国家鼓励开展环境基准研究。

第十三条　国务院环境保护行政主管部门根据国家环境质量标准和国家经济、技术条件，制定国家污染物排放标准。

省、自治区、直辖市人民政府对国家污染物排放标准中未作规定的项目，可以制定地方污染物排放标准；对国家污染物排放标准中已作规定的项目，可以制定严于国家污染物排放标准的地方污染物排放标准。地方污染物排放标准须报国务院环境保护主管部门备案。

凡是向已有地方污染物排放标准的区域排放污染物的，应当执行地方污染物排放标准。

第十四条　国务院环境保护行政主管部门会同有关部门，建立、健全环境监测制度，制定监测规范，组织监测网络，建立环境信息共享机制，加强对环境监测的管理。

国家环境质量监测站（点）由国务院环境保护行政主管部门会同有关部门统一规划设置。重点污染源排放监测站（点）由环境保护行政主管部门统一设置。有关行业环境质量监测站（点）的设置应当符合有关法律、法规规定和监测规范的要求。

从事环境监测工作，应当遵守监测规范。监测机构应当使用符合国家标准的监测设备，监测机构负责人对监测数据的真实性和准确性负责。

第十五条　编制有关开发利用规划，建设对环境有影响的项目，应当依法进行环境影响评价。

未依法进行环境影响评价的建设项目，不得开工建设。

第十六条　跨行政区的环境污染和生态破坏的防治工作，由有关地方人民政府协商解决，或者由上级人民政府协调解决。

国家建立跨行政区重点区域、流域环境污染和生态破坏联合防治协调机制，实行统一规划、统一监测，实施统一的防治措施。

实施联合防治的重点区域、流域由国务院环境保护行政主管部门会同国务院有关部门和有关省、自治区、直辖市人民政府确定，报国务院批准。

第十七条　企业事业单位和其他生产经营者，在污染物排放已经达标的基础上，通过采取技术改造等措施，进一步减少污染物排放的，以及按照产业结构和城乡规划布局调整的要求关闭、搬迁、转产的，人民政府应当依法采取财政、价格、信贷、政府采购等方面的政策和措施予以支持。

第十八条　县级以上人民政府环境保护行政主管部门或者其他依照法律规定行使环境监督管理权的部门，有权对管辖范围内排放污染物的企业事业单位和其他生产经营者进行现场检查。被检查的单位应当如实反映情况，提供必要的资料。检查机关应当为被检查的单位保守技术秘密和业务秘密。

根据现场检查目的，可以检查以下内容：

（1）防治污染设施的建设和运行；

（2）污染物排放和监测记录；

（3）环境保护责任制；

（4）限期治理计划的实施；

（5）突发环境事件应急预案的制定和演练；

（6）法律、法规规定的其他需要检查的内容。

第十九条　国家实行环境保护目标责任制和考核评价制度。国务院和地方人民政府将环境保护目标完成情况作为对本级人民政府环境保护行政主管部门及其负责人和下级人民政府及其负责人的考核内容。考核结果应当向社会公开。

上级人民政府及其环境保护行政主管部门应当加强对下级人民政府及其有关部门环境保护工作的监督检查。发现有关工作人员有违法行为，依法应当给予行政处分的，应当向其任免机关或者监察机关提出处分建议。

依法应当给予行政处罚，而有关环境保护行政主管部门不给予行政处罚的，上级人民政府环境保护行政主管部门有权责令其作出行政处罚决定或者建议有关人民政府责令其给予行政处罚。

第二十条　县级以上人民政府应当定期向本级人民代表大会常务委员会报告本行政区域环境状况和环境保护目标的完成情况；县级以上地方人民政府对本行政区域发生的重大环境事件应当及时向本级人民代表大会常务委员会提出专项报告，依法接受监督。

第三章　保护和改善环境

第二十一条　地方各级人民政府，应当采取措施改善环境质量。

未达到国家环境质量标准的重点区域或者流域的有关地方人民政府，应当制定限期达标规划，并采取措施按期达标。

第二十二条　各级人民政府对具有代表性的各种类型的自然生态系统区域，珍稀、濒危的野生动植物自然分布区域，重要的水源涵养区域，具有重大科学文化价值的地质构造、著名溶洞和化石分布区、冰川、火山、温泉等自然遗迹，以及人文遗迹、古树名木，应当采取措施加以保护，严禁破坏。

第二十三条 开发利用自然资源，应当合理开发，保护生物多样性，保障生态安全，依法制定有关生态环境保护和恢复治理方案并予实施。

引进外来物种以及研究、开发和利用生物技术，应当采取有效措施，防止对生物多样性的破坏。

第二十四条 国家建立、健全生态保护补偿机制。

第二十五条 各级人民政府应当加强对农业环境的保护，促进农业环境保护新技术的使用，加强对农业污染源的监测预警，统筹有关部门采取措施，防治土壤污染、土地沙化、盐渍化、贫瘠化、沼泽化、地面沉降和防治植被破坏、水土流失、水源枯竭、种源灭绝以及其他生态失调现象的发生和发展，推广植物病虫害的综合防治。

县级人民政府应当提高农村环境保护公共服务水平，推动农村环境综合整治。

第二十六条 国务院和沿海地方各级人民政府应当加强对海洋环境的保护。向海洋排放污染物、倾倒废弃物，进行海岸工程建设和海洋石油勘探开发，必须依照法律的规定，防止对海洋环境的污染损害。

第二十七条 制定城市规划，应当确定保护和改善环境的目标和任务。

第二十八条 城乡建设应当结合当地自然环境的特点，保护植被、水域和自然景观，加强城市园林、绿地和风景名胜区的建设。

第二十九条 国家鼓励和引导公民使用节能、节水、节材和有利于保护环境的产品及再生产品，减少废弃物的产生。

地方人民政府应当采取措施推动对生活废弃物的分类处置、回收利用。公民应当对生活废弃物进行分类。

第四章 防治环境污染和其他公害

第三十条 排放污染物的企业事业单位，应当建立环境保护责任制度，明确单位负责人的责任；依法采取有效措施，防治在生产建设或者其他活动中产生的废气、废水、废渣、粉尘、恶臭气体、放射性物质以及噪声、振动、电磁波辐射等对环境的污染。

严禁通过暗管、渗井、渗坑、高压灌注或者以其他逃避监管的方式排放污染物。

重点排污单位应当按照国家有关规定和监测规范安装使用监测设备，

对其所排放的污染物进行监测，并保存原始监测记录。

第三十一条　新建工业企业和现有工业企业的技术改造，应当采用资源利用率高、污染物排放量少的设备和工艺，采用经济合理的废弃物综合利用技术和污染物处理技术。

第三十二条　建设项目中防治污染的设施，必须与主体工程同时设计、同时施工、同时投产使用。防治污染的设施必须经原审批环境影响报告书的环境保护行政主管部门验收合格后，该建设项目方可投入生产或者使用。

防治污染的设施不得擅自拆除或者闲置，确有必要拆除或者闲置的，必须征得所在地的环境保护行政主管部门同意。

第三十三条　排放污染物的企业事业单位和其他生产经营者，应当对其排放污染物的行为承担责任，按照国家有关规定缴纳排污费。排污费必须全部专项用于环境污染防治，任何单位和个人不得截留、挤占或者挪作他用。

第三十四条　国家实行重点污染物排放总量控制制度。重点污染物排放总量控制指标由国务院下达，省级人民政府负责分解落实。企业事业单位在执行国家和地方污染物排放标准的同时，应当遵守重点污染物排放总量控制指标。

对超过国家重点污染物排放总量控制指标的地区，国务院和省、自治区、直辖市人民政府环境保护行政主管部门应当暂停审批新增重点污染物排放总量的建设项目环境影响评价文件。

第三十五条　国家依照法律规定实行排污许可管理制度。

第三十六条　企业事业单位排放污染物超过国家或者地方排放标准，或者超过重点污染物排放总量控制指标的，有关人民政府或者部门应当作出限期治理的决定，责令其限制生产、排放或者停产整治。

被责令限期治理的企业事业单位应当制定限期治理计划并组织实施。限期治理计划应当包括：

（1）技术改造、污染治理的可行性研究报告，产品更新和淘汰的计划等；

（2）相关资金安排和落实情况；

（3）限期治理时序安排和完成目标的最后期限。

限期治理计划应当报送环境保护行政主管部门和行业主管部门备案，

接受监督。限期治理的企业事业单位必须如期完成治理任务。

第三十七条 禁止引进不符合我国环境保护规定要求的技术和设备。

第三十八条 各级人民政府及其有关部门和企业事业单位，应当依照《中华人民共和国突发事件应对法》的规定，做好突发环境事件的应急准备、应急处置和事后恢复等工作。

各级人民政府及其有关部门应当依法加强环境风险控制，在应对突发环境事件时应当在抢险、救援、处置过程中采取必要措施，避免或者减少对环境造成损害。

企业事业单位应当按照国家有关规定制定突发环境事件应急预案，报环境保护行政主管部门和有关部门备案。在发生或者可能发生环境事件时，企业事业单位必须立即采取措施处理，及时通报可能受到危害的单位和居民，并向当地环境保护行政主管部门和有关部门报告，接受调查处理。

突发环境事件应急处置工作结束后，有关人民政府应当及时组织评估事件造成的环境影响和损失，并及时将评估结果向社会公布。

第三十九条 生产、储存、运输、销售、使用有毒化学物品和含有放射性物质的物品，必须遵守国家有关规定，防止污染环境。

第四十条 任何单位不得将产生严重污染的生产设备转移给没有污染防治能力的单位使用。

第四十一条 各级人民政府及其农业等有关部门和机构应当指导农业生产者科学种植和养殖，合理施用肥料、农药及处置农业废弃物等，防止农业源污染环境。

禁止将不符合国家和地方农用及环境保护标准的固体废物和废水施入农田。施用农药、肥料等农业投入品及进行灌溉，应当采取有效措施，防止重金属及其他有毒有害物质污染环境。

畜禽养殖场、养殖小区、定点屠宰企业等选址、建设和管理应当符合国家有关法律、法规规定，采取有效措施，对畜禽粪便、尸体、污水等废弃物进行科学处置，防止污染环境。

县级人民政府负责组织农村生活废弃物的处置工作。

各级人民政府应当在财政预算中安排资金，支持农村饮用水水源地保护、生活污水和其他废弃物处理、畜禽养殖和屠宰污染防治、土壤污染防治和历史遗留的农村工矿污染治理等环境保护工作。

第四十二条　各级人民政府应当统筹城乡建设污水处理设施及配套管网，固体废物的清扫、收集、运输和处理等环境卫生设施，危险废物集中处置设施、场所以及其他环境保护公共设施，并保障其正常运行。

第五章　环境信息公开和公众参与

第四十三条　公民、法人和其他组织依法享有获取环境信息、参与和监督环境保护的权利。

各级人民政府及其有关部门应当依法公开环境信息、完善公众参与程序，为公民、法人和其他组织参与和监督环境保护提供便利。

第四十四条　国务院环境保护行政主管部门统一发布国家环境质量、重点污染源监测信息及其他重大环境信息。省级以上人民政府环境保护行政主管部门定期发布环境状况公报。

县级以上人民政府及其环境保护等有关部门，应当依法公开环境质量、环境监测、突发环境事件以及环境行政许可、行政处罚、排污费的征收和使用、环境质量限期达标情况、污染物排放限期治理情况等信息。

公民、法人和其他组织，可以依照国家有关规定向县级以上人民政府及其环境保护等有关部门申请获取环境信息。

第四十五条　重点排污单位应当向社会公开其主要污染物的名称、排放方式、排放浓度和总量、超标情况，以及污染防治设施的建设和运行情况。

第四十六条　对依法应当编制环境影响报告书的建设项目，建设单位应当在编制时向公众说明情况，征求意见。

环境保护行政主管部门在收到建设项目环境影响报告书后，除涉及国家秘密和商业秘密的事项外，应当予以公开。发现建设项目未充分征求公众意见的，应当责成建设单位征求公众意见。

第四十七条　公民、法人和其他组织有权对污染环境和破坏生态的单位和个人向环境保护行政主管部门或者其他有关部门检举和控告。

公民、法人和其他组织发现人民政府及其环境保护行政主管部门或者其他有关部门不依法履行环境监督管理职责，或者有违法批准环境影响评价文件等行为的，可以向其上级人民政府或者监察机关举报。

第四十八条　对污染环境、破坏生态，损害社会公共利益的行为，中华环保联合会以及在省、自治区、直辖市设立的环保联合会可以向人民法院提起诉讼。

第六章 法律责任

第四十九条 企业事业单位违法排放污染物，受到罚款处罚，被责令限期改正，逾期不改正的，依法作出处罚决定的行政机关可以按照原处罚数额按日连续处罚。

第五十条 企业事业单位和其他生产经营者通过暗管、渗井、渗坑、高压灌注或者以其他逃避监管的方式排放污染物，构成犯罪的，依法追究刑事责任；尚不构成犯罪的，对其直接负责的主管人员和其他直接责任人员，依照《中华人民共和国治安管理处罚法》第三十条的规定予以处罚。

第五十一条 对逾期未完成限期治理任务的企业事业单位，可以在报经有批准权的人民政府批准后责令停业、关闭。

第五十二条 建设单位未依法提交建设项目环境影响评价文件，擅自开工建设的，由环境保护行政主管部门责令停止建设，处以罚款，并可以责令恢复原状。

第五十三条 违反本法规定，企业事业单位不公开或者不按照规定公开信息的，由县级以上地方人民政府环境保护行政主管部门处以一万元以上十万元以下罚款，并代为公开。

第五十四条 因污染环境造成损害的，依法承担侵权责任。

当事人因污染环境的赔偿责任和赔偿金额发生纠纷，可以请求环境保护行政主管部门或者其他依照法律规定行使环境监督管理权的部门调解；调解不成的，可以向人民法院起诉。当事人也可以直接向人民法院起诉。

第五十五条 因环境污染损害赔偿提起诉讼的时效期间为三年，从当事人知道或者应当知道受到污染损害时起计算。

第五十六条 违反本法规定，造成土地、森林、草原、水、矿产、渔业、野生动植物等资源的破坏的，依照有关法律的规定承担法律责任。

第五十七条 各级人民政府及其有关部门有下列行为之一的，对直接负责的主管人员和其他直接责任人员给予记过、记大过或者降级处分；造成严重后果的，给予撤职或者开除处分；其主要负责人应当引咎辞职：

（1）不符合行政许可条件给予行政许可的；

（2）对环境违法行为进行包庇的；

（3）依法应当作出限期治理或者责令停业、关闭的决定而未作出的；

（4）接到公民、法人或者其他组织举报违反本法规定超标排放污染物、造成环境事件、不正常运行防治污染设施以及不落实生态保护措施造成生态破坏等行为，未及时查处的；

（5）伪造或者指使伪造监测数据的；

（6）应当依法公开环境信息而不公开的；

（7）将征收的排污费或者环境保护专项资金截留、挤占或者挪作他用的；

（8）法律、法规规定的其他行为。

第五十八条　违反本法规定，构成犯罪的，依法追究刑事责任。

第七章　附　　则

第五十九条　本法自公布之日起施行。《中华人民共和国环境保护法（试行）》同时废止。